Anton Vögtle

Die Dynamik des Anfangs

Anton Vögtle

Die Dynamik des Anfangs

Leben und Fragen der jungen Kirche

Herder
Freiburg · Basel · Wien

MEINEN HÖRERN
DER JAHRE 1949–1980
IN VERBUNDENHEIT

Umschlagbild: Ausschnitt aus einem Glasfenster
von Wilhelm Buschulte, hergestellt in den
Werkstätten für Glasmalerei Dr. H. Oidtmann, Linnich

Herstellung: Freiburger Graphische Betriebe 1988
ISBN 3-451-21191-2

Vorwort

Die Frage nach der Kirche des Anfangs besitzt zentrale Bedeutung in der heutigen exegetischen und theologischen Diskussion. An ihrer „Ursprungsgestalt" muß die Kirche aller Zeiten Maß nehmen.

Welches Interesse wesentliche Gesichtspunkte der Geschichte und der Entwicklung der Christenheit der ersten drei Generationen auch in einer breiteren Öffentlichkeit finden, konnte ich auf einer dreitägigen Wochentagung der Katholischen Akademie der Erzdiözese Freiburg im März 1987 erfahren. Das war für mich der Anstoß zu dieser Veröffentlichung. Im Interesse einer eingehenderen Argumentation, gerade auch bei kritischen, nicht zuletzt bei ökumenisch relevanten Fragepunkten, lege ich die Referate hier in stark erweiterter Ausarbeitung vor. Die Angabe von Sekundärliteratur mußte dabei auf ein Minimum beschränkt werden.

Im besonderen danke ich meinem Schüler, Herrn Professor Dr. Lorenz Oberlinner, für die hilfreiche Durchsicht des Manuskripts sowie Frau Ingeborg Walter für die Reinschrift des Textes.

Freiburg im Breisgau, 2. Februar 1988

Anton Vögtle

Inhalt

I.

Der neue Anfang durch den erhöhten Herrn

„Im Anfang war das Wort": die endgültige Heilsaktion Gottes, die Jesus durch seine Wort- und Tatverkündigung einleitete. Ohne diesen heilsgeschichtlich fundamentalen Anfang hätte es nach dem Karfreitag einen neuen Anfang nicht geben können. Es gilt aber ebenso: zu diesem neuen Anfang wäre es ohne den Osterglauben an den erhöhten Herrn so gut wie sicher nicht gekommen. Wäre Jesu Hinrichtung am Kreuz das letzte Wort geblieben, wäre es nach geschichtlichem Ermessen nicht zu einem Neuansatz der Verkündigung gekommen, damit eben auch nicht zu der nach Ostern existent werdenden Kirche. Ohne ein dem Karfreitag nachfolgendes Offenbarungsgeschehen wären auch die engsten Gefolgsleute Jesu, die Zwölf, schwerlich auf den Gedanken gekommen, auch nur die von ihrem Meister bis zuletzt proklamierte Botschaft von der sich anzeigenden Gottesherrschaft in eigener Regie und Vollmacht weiterzuverkünden.

1. Die totale Resignation der engsten Gefolgsleute Jesu

Ein Blick auf das Verhalten der Zwölf bzw. – nach dem Ausscheiden des Verräters Judas Iskariot – der Elf kann das nur bestätigen. Mit diesen hatte Jesus angesichts der von ihm erwarteten gewaltsamen Beendigung seines Wirkens Abschiedsmahl gehalten. Ihnen hatte er mit seiner Todes- und Vollendungsansage Mk 14,25 versichert, daß die von ihm als anbrechend verkündete Gottesherrschaft trotz seines Todes sicher kommen wird. Wie reagierten aber diese Jünger, die doch kaum Stunden zuvor von ihrem Meister im gläubigen Festhalten an ihm und seiner Heilsbotschaft bestärkt wurden? Als Jesus am Ölberg durch die jüdische Tempelpolizei verhaftet wurde, flohen sie allesamt, weil sie in die ihrem Meister drohende Kalamität nicht verwickelt werden wollten. Offenbar hat schon gar keiner der Jünger den Schneid aufgebracht, am folgenden Tag sich unter die Menschenansammlung zu mischen und vor Pilatus ein gutes Wort für Jesus einzulegen. Keiner getraute sich, Jesus auf dem Weg zur Richtstätte das Kreuz, nämlich den Querbalken, tragen zu helfen oder sich beim Kreuz einzufinden, um bei dem den überaus qualvollen Erstickungstod erleidenden Jesus bis zu dessen letztem Atemzug auszuharren. Erst das gegen Ende des ersten Jahrhunderts geschriebene vierte Evangelium läßt den Zwölferjünger Johannes zusammen mit der Mutter Jesu unter dem Kreuz stehen. Im Unterschied zu den beiden Mitgekreuzigten wurde Jesu Leichnam nicht nach üblicher Weise zerschlagen und verscharrt. Wiederum kümmerte sich keiner der Jünger Jesu um die Beisetzung seines Leichnams. Das besorgte bezeichnenderweise ein Außenstehender, der Ratsherr Josef von Arimathäa, der es gewiß verdiente, daß sein Name von der nachösterlichen Jesusüberlieferung festgehalten wurde.

Was weiter geschah, ist nur der Punkt auf dem i. Unter dem erschütternden Eindruck des katastrophalen Endes am Galgen, wie wir das griechische Wort für „Kreuz" (= „stauros") verdeutlichen müssen, hielten auch seine engsten Nachfolger seine Sache für verloren. „Die radikale Krise des Glaubens und der Hoffnung der Jünger resultierte vor allem aus dem von Jesus erhobenen Sendungs- und Vollmachtsanspruch als Künder und Repräsentant des Heilswillens Gottes und der vorbehaltlosen und radikalen Bindung der Jünger an diesen Künder und Bringer der Gottesherrschaft in der Nachfolge. Mit dem Tod Jesu war nicht nur die Möglichkeit der Nachfolge im Sinne des konkreten Zeugnisses für die Gegenwärtigkeit der Gottesherrschaft beendet; damit war den Jüngern auch jegliche Möglichkeit genommen, in Zukunft weiterhin an der Person und an der Botschaft Jesu sich zu orientieren."[1] Deshalb kehrten sie der ältesten, sicher glaubwürdigen Überlieferung zufolge in ihre galiläische Heimat zurück und gingen dort offenbar auseinander, wie uns ein später noch zu nennender Umstand bestätigen wird. Die totale Resignation dieser Jünger spricht wahrhaftig nicht dafür, daß sie früher oder später von sich aus wieder zusammenfanden und den Entschluß faßten, an den Ort der Hinrichtung Jesu zurückzukehren, und daß sie in Jerusalem schließlich behaupteten, Gott habe das über Jesus ergangene Verwerfungsurteil revidiert, indem er den Hingerichteten durch die Auferweckung aus dem Tod als den endgültigen Offenbarer und Heilsmittler bestätigte. Denn das war eine jüdisch widersinnige Vorstellung vom Weg des Messias, die sich aus schwerwiegenden Gründen, die noch zu bedenken sein werden, als Erfindung dieser Jünger nicht begreiflich machen läßt.

2. *Ein verständliches Raisonnement*

Zuvor sei aber einem Raisonnement Raum gegeben, das sich verständlicherweise zu Wort meldet, sobald wir von Auferweckung und Erhöhung aus dem Tode hören. Was den heutigen Hörer naturgemäß stärkstens provoziert, noch ehe er dem Vollgehalt der Osterbotschaft auch nur Gehör zu schenken vermag, ist das „auferweckt aus dem Tode". Das war nebenbei schon in den Tagen der Apostel nachweislich nicht viel anders. Wenn etwas aufgrund der auch klinisch bestätigten Erfahrung, deshalb auch von der uns vorstellbaren Geschichte her in sich unglaubwürdig ist, dann ist es nun einmal die Behauptung, ein wirklich Toter – und ein Scheintod Jesu ist mit Sicherheit auszuschließen – sei zu neuem Leben auferweckt worden. Zu allem hin behauptet das apostolische Kerygma ja noch ungleich mehr als das absolute Wunder der Rückkehr des toten Jesus in sein früheres diesseitiges Leben und Verhalten. Das wäre wenigstens ein Effekt, der der natürlichen Sinneswahrnehmung zugänglich gewesen, somit direkt konstatierbar gewesen wäre.

Das „Gott hat ihn auferweckt" der urapostolischen Verkündigung besagt eben ein noch weit größeres Wunder als die Wiederbelebung eines Toten. Gott hat – so läßt sich der apostolische Osterglaube kurz zusammenfassen – den als Messiasprätendenten verurteilten und hingerichteten Jesus von Nazaret aus dem Tod auferweckt und in ein raumübersteigendes Dasein von gottgleicher Lebens- und Wirkmacht erhoben, weshalb die noch ausstehende volle Realisierung der Gottesherrschaft durch ihn heraufgeführt werden wird.

Was uns vorweg den Zugang zu diesem Osterglauben erschwert, ist aber bereits das Bekenntnis zur Aufhebung des Todes Jesu, eben das „auferweckt aus (den) Toten". In der Tat kann hier nur der sinnvoll weiterfragen, der bereit ist, den schon im Alten Testament nachdrücklich bekannten Glauben an den überweltlichen Gott der Lebensfülle, der auch aus dem Tod auferwecken kann, ernst zu nehmen.

3. Der fundamentale Grund für die Glaubwürdigkeit der Osterbotschaft

Von diesem Glauben auch zum Glauben an die konkrete Betätigung des Machtbesitzes Gottes zu kommen, ist indes noch ein beträchtlicher Schritt. Daß Gott von dieser Macht in einem konkreten Fall auch Gebrauch gemacht hat, ist in der Tat nur in dem Maße glaubwürdig, als sich dieser Machterweis als innerlich begründet erweisen läßt. Dies trifft für den am Schandpfahl des Kreuzes geendeten Jesus in einzigartiger Weise zu, wie die historische Befragung der synoptischen Evangelien sogar unanfechtbar belegen kann. Ich brauche hier nur das einschlägige Ergebnis zu nennen. Jesus erhob den einmaligen und unerhörten Anspruch, als vollmächtiger Verkünder der anbrechenden Gottesherrschaft der endgültige Offenbarer und verheißene Heilsmittler zu sein. Er betrachtete sich als den, in dem und durch den Gott sein erlösendes Handeln einleitet. Demgegenüber sollte die von maßgebenden Autoritäten Israels erwirkte Auslieferung Jesu in den Kreuzestod demonstrieren, daß dieser Jesus Gottes eigene Autorität und Vollmacht zu Unrecht für sich in Anspruch genommen hatte. Wenn der Tod je einmal nicht das letzte Wort bleiben durfte, wenn Gott je einmal zur Person und zum Werk eines Hingerichteten Stellung nehmen mußte, dann im Falle Jesu – sofern dessen Anspruch, Gottes ureigenes und endgültiges Heilsunternehmen zu vertreten, zu Recht bestanden haben soll. Aufgrund seiner eingehenden Untersuchung kam L. Oberlinner zu der überzeugenden Feststellung: Weil es in Jesu Tod um viel mehr ging als nur um seine von Menschen erwirkte Hinrichtung, nämlich „um das Recht Gottes", war der durch Jesu Kreuzestod heraufbeschworene Konflikt nur „durch Gott selbst" lösbar. „Wurzel und tragende Basis für die *Heils*funktion dieses Todes konnte deshalb auch einzig die „Antwort Gottes sein", die nach einmütigem urapostolischem Zeugnis durch die von Gott gewirkte Auferweckung Jesu gegeben wurde[2]. Gott hat sich, so besagt eben der Osterglaube, mit dem von Jesus verkündeten Gott identifiziert und den als „König der Juden" = Messias hingerichteten Jesus als den wahren Messias bestätigt, indem er ihn durch die Auferweckung dazu bevollmächtigte, das Heil der offenbaren Gottesherrschaft herbeizuführen. Als glaubwürdig erweist sich das hier behauptete Handeln Gottes an einem Toten erst, wenn wir dieses Handeln nicht als etwas Isoliertes hören, sondern es im Zusammenhang mit dem unerhörten Offenbarer- und Heilbringeranspruch Jesu sehen und somit als innerlich folgerichtige Antwort Gottes selbst zu verstehen vermögen. Die Tatsache, daß Jesus mit dem Anspruch des abschließenden Offenbarers und Heilsmittlers aufgetreten und für diesen Anspruch mit seinem Leben eingestanden ist, liefert den fundamentalen Grund für die Glaubwürdigkeit der Osterbotschaft. Dem ist freilich hinzuzufügen: Wer nicht glauben will, daß Jesus der war, der er sein wollte, wird sich schon deshalb sperren gegen die Zumutung, der apostolischen Osterverkündigung Glauben zu schenken.

4. *Das den Osterglauben begründende Offenbarungsgeschehen*

Wie das den Osterglauben auslösende Offenbarungsgeschehen, das schon die vorpaulinische Bekenntnistradition als „ōphthē", als „er gab sich zu sehen", kennzeichnete (1 Kor 15, 5), beschaffen war, ist eine schwer zu beantwortende Frage. Die nach Ort, Zeit und Hergangsschilderung sehr unterschiedlichen ausführlichen Erscheinungserzählungen, die in den Evangelien und in Apg 1 begegnen, können nämlich nicht als von Anfang an überlieferte Erlebnisberichte gelten, die uns historisch informieren würden, was die Jünger konkret gesehen und gehört haben. Wie die Erzählung von der Entdeckung des leeren Grabes am Morgen des dritten Tages bzw. richtiger die Erzählung von der Deutung des Leerseins des Grabes durch einen die Auferstehungsbotschaft verkündenden Engel (Mk 16, 1–8) wollen auch jene ausführlichen Erscheinungserzählungen im Dienst der urchristlichen Verkündigung die Realität der Auferweckung Jesu und deren Bedeutung für die nachösterliche Mission und Kirche ins Wort heben. Und die Kennzeichnung des Offenbarungsgeschehens durch die Gotteserscheinungsformel „er gab sich zu sehen" = er machte sich sichtbar setzt bereits den Glauben an die erfolgte Erhöhung Jesu zu gottgleicher Aktionsmacht voraus und ermöglicht keine nachvollziehbare Vorstellung von dem den Osterglauben auslösenden offenbarenden Impuls[3].

Daß es kaum mehr möglich ist, das den Osterglauben auslösende Widerfahrnis in seinem konkreten Wie zu fassen, braucht uns nicht sonderlich zu verwundern. Das ist nicht nur in dem als striktes Wunder vorauszusetzenden Offenbarungsgeschehen selbst begründet, sondern auch in der Eigenart der uns verfügbaren Quellen. Die apostolische Generation hat keine Schrift hervorgebracht, in der die Augen- und Ohrenzeugen möglichst exakt und erschöpfend beschreiben würden, was sie bis zum Karfreitag und nach demselben konkret erlebten und von Anfang an im einzelnen verkündeten. Für die nachösterliche Zeit wird diese Erwartung auch von der erst zwischen 80 und 90 n. Chr. verfaßten „Apostelgeschichte" nicht erfüllt, wie sich uns noch zeigen wird. Zur Abfassung eines gewissermaßen für spätere Generationen bestimmten Dokumentarberichts konnte es schon deshalb nicht kommen, weil die apostolische Generation lebhaft auf die baldige Heilsvollendung durch den erhöhten Herrn hoffte. Könnten wir Petrus, die Zwölf oder auch Paulus, der sein Damaskuserlebnis mit demselben „er gab sich zu sehen" bezeichnet, das die ihm überkommene Bekenntnistradition 1 Kor 15 für Kephas, die Zwölf und für weitere Erscheinungsempfänger behauptet, noch fragen, könnten sie uns gewiß noch etwas mehr Auskunft geben. Das ist indes ein müßiger Wunsch. Paulus ist zudem der einzige Apostel, von dem wir eine Reihe authentischer Briefe besitzen. Er schrieb diese Briefe aber an Gemeinden, die zuvor bei ihrer Gründung vermutlich mehr erfahren hatten, worauf der Osterglaube gründet. Billigerweise können wir nicht verlangen, daß der Apostel in seinen Briefen, die einen persönlichen Besuch ersetzen müssen, die Details seiner missionarischen Anfangspredigt wiederholt. Die Erwähnung der Christophanien, die Paulus als aufeinanderfolgende Beweise für das Auferwecktsein Jesu aufführt (1 Kor 15, 5–7 bzw. 8), verdanken wir dem Umstand, daß er einer falschen Folgerung korinthischer Christen aus dem Osterglauben entgegentreten mußte. Seine Liste der Erscheinungsempfänger äußert sich aber nun einmal ebensowenig über das „Wie" der Erscheinungen wie etwa über Ort und Zeit derselben. Dasselbe gilt von 1 Kor 9, 1 und Gal 1, 15 f. Worauf Paulus bei diesem letzteren Hinweis auf die Christophanie vor Damaskus abhebt, ist wiederum nicht eine Beschreibung seiner Christusbegegnung, seines „Sehens" des Herrn, sondern die ihm durch diese geschenkte Erkenntnis: daß nämlich Gott in Tod und Auferstehung Jesu gehandelt hat. Um so eindeutiger ist die Tatsache: Älteste wie jüngere Zeugnisse stimmen darin überein, daß sich die unerschütterliche Überzeugung von der Auferweckung

Jesu, wie das Kerygma dieselbe versteht, auf Offenbarungserlebnissen gründet, die dem Karfreitag nachfolgten.

5. Keine Erfindung der Anhänger Jesu

Können wir diesem einmütigen Zeugnis mit gutem Gewissen Glauben schenken? Dafür seien zunächst zwei geschichtlich nicht zu bestreitende Fakten genannt.

a) Dtn 21,23 stand zu lesen: „Denn ein Gehenkter ist ein von Gott Verfluchter." Deshalb wurde das Kreuz nie zum Symbol des jüdischen Leidens und mußte jedenfalls der am Kreuz endende Jesus trotz seiner Inanspruchnahme göttlicher Autorität als von Gott Verfluchter gelten. Jesu Weg ans Kreuz stand bereits im Zeichen dieses Gottesurteils. Es ist nicht zu bezweifeln, daß die Synedristen und die breite jüdische Öffentlichkeit, soweit diese von Jesu Kreuzigung erfuhr, den Fall des Galiläers Jesus mit seiner erfolgten Kreuzigung als erledigt betrachteten; ebensowenig, daß das Gottesurteil, das Jesus im allgemeinen Volksbewußtsein getroffen hatte, die Jünger unmöglich daran denken lassen konnte, Jesus trotz seines Fluchtodes am Kreuz als den von Gott bevollmächtigten Bringer der Gottesherrschaft zu verkünden. Es war denn auch nicht theologische Spekulation, sondern bitterernste missionarische Erfahrung, die Paulus feststellen ließ: der gekreuzigte Christus ist „für Juden ein Ärgernis" (1 Kor 1,23). Weil diese vom Messias den Erweis der Macht nach den Maßen dieser Welt fordern, ist der gekreuzigte Messias für Juden „ein Ärgernis", das Ärgernis schlechthin. Alle jüdischen Zeitgenossen waren sich einig, der erhoffte Heilbringer müsse eine Herrlichkeitsgestalt sein, durch die sich die Herrschermacht Gottes sinnenfällig offenbaren wird. Der Heilbringer muß Israel von seinen Feinden befreien, in den Tagen Jesu und der Apostel konkret von der römischen Oberherrschaft; ja auch im eigenen Land muß er die Gottlosen und Gesetzlosen vernichten. Die gesamte jüdische Schriftauslegung der Zeitenwende war nämlich nicht auf den Gedanken gekommen, aus dem alttestamentlich einzigartigen Kapitel Jes 53 die Erwartung herauszulesen, der Messias müsse in Erfüllung dieser Prophetie stellvertretend den Sühnetod für „die Vielen" = für die Ungezählten, für ganz Israel, ja für die ganze Menschheit sterben. Das war für jüdisches Denken so unvollziehbar, daß auch dort, wo der Gottesknecht dieses vielsagenden Kapitels auf den erwarteten Messias gedeutet wurde, die Leidensaussagen konsequent auf das Volk Israel umgedeutet wurden.

Die jüdische Schriftauslegung kannte schon gar nicht eine Heilsführergestalt – ob diese als der Messias, der Sohn Davids, der Menschensohn oder wie auch immer bezeichnet wurde –, die zuerst in Palästina die anbrechende Gottesherrschaft ausrufen wird, dann aber, gar auf Betreiben religiöser und jüdischer Autoritäten Israels, getötet werden wird, danach jedoch aus dem Tod in eine gottgleiche messianische Machtstellung erhöht werden wird, damit er vom Himmel her als Richter und Heilsvollender offenbar werde. Diese Vorstellung vom Weg des Messias war für jüdisches Denken und Empfinden nicht nur skandalös, sondern geradezu unsinnig. Einen schlagenden Beweis liefert der vorchristliche Paulus. Als eifriger Vertreter der pharisäischen Richtung glaubte er sicher Gott einen Dienst zu erweisen, als er seinem authentischen Zeugnis zufolge „maßlos die Kirche Gottes verfolgte und zu vernichten suchte" (Gal 1,13; Phil 3,6). Es darf uns deshalb nicht wundern, daß die weitaus erdrückende Majorität der Israeliten des Mutterlandes wie der Diaspora auch nach Ostern nicht zum Glauben an den gekreuzigten und auferweckten Messias kam und das bis heute auch so geblieben ist.

b) Ein zweites signifikantes Faktum ist der aramäischsprachige Gebetsruf aus der urgemeindlichen Herrenmahlfeier, den auch die griechischsprechenden Christengemeinden außerhalb Palästinas übernommen haben: „Marana tha! = Unser Herr, komm!" Das gesamte Judentum richtete die Bitte um das Kommen der Heilszukunft nur an Gott selbst: daß er den Messias sende u.ä. Für jede Form der jüdischen Heilbringererwartung war es schlechthin unmöglich, die Bitte um das Kommen des Endheils statt an Jahwe an einen von diesem unterschiedenen Heilsmittler zu richten. Eben dies tat aber die Urgemeinde, indem sie die Bitte um das Kommen der Heilszeit an ihren Herrn Jesus richtete. Diese unerhörte Neuheit ist ein untrügliches Zeichen, daß der Glaube an die Erhöhung und Wiederkunft Jesu Christi nicht dem menschlich-jüdischen Erwartungshorizont der Anhänger Jesu entsprungen ist.

6. Eine Vielzahl von Erscheinungsempfängern

Damit stellt sich uns noch einmal die Frage nach den Empfängern des auslösenden Offenbarungsgeschehens. Im Zentrum der Diskussion steht die Auflistung von Erscheinungsempfängern in 1 Kor 15,5–7. Wegen des Fehlens näherer Angaben gibt uns dieselbe auch einige Probleme auf. Den beiden ersten Christophanien vor „Kephas" = Petrus und vor „den Zwölf", die bereits das sicher vorpaulinische, wahrscheinlich aus der Urgemeinde stammende Traditionsstück 15,3b–5 nannte, fügte Paulus – leider ebenfalls ohne Orts- und Zeitangaben – drei weitere Erscheinungen an, die er aus anderen Überlieferungen kannte. Zunächst eine Erscheinung vor „mehr als 500 Brüdern auf einmal, von denen die meisten bis jetzt leben" (15,6), ihr Erlebnis also noch bezeugen können; dann die Erscheinung vor (dem Herrenbruder: vgl. Mk 6,3) Jakobus und die vor „allen Aposteln" (15,7), um dann mit sich selbst als dem letzten und unwürdigen Erscheinungsempfänger abzuschließen (15,8). Die historisch schwierig einzuordnende Erscheinung vor mehr als 500 Brüdern wird meist nach Galiläa verlegt. Einer heutigen Hypothese zufolge könnte die Nachricht von den Ersterscheinungen eine größere Zahl ortsansässiger Jesusanhänger in Galiläa zusammengeführt haben; „und dabei ereignete sich etwas, was man rein religionsphänomenologisch als ekstatische Massenvision einstufen würde". Die Notiz, daß die meisten von ihnen noch leben, sei „eindeutig apologetisch ausgerichtet"[4]. Die Exegeten verzichten sicher mit Recht darauf, aus dieser Massenerscheinung die Existenz eines großen und sonst nicht bekannten Kreises von Männern und Frauen zu erschließen, die sich als „Apostel" betrachteten und als solche galten. Schon gar nicht rechnet man damit, diese 500 hätten auch die anschließend genannte, „allen Aposteln" zuteil werdende Erscheinung miterlebt.

Wer ist mit diesem Kreis von Erscheinungsempfängern, der eindeutig als zahlenmäßig feststehend vorgestellt ist, gemeint? Diese einmalige Redeweise von „allen Aposteln", die zu den rätselhaftesten Angaben des Neuen Testaments zählt, wird uns in einem späteren Zusammenhang (Kap. VI) noch näher beschäftigen. An dieser Stelle sei nur bemerkt, daß die „Zwölf" bzw. Elf sicher durch eine Christophanie legitimierte Apostel sind. Das sind sie auch für den später zum Apostel berufenen Paulus, obwohl er sie nirgends direkt als solche bezeichnet.

Unter dem Gesichtspunkt der Glaubwürdigkeit der Auferweckungsaussage fällt vor allem ins Gewicht der Umstand, daß auch bisher Abseitsstehende durch eine Christophanie zum Osterglauben geführt wurden. So der zu Lebzeiten Jesu diesem fernstehende Bruder Jakobus (vgl. Mk 3,21.31 ff.) und sogar ein leidenschaftlicher Gegner des Glaubens an den gekreuzigten und auferweckten Messias Jesus. Die unmittelbar authentische und eigenständige Bezeugung einer Christophanie durch den ehemaligen Verfolger Paulus liefert ein besonders kräftiges Argument für die Wirklichkeit des den Osterglauben begründenden Offenbarungsgeschehens. Als geschulter Theologe unterscheidet Paulus sein Damaskuserlebnis klar von seinen visionären Entrückungserlebnissen (2 Kor 12,1–10). Dem entspricht der kaum mehr zu überbietende Ausdruck seiner Überzeugung von der Wahrheit der ihm zuteil gewordenen Christusoffenbarung. Wer den Galatern ein anderes Evangelium bringt als das von ihm verkündete, und wäre es gar „ein Engel vom Himmel", „der sei verflucht" (Gal 1,8). So sicher war sich Paulus, daß er mit der von ihm behaupteten Christuserscheinung vor Damaskus nicht einem Phantom erlegen ist.

7. *Ohne die beiden Ersterscheinungen kein Neubeginn in Jerusalem*

Von schlechthin grundlegender Bedeutung sind die beiden Christophanien vor „Kephas“ und vor „den Zwölf“ (1 Kor 15,5), weil sie unzweifelhaft zuerst erfolgten und für Kephas als Erstempfänger einer Erscheinung eine Vorprogrammierung jedenfalls nicht in Betracht kommt. Von „den Zwölf“ – statt von den Elf – ist hier die Rede, weil „die Zwölf“ eine durch die vorösterliche Konstituierung dieser Jüngergruppe festgeprägte Bezeichnung war. Zur vollen Würdigung der beiden Ersterscheinungen müssen wir das bereits angedeutete Verhalten der Elf weiterverfolgen. Selbst diesen engsten Gefolgsleuten Jesu war das Karfreitagsgeschehen zum unüberwindlichen Ärgernis geworden. Weil sie Jesu Hinrichtung als das Ende der auf ihn gesetzten Hoffnungen empfanden, kehrten sie in ihre galiläischen Behausungen zurück.

An dieser Stelle mag sich eine Frage aufdrängen. Warum versteckten sie sich nicht in Jerusalem oder Umgebung und warteten sie nicht wenigstens ab, ob Jesus doch „nach drei Tagen“ bzw. nach kurzer Frist „auferstehen“ werde? Diese Erwägung können wir uns getrost schenken. Die ausdrückliche Voraussage der späteren Evangelien, der Menschensohn müsse oder werde nach drei Tagen auferstehen, ist eine aus dem Rückblick auf Ostern erfolgte Verdeutlichung jener Todes- und Vollendungsansage, die die Elf beim Abschiedsmahl aus dem Mund Jesu hörten und die sich ihrem Gedächtnis sicher gut einprägte. Ihre Formulierung ist durch die Mahlsituation bedingt: „Ich werde von der Frucht des Weinstocks nicht mehr trinken bis zu dem Tag, an dem ich von neuem davon trinke im Reiche Gottes“ (Mk 14,25). Mit dem biblisch-traditionellen Bild vom endzeitlichen Gastmahl versicherte Jesus den Jüngern, das noch ausstehende Offenbarwerden der Herrschaft Gottes als Inbegriff vollendeten Lebens werde sicher kommen. Dieses Jesuswort blieb aber in mehrfacher Hinsicht völlig offen. Es äußert sich nicht über den Zeitpunkt des Kommens der

Gottesherrschaft, ob etwa schon mit seinem Tod oder bald danach oder nach einer längeren Zwischenzeit. Der sogenannte „Wiederholungsbefehl" des paulinisch-lukanischen Stranges der Abendmahlsüberlieferung reflektiert nachweislich die faktische nachösterliche Mahlfeier. Er läßt sich somit nicht schon für die Situation des letzten Mahls Jesu voraussetzen. Da Jesus mit jenem Wort versicherte, daß sein erwarteter Tod nicht sein schlechthinniges Ende sein wird, er vielmehr am Vollendungsmahl der volloffenbaren Gottesherrschaft teilhaben wird, bleibt das Wort selbstverständlich auch offen für das vom Osterglauben behauptete Offenbarungsgeschehen. Jesus sagte mit diesem Logion aber nicht im geringsten voraus, wie er sich trotz seines Todes die Ermöglichung seines neuen Weintrinkens vorstellt, da er nicht von seiner dem Tod nachfolgenden „Auferweckung", „Erhöhung" zu Gott oder ähnlich sprach. Aus dem Abschiedswort Mk 14,25 konnten die Elf somit nicht heraushören, Jesus würde die seinem Tod gleich nachfolgende Auferweckung erwarten. Auch durch dieses Logion mußten sie sich keineswegs dazu veranlaßt sehen, in oder bei Jerusalem abzuwarten, ob mit der Kreuzigung Jesu doch nicht alles aus ist.

Es ist also voll verständlich, daß „die Zwölf" in ihre galiläischen Heimatorte zurückkehrten und die Gruppe sich auflöste. Unter dieser Voraussetzung erklärt sich am ungezwungensten die Erscheinungsabfolge, die das sicher vorpaulinische Traditionsstück 1 Kor 15,3b–5 bezeugt. Die erste Erscheinung wurde „Kephas" allein zuteil; die zweite sodann „den Zwölf", nachdem Kephas seine Mitjünger in Galiläa wieder zusammengerufen hatte. Ohne diese als „Erscheinungen" bezeichneten offenbarenden Widerfahrnisse wären die Zwölf, vermutlich noch mit anderen Jesusanhängern, nicht nach Jerusalem zurückgekehrt und wäre es nicht zu einem neuen Anfang gekommen. Daß der Autor der gegen Ende des ersten Jahrhunderts verfaßten Apostelgeschichte – mit Ausnahme einer Stelle, an der er wohl aufgrund einer antiochenischen Quelle auch Paulus und Barnabas „Apostel" nennt (14,4.14) – den Aposteltitel auf die Elf bzw. die Zwölf beschränkt, verrät einen späteren Sprachgebrauch. Er trifft indes einen historischen Sachverhalt, wenn er den neuen Anfang in Jerusalem diesen Uraposteln zuschreibt.

Der Glaube an den aus dem Tod erhöhten Herrn begründete den Neubeginn, der zur nachösterlichen Sammlung von Messias-Jesus-Gläubigen, nämlich zu der ersten Christengemeinde in Jerusalem, führte. Wegen ihrer heils- und kirchengeschichtlichen Bedeutung darf diese „Urgemeinde" unser besonderes Interesse beanspruchen.

II.

Die Jerusalemer Urgemeinde

Schon in den allerersten Jahren – vor der in den Jahren 33/35 erfolgten Bekehrung Pauli – existierten auch außerhalb Jerusalems vereinzelte Gruppen von Messias-Jesus-gläubigen Juden, in Judäa und Galiläa. Dafür sprechen auch sogenannte „Lokaltraditionen" und geographische Notizen der Evangelien. Sogar in dem ungefähr 300 km von Jerusalem entfernten Damaskus müssen sich unter den Synagogenbesuchern der Stadt Jesus-Anhänger befunden haben. Wie es zu dieser Gruppe kam, wissen wir nicht. Sicher ist nur, daß sie sich als Glieder der Synagoge für ihren Glauben einsetzten. Nur so ist die christenfeindliche Aktion des pharisäischen Eiferers Paulus verständlich (Apg 9,1 f; Gal 1,13; Phil 3,5). Im weiteren Sinne werden alle anfänglichen christlichen Stützpunkte Palästinas als „Urgemeinde" bezeichnet; im engeren Sinne indes die sicher erste Gemeinde von Jerusalem, die als „Muttergemeinde" die eigentliche Keimzelle der Kirche geworden ist.

1. Keine der Jesusüberlieferung vergleichbare Geschichte der Kirche des Anfangs

a) Die Quellen, die für die Kenntnis ihrer Geschichte zur Verfügung stehen, sind im Vergleich mit denen über das öffentliche Leben und Wirken Jesu ungleich dürftiger. Das kann nicht überraschen. Worte Jesu und – je länger, desto mehr – auch Ereignisse seines Lebens, vor allem die zu seiner Hinrichtung führenden, wurden in Erinnerung gerufen, in den gottesdienstlichen Zusammenkünften der Gläubigen zur Begründung der eigenen Existenz, in der missionarischen Verkündigung, um

Außenstehende für den Christusglauben zu gewinnen. Damit wurde der Prozeß der konservierenden und gleichzeitig aktualisierenden Jesusüberlieferung grundgelegt, der in den fünfziger Jahren zu einer Sammlung von Einzelstücken der Jesusüberlieferung, überwiegend von Jesusworten, führte. Dieselbe wird in der Wissenschaft als Logien- oder Redequelle bezeichnet. Zu einer vergleichbaren Apostelüberlieferung, zur Weitergabe konkreter Reden, etwa der Zwölf und ihres Wortführers Petrus, ließ es schon die lebhafte Parusieerwartung nicht kommen. Wohl haben sich grundlegende Aussagen der anfänglichen Verkündigung zu formelhaften Bekenntnisaussagen verfestigt, die sich als Elemente urapostolischer Verkündigung durchgehalten haben.

b) Für die Jerusalemer Urgemeinde haben wir einige, freilich sehr wichtige Daten aus erster Hand, nämlich in den Paulusbriefen, vor allem in den beiden ersten Kapiteln des Galaterbriefs. Gewisse Rückschlüsse lassen sich mit einiger Vorsicht auch aus den synoptischen Evangelien gewinnen. Unsere Hauptquelle ist die sogenannte Apostelgeschichte, deren Nachrichten aus zweiter oder dritter Hand stammen. Als Fortsetzungswerk des dritten Evangeliums (Lk) wurde sie in den beiden letzten Jahrzehnten des ersten Jahrhunderts von einem Heidenchristen der zweiten Generation verfaßt, der weder Petrus kannte noch ein persönlicher Begleiter Pauli war. Diese Apg liefert indes keine erschöpfende Geschichte der Kirche der apostolischen Zeit. Sie handelt faktisch nur von den beiden Hauptaposteln Petrus und Paulus. Nach dem um 48/49 stattgefundenen Apostelkonzil (Kap. 15) werden „die Zwölf", einschließlich des Petrus, nicht mehr erwähnt, weil die Darstellung der zweiten Hälfte des Buches einzig dem Werk des Völkerapostels Paulus gilt. Bis auf die Episode Apg 21,14–26 entschwindet auch die Urgemeinde aus dem Blickfeld des Verfassers. Diese beträchtliche Lücke erklärt sich in erster Linie aus der Absicht des Verfassers, den Siegeslauf, den das Evangelium von Jerusalem bis in die Reichshauptstadt Rom angetreten hat, als ein möglichst geradliniges Geschehen zu schildern und dadurch für den Glauben an die Christusbotschaft zu werben.

Was die Geschichte und das Leben der Urgemeinde betrifft, verarbeitete der Verfasser neben einigen jüngeren Erzählungen sehr wohl zahlreiche alte Nachrichten. Diese könnten vor allem auf aus Jerusalem stammende „Hellenisten" des antiochenischen Kirchenbereichs zurückgehen. Der Verfasser gestaltete seine Überlieferung zu einem stark schematisierenden und auch idealisierenden Bild, das den damaligen Vorstellungen von den Anfängen der Kirche entsprach. Indessen lassen gerade auch vereinzelte Widersprüchlichkeiten und Verharmlosungen gewisser Spannungen auf historisch zuverlässige Nachrichten schließen. Schon längst achtete man auf die Funktion von Reden, die heidnische und jüdische Historiker ihre Akteure jeweils halten lassen. Auch dieser Vergleich bestätigt, daß vor allem die Apostelreden, in denen einzelne Geschehnisse gedeutet werden, weithin das Werk des Verfassers sind. Das schließt die Verwendung ältester Elemente , speziell des Christuskerygmas, freilich keineswegs aus. Versuchen wir also, anhand des derzeitigen Forschungsstandes einige wesentliche Ereignisse und Sachverhalte aus der Geschichte der Urgemeinde zu erheben.

2. Die Wiederherstellung der symbolträchtigen Zwölfzahl der Christuszeugen

Die Zwölf zählten sicher zu den Jüngern, die Jesus einst paarweise zur Galiläamission ausgeschickt hatte. Damit hatte Jesus selbst das Prinzip der „apostolē" = der bevollmächtigenden Sendung begründet und praktiziert. Die Zwölf konnten und mußten deshalb das österliche Offenbarungsgeschehen auch dann als Auftrag zur Verkündigung verstehen, wenn der Erscheinende nach gut begründeter Auffassung verbal nicht gesprochen, einen ausdrücklichen Missionsbefehl somit nicht erteilt hatte. Wie bald sie in Jerusalem öffentlich, etwa vor

Tempelbesuchern, mit ihrer Verkündigung begannen, ist nicht mehr auszumachen. Wahrscheinlich scharten sie zunächst einen Kreis von Anhängern Jesu um sich, die mit ihnen auf das Kommen des erhöhten Herrn warteten.

Ein eindeutiger Hinweis auf die Absicht, die Heilsgemeinde der Messias-Jesus-Gläubigen zu sammeln, ist die Ergänzung der Elfergruppe durch die Wahl eines Ersatzmannes für den Verräter Judas (Apg 1, 15–26). Obwohl die Erzählung, im besonderen die dem Petrus in den Mund gelegte Rede, auch eindeutig legendäre Züge aufweist, ist das Faktum selbst nicht zu bezweifeln. Zum besseren Verständnis dieser Wiederherstellung der Zwölfzahl ist an die Funktion der Zwölfergruppe im Erdenwirken Jesu zu erinnern. Durch die Zwölfzahl der ihn stets begleitenden und sich zu ihm bekennenden Gefolgsleute konnte Jesus zeichenhaft demonstrieren und verheißen, daß er trotz einer ihm auch begegnenden mangelnden Glaubensbereitschaft seinen Anspruch, Israel als Heilserben zuzurüsten, aufrechterhält (s. u. Kap. V, 3 d). Dieser Anspruch auf die endgültige Sammlung des Gottesvolkes sollte in der durch Karfreitag und Ostern begründeten heilsökonomischen Situation die Wiederherstellung der symbolkräftigen Zwölfzahl zum Ausdruck bringen. Nach Apg 1, 15 waren an „Brüdern", zweifellos an Männern und Frauen, „etwa hundertzwanzig" zusammengekommen. Das relativierende „etwa", „ungefähr" verrät die Verwendung einer Vorlage, deren Zahlenangabe der Verfasser nicht mehr verstand. Dieselbe beruht schwerlich auf historischer Überlieferung. Um einen jüdischen Synagogengottesdienst abhalten zu können, mußten zehn Personen zugegen sein. Die Zwölfzahl verweist sodann auf die zwölf Stämme Israels (vgl. Mt 19, 28 par). Durch die Zahl 120 = 12 mal 10 konnte die Vorlage die Kompetenz dieser Versammlung als Repräsentant des endzeitlichen Gottesvolkes zum Ausdruck bringen. Aus der symbolischen Bedeutung der Zwölfergruppe erklärt sich auch zwanglos, warum weder die Apg noch eine andere Schrift des Neuen Testamentes von einer späteren nochmaligen Ergänzung der Gruppe, nämlich nach der Hinrichtung des Zwölferapostels Jakobus im Jahre 42 n. Chr., weiß. Zu diesem Zeitpunkt hatte die Kirche die Grenzen Palästinas räumlich und personell schon beträchtlich überschritten. Die auf Israel ausgerichtete Zwölfzahl der Urapostel hatte zu diesem Zeitpunkt ihre anfängliche sinnbildliche Bedeutung bereits verloren, weil die Kirche schon prinzipiell Völkerkirche geworden war.

3. Eine erste Geisterfahrung

Bevor die Apg die Apostel, konkret Petrus als den offensichtlichen Wortführer der Zwölf, mit der öffentlichen Verkündigung der göttlichen Intervention am Gekreuzigten beginnen läßt (2, 14–36), berichtet sie von einer wunderbaren Geistsendung (2, 1–13). So wie dieses Pfingstwunder geschildert wird, kann es sich kaum zugetragen haben. „Es mischen sich verschiedene Züge. Einmal befinden sich die Gläubigen in einem Haus, einmal in der Öffentlichkeit. Einerseits hat man den Eindruck einer Massenekstase, vor der die Zuschauer hilflos nach einer Erklärung tasten. Andererseits verstehen sie in wunderbarer Weise, jeder in seiner Sprache, was die Geisterfüllten reden."[1] Die Erzählung wurde nach heutiger Erkenntnis vom Verfasser der Apg zu einem guten Stück mit altbiblischen Motiven legendarisch ausgestaltet. Dahinter verbirgt sich als historischer Kern die Überlieferung von einer ersten Geisterfahrung, die zu zeugenhafter Rede, zum geisterfüllten Lobpreis der Großtaten Gottes befähigte. Es handelte sich also wohl um einen glossalalieartigen Vorgang, aus dem der Verfasser der Apg sodann ein Sprachwunder machte. Er läßt die Zwölf verständlich in Sprachen reden, deren sie gar nicht kundig waren. Darin soll sich vorweg die Bestimmung der Christusbotschaft für alle Sprachen und Völker anzeigen. Vorab brachte die Überlieferung vom Pfingstgeschehen zum Ausdruck, daß die Heilsgemeinde des Messias Jesus nicht aus eigener Kraft west und lebt, sondern aus dem durch ihn vermittelten Geist. Sicher darf man schon für die Urgemeinde die Überzeugung von der Erfahrung der Wirksamkeit des Gottesgeistes in der Gesamtheit der Gläubigen und in sogenannten „Propheten" im besonderen (Apg 11,27f; 13,1; 15,32) voraussetzen.

4. Grundlegende Artikulierungen des Messias-Jesus-Glaubens

Die junge Christengemeinde Jerusalems verstand sich selbstverständlich als Israel zugehörig. Aufgrund ihres Jesusglaubens betrachtete sie sich zugleich als die heilsgeschichtlich maßgebliche, weil allein zukunftsträchtige Gruppe des Judentums. Wenden wir uns deshalb zuerst dem Glauben zu, der in der Urgemeinde seine grundlegende Artikulierung erfahren hat. Der Versuch, die Einzelschritte dieser Artikulierung, die ja nicht am Schreibtisch, sondern im Vollzug des gottesdienstlichen Lebens und der missionarischen Verkündigung erfolgte, in ihrem Nacheinander und Nebeneinander aufzuzeigen, muß aufgrund der Quellenlage freilich zu einem guten Stück hypothetisch bleiben. Die urgemeindliche Herkunft gewisser christologischer Titel und kurzer einprägsamer Sätze, in denen sich das Neue, das die Christen bekennen, artikuliert, ist jedoch nicht zu bezweifeln.

a) Als Ausdruck der ersten Bewältigung des skandalösen Hinrichtungstodes Jesu gilt mit Recht der formelhafte Satz „Gott hat Jesus (aus den Toten) auferweckt" oder auch relativisch: (Jesus), „den Gott auferweckt hat". Weil diese Auferwekkung, seitdem von ihr gesprochen wurde, als Erhöhung in eine gottgleiche Existenzweise, als Einsetzung in eine Machtstellung, die zu heilbringendem Handeln befähigt, verstanden wurde, war der Blick der anfänglichen Urgemeinde vor allem nach vorwärts gerichtet, auf das Offenbarwerden Jesu zu Gericht und Heilsvollendung. Dieses Verständnis des als Auferweckung und Erhöhung bezeichneten Ostergeschehens wird am handgreiflichsten durch das „Unser Herr, komm!" bezeugt. Bestätigt wird dieses Verständnis aber auch durch einige synoptische Logien von der Parusie „des Menschensohnes" sowie durch das Faktum der Überlieferung der Gottesreichverkündigung Jesu. Der entscheidende Grund dafür, daß die Augen- und Ohrenzeugen des Wirkens Jesu, vor allem die privilegierten Zwölf, schon sehr bald auf Jesu Botschaft von der gekommenen und noch zu kommenden Gottesherrschaft zurückgegriffen haben müssen und diese tradiert haben, war eben die Überzeugung, daß die volle Realisierung der Gottesherrschaft durch den mit dem irdischen Jesus personalidentischen erhöhten Herrn erfolgen wird. Falls Jesus selbst einer verbreiteten Auffassung zufolge mit futurischen Aussagen rein objektiv vom plötzlichen Kommen des Menschensohnes zum Gericht gesprochen hätte, konnte aufgrund des österlichen Offenbarungsgeschehens kein Zweifel bestehen, daß kein anderer als er selbst, der nunmehr erhöhte Herr, dieser Menschensohn sein wird. Es ist aber auch damit zu rechnen, daß erst die urapostolische Verkündigung zu der apokalyptischen Vorstellung von dem am Ende aus der verborgenen Gotteswelt hervortretenden und im Namen Gottes das Gericht vollziehenden Menschensohn gegriffen hat. Diese Menschensohnerwartung war nämlich jüdischerseits die einzige Vorstellung, mit der sich das Kommen des Heilsmittlers aus dem Himmel von einer verfügbaren Form der endzeitlichen Erwartung her begründen ließ [2].

b) Die selbstverständliche Überzeugung, in dem durch Jesus und an ihm Geschehenen komme die Heilsprophetie der Schrift zur Erfüllung, muß sodann schon sehr früh zur Verwendung des Titels „der Messias = der Christos", geführt haben, weil dieser Titel bereits in vorpaulinischer Zeit zum Eigennamen wurde. Die Hinrichtung und Erledigung Jesu als „der König der Juden", d. h. als Messiasprätendent, war Anlaß genug, daß die Verkündigung aufgrund des Glaubens an den definitiv zum Heilbringer bestimmten Erhöhten den Messias-Titel, dem das ebenfalls auf jüdische Hörer zugeschnittene „der Sohn Davids" gleichbedeutend war, mit positivem Vorzeichen aufnahm und damit unterstrich, daß Israel einen anderen

Heilbringer als diesen Jesus nicht erwarten kann. Der Messiastitel hat denn auch seinen Haftpunkt in festgeprägten alten Aussagen über den Tod und die Auferweckung/Auferstehung Jesu. „Christus ist gestorben und auferweckt" bzw. „auferstanden", lautet die Grundform der erweiterten Bekenntnisformel, die Paulus als Hauptstück des ihm überkommenen Kerygmas bezeugt (1 Kor 15, 3–5). Durch diese Aussage erfuhr der vorösterlich höchst mißverständliche Messias-Titel seine charakteristisch „christliche" Interpretation. Die Namensbezeichnung „Jesus Christus" ist von ihrem Ursprung her eine Wesensaussage: „Jesus ist der Christus" = „der Gesalbte" (vgl. Mk 8, 29). Die Auferweckung Jesu konnte deshalb bereits in der Urgemeinde in Kategorien der davidisch-königlichen Prophetie als Einsetzung zum messianischen „Sohn Gottes" interpretiert worden sein (Röm 1, 4), während die möglicherweise noch ältere, der jüdischen Gebetssprache geläufige Bezeichnung „Knecht Gottes", „heiliger Knecht" (Apg 3, 13.26; 4, 27.30) im besonderen die Beauftragung des gehorsamen Menschen Jesus durch Gott zum Ausdruck brachte.

c) Aufgrund des Glaubens, daß Gott den Kreuzestod Jesu durch die Auferweckung als das Sterben des Messias, des Heilbringers, bestätigt hat, konnte der gottgewollte Sinn dieses Sterbens nur in der sühnestiftenden Kraft der Lebenshingabe Jesu erblickt werden. Im nächsten Kapitel (III.) wird der Konflikt der Jerusalemer „Hellenisten" mit der jüdischen Religionsgemeinschaft zur Sprache kommen. Dieser Konflikt spricht entschieden dafür, daß die kerygmatischen formelhaften Aussagen vom Sterben Jesu „für uns" oder „für euch" wie höchstwahrscheinlich auch das verdeutlichende „für unsere Sünden" (1 Kor 15, 3) in die allerersten Jahre der Urgemeinde zurückreichen.

5. *Der Tempel als Ort des Gebetes und missionarischer Verkündigung*

Von sich aus zielten die Urapostel keineswegs auf eine Konfrontation mit den Jerusalemer Autoritäten. Sie waren so gut wie sicher darauf bedacht, möglichst viele Bewohner Jerusalems, dieser ganz Israel repräsentierenden heiligen Stadt, für den Christusglauben zu gewinnen. Man darf der Apg wohl glauben, daß die Christen mit den Uraposteln weiterhin den Tempel besuchten. Ob nur zum Gebetsgottesdienst oder in der allerersten Zeit auch zu Opferkultriten, ist umstritten. Als gebürtige einheimische Juden haben sie weiterhin an der jüdischen frommen Lebenspraxis festgehalten. Auch Jesus wird mit seinen Jüngern die alttestamentlichen Speisegesetze respektiert haben, wenn auch sicher nicht deren pharisäisches Verständnis und kasuistische Auslegung (vgl. Mk 7, 1–23 par). Für die Urapostel scheint der Tempel vor allem als Ort missionarischer Verkündigung wichtig gewesen zu sein. Wie viele Jerusalemer in den ersten Jahren und überhaupt bis zum Ende des jüdischen Tempels im Jahre 70 n. Chr. zum Glauben an den Messias Jesus gekommen waren, läßt sich nicht mehr feststellen. Rein zahlenmäßig scheint die Urgemeinde eine bescheidene Existenz geblieben zu sein. Die Zahlenangaben der Apg erlauben keine konkreten Rückschlüsse. Jerusalem hatte damals etwa 20000 Einwohner. Die Apg (21, 20) spricht von „vielen Tausenden Gläubigen" in den fünfziger Jahren. Das ist sicher eine intentionsgerechte Übertreibung. Als ausgesprochene Werbeschrift will der Verfasser mit dieser allzu großen globalen Zahl keine statistische Angabe machen. Wie schon mit den früheren wachsenden Zahlen (2, 41; 5, 14; 6, 7) will er auch mit jener großen Zahl demonstrieren, daß Gott selbst am Werke war und ist.

6. Der Keim aufkommender Konflikte

Obwohl das missionarische Anliegen der Urgemeinde nicht an eine Abnabelung von der jüdischen Religionsgemeinschaft denken ließ, war schon in dem grundlegenden Bekenntnissatz „Gott hat Jesus (aus den Toten) auferweckt" von vornherein der Gegensatz zum Tempelverband angelegt. Diese Behauptung implizierte unweigerlich eine Stellungnahme zu den für die Hinrichtung Jesu verantwortlichen Akteuren. Das mußte sich manifestieren, sobald die Apostel in der Öffentlichkeit, etwa im Tempelhof, vom Handeln Gottes am Gekreuzigten sprachen. Diese Behauptung mußte vor allem von den für die Hinrichtung Jesu moralisch verantwortlichen Sadduzäern als gegen sie selbst gerichtete Anklage empfunden werden. Insofern können Aktionen, die zur Verhaftung vorab der Zwölf und ihres Wortführers Petrus führten, nicht überraschen, obwohl die diesbezüglichen Schilderungen, zuerst in Kap. 4 und 5, hinsichtlich des Verhältnisses zwischen Urgemeinde und jüdischer Behörde auch sehr ungereimte Züge enthalten, somit keinesfalls auf protokollartigen Verhörberichten beruhen. Gerade hier ist es schwierig, zwischen historischer Überlieferung und redaktioneller Bearbeitung zu unterscheiden. Andererseits lassen sich die diesbezüglichen Nachrichten nicht insgesamt als Reprojektionen aus der Zeit nach 70 n. Chr. erklären. Auch die übrigen Gläubigen Jerusalems und einiger anderer Orte Judäas konnten schon früh vor die Wahl gestellt sein, sich zum Messias Jesus zu bekennen oder ihn zu verleugnen, wie auch die schon erwähnte Damaskusaktion Pauli bestätigt. Darauf verweist auch ein altes Menschensohn-Wort, das seinem wesentlichen Bestand nach besagt: Wer mich vor den Menschen bekennt, zu dem wird sich auch der Menschensohn bekennen (nämlich beim Gericht). Wer mich aber vor den Menschen verleugnet, den wird auch der Menschensohn verleugnen (Lk 12,8f; Mk 8,38).

Den Ernst der Bekenntnissituation beleuchtet auch der bereits erwähnte Sonderfall des Martyriums eines Zwölferapostels, der aber nicht auf das Konto von religiösen Führern Israels geht. Innerhalb der Prokuratorenzeit wurde ein Enkel Herodes' des Großen, Herodes Agrippa I., von Kaiser Caligulas Gnaden vorübergehend König von ganz Palästina (41–44). Er ließ um Ostern 42 den Zebedaïden Jakobus, genannt Jakobus der Ältere, mit dem Schwert hinrichten sowie Petrus verhaften und ins Gefängnis werfen (Apg 12,2–4). Das paßt zum Bild jenes Mannes, der als halbheidnischer Herodianer bei den Juden verhaßt war und sich deshalb dem Zeugnis des Historikers Josephus zufolge um ein betont judenfreundliches Gebaren bemühte (so auch Apg 12,3). Die Hinrichtung dieses Jakobus könnte auf eine besonders aktive Rolle dieses Apostels schließen lassen.

7. *Die zunehmende innere Distanzierung von Synagoge und Tempel*

Theologisch und kirchengeschichtlich weit relevanter als die Erfahrung von verständlichem Widerspruch und Konflikten mit der Jerusalemer Obrigkeit sind zwei Fakten, die zur wachsenden inneren Distanzierung der Urgemeinde von der jüdischen Religionsgemeinschaft führten.

a) Das war einmal der offenbar schon in den ersten Jahren geübte Aufnahmeritus der Taufe, der Taufe „im Namen" oder „auf den Namen" Jesu. Nach biblischem Verständnis spricht sich im Namen ja das Wesen und Wirken einer Person aus; in diesem Fall Jesu Wesen und Wirken als des wahren Heilsmittlers. Die Taufe bedeutete zunächst sicher die Übereignung des Täuflings an den erhöhten Herrn und damit die Eingliederung in seine Heilsgemeinde. Nach Apg 2,38 übermittelte die Taufe die Vergebung bisheriger Sünden und den Empfang des Heiligen Geistes. Das kann schon deshalb einem frühen Taufverständnis entsprechen, weil auf seiten des Täuflings außer dem persönlichen Bekenntnis seines Glaubens an Jesus auch – wie schon bei der Johannestaufe (Mk 1,5) – das Eingeständnis seiner Sünden vorausgesetzt worden sein dürfte. Für den Geistempfang lassen sich immerhin Spuren prophetischer Geistbegabung geltend machen (Apg 11,28; 21,10; 21,8f). Erst die grandiose Erscheinungsszene Mt 28,16–20, die den zum gottgleichen Kyrios erhöhten Jesus die Bedeutung seiner Auferweckung für den Fortgang seines Werkes, für Mission und Kirche explizieren läßt, läßt den Auferstandenen den Befehl erteilen, alle Menschen zu seinen Jüngern zu machen und zu taufen „auf den Namen des Vaters und des Sohnes und des Heiligen Geistes" (28,19). Mit dieser Formulierung hat der spätere Verfasser des Evangeliums die zu seiner Zeit schon gebräuchlich gewordene Taufspendeformel aufgegriffen. Diese offenbar in der zweiten christlichen Generation erfolgte trinitarische Erweiterung der anfänglichen Taufbezeichnung gibt die vertiefte Erkenntnis christologischer Reflexion wieder. In der Taufe erfolgt die Übereignung an den Vater, der den Sohn als Heilsmittler gesandt hat, und an den Heiligen Geist, durch den der erhöhte Christus lebenspendend weiterwirkt.

b) Das zweite Faktum, das zur Distanzierung der Messias-Jesus-Gläubigen führte, waren die eigenen, von Tempel und Synagoge getrennten gottesdienstlichen Versammlungen der Christen. Wie noch in den späteren Gemeinden versammelten sich die Gläubigen Jerusalems, vermutlich wechselweise, „in ihren Häusern" zum gemeinsamen Gottesdienst (Apg 2,46). Erwähnt wird als solcher Ort speziell das Haus der Maria, der Mutter des Johannes Markus, den Barnabas und Paulus später zur sogenannten ersten Missionsreise mitnahmen. Ich gebrauchte das Wort „Gottesdienst". Die Urgemeinde und überhaupt das Urchristentum hat einen Oberbegriff „Gottesdienst" zur Bezeichnung ihrer religiösen Zusammenkünfte noch nicht gekannt. Singulär im Neuen Testament wird das Verbum „leiturgein" Apg 13,2 in speziell gottesdienstlichem Sinn auf das gemeinsame Beten bezogen, welches die in 13,1 genannten fünf Propheten und Lehrer der antiochenischen Gemeinde unter Fasten vollzogen. Die Bezeichnungen, die in der Apg und literarisch eine Generation früher bei Paulus begegnen, verraten, daß die Christen ihren eigenen Gottesdienst nicht als einen den kultischen Akten der jüdischen und heidnischen Umwelt vergleichbaren Vorgang ansahen, weshalb auch die jüdisch und heidnisch geläufige Bezeichnung „Priester" nirgends in Verbindung mit dem urchristlichen Gottesdienst begegnet. Bezeichnungen wie „Zusammenkommen" (synerchesthai: 1 Kor 11,17f.20.33f; 14,23) und „Zusammensein" (einai epi to auto: Apg 2,44; 1 Kor 11,20; 14,23) betonen den Gemeinschaftscharakter. Auf die Mahlfeier als christliche Gemeinschaftsform verweisen Bezeichnungen, die pars pro toto einen bestimmten Bestandteil der Mahlhandlung aufgreifen. So vor allem die sehr alte Bezeichnung „Brotbrechen" (klān arton: 1 Kor 10,16; Apg 2,46; 20,7.6), während der in der Kirche sich durchsetzende substantivische Terminus „Danksagung" (eucharistia) erst außerneutestamentlich in der sogenannten Didache und in Ignatiusbriefen bezeugt ist. Die theologisch bedeutsamste Bezeichnung, die erstmals 1 Kor 11,20 begegnet, ist „das dem Herrn gehörende Mahl, das Herrenmahl" (kyriakon deipnon). Sie verweist auf den gestorbenen und zum göttlichen Herrn erhöhten Jesus, von dem das Mahl seine Legitimierung bezieht.

Die Wiederholung des Abendmahls, mit der die Urgemeinde zugleich die von Jesus vorösterlich geschenkte Mahlgemeinschaft fortsetzte, „ist untrennbar verbunden mit den Anfängen eines eigenen christlichen Gottesdienstes"[3]. Was Gestalt und Wesen der urgemeindlichen Mahlfeier betrifft, versagt uns die Apg mit der sehr pauschalen Formulierung ihres ersten Sammelberichts (2,42–47) nähere Auskünfte: „... und sie brachen das Brot in den Häusern und nahmen die Speise zu sich mit Frohlocken und in Lauterkeit des Herzens" (2,46). Zum Glück erlauben uns ältere Zeugnisse Rückschlüsse auf den Ablauf des letzten Mahles Jesu, der auch den der nachösterlichen Mahlfeier bestimmte.

Den Bezugsrahmen des Abschiedsmahles, das Jesus mit seinen engsten Gefolgsleuten hielt, haben wir nach gut begründeter überwiegender Auffassung nicht in einem Paschamahl, sondern im normalen jüdischen Festmahl zu suchen. Ein jüdisches Festmahl wurde eingeleitet durch eine Brothandlung und ausgeleitet durch eine Becherhandlung. Der Hausvater segnete zu Beginn das Brot und teilte es aus an die Teilnehmer, wodurch diese Anteil an dem Tischsegen erhielten. Dasselbe geschah mit dem Weinbecher, dem sogenannten „Segensbecher" (vgl. 1 Kor 10,16). Das Besondere, das Jesus beim letzten Mahle den Jüngern zur Darreichung des Brotes sagte, und das Besondere, das er ihnen zur Darreichung des Weinbechers sagte, war somit auch im Abendmahlssaal durch eine ganze Zwischenmahlzeit getrennt. So war es auch in der anfänglichen Mahlfeier der Urgemeinde. Schon relativ früh wurden aber die religiös exzeptionell bedeutsamen Akte, nämlich der Brotritus und der Becherritus, aus dem Sättigungsmahl herausgenommen und, von diesem getrennt, zu einer geschlossenen eucharistischen Feier zusammengezogen. Das mit dieser verbundene Sättigungsmahl erhielt später die Bezeichnung „Agapē", Liebesmahl. Der Apostel Paulus, dem wir den literarisch ältesten, zwischen 53 und 55 niedergeschriebenen Einsetzungsbericht verdanken (1 Kor 11,23–25[26]), setzt in der Gemeinde von Korinth schon diesen jüngeren Brauch voraus; das Sättigungsmahl geht nun der eucharistischen Handlung vorauf (vgl. auch Mk 14,22a). Der Paulus überkommene Eucharistiebericht hat die einstige und anfängliche Trennung der beiden eucharistischen Akte durch das Sättigungsmahl aber noch festgehalten, nämlich mit der Bemerkung: „Und ebenso nach dem Mahle", nämlich: nahm Jesus auch den Becher. Der andere Einsetzungsberichtstyp, den Markus überlieferte, läßt schon nichts mehr von einer Zwischenmahlzeit verlauten. Die beiden Haupttypen der uns erhaltenen Einsetzungsberichte – der paulinisch-lukanische einerseits und der markinische andererseits – führen die Mahlfeier sehr wohl auf Jesu Abschiedsmahl zurück. Formkritisch gesehen, sind die beiden Berichtstypen „Kultätiologien". Das heißt: als bei der nachösterlichen Mahlfeier gesprochene und diese begleitende Texte (=„Kultanamnesen") bezeugen sie unmittelbar die in den nachösterlichen Gemeinden gesprochenen Abendmahlsworte.

Durch die beträchtlichen Divergenzen, gerade auch der wichtigsten Redebestandteile, nämlich der sogenannten Deuteworte zur Brot- und Weindarreichung, ist die schwer zu beantwortende Frage gestellt, wie die älteste Formulierung der sühne- und bundstiftenden Kraft des Sterbens Jesu im anfänglichen urgemeindlichen Abendmahlsbericht gelautet hat. Im Vollzug der eucharistischen Mahlfeier hat das Selbstverständnis der Gläubigen als Heilsgemeinde Jesu Christi jedenfalls seinen signifikantesten Ausdruck gefunden. Der beglückende Glaube an die Gnadengegenwart des erhöhten Herrn kommt auch in einem von einem urchristlichen Propheten gesprochenen „Christuswort" zum Ausdruck, das auch in das spätere Matthäusevangelium aufgenommen wurde: „Wo zwei oder drei versammelt sind in meinem Namen, dort bin ich in ihrer Mitte" (Mt 18,20). Die eucharistische Mahlfeier war der Ort und Akt, der die Gläubigen die Gegenwart und engste Verbundenheit mit dem real präsenten Herrn am dichtesten erfahren ließ. Diese sakramental erfahrene Gegenwart mußte im Bewußtsein der Gläubigen immer mehr an die Stelle der kultischen Gegenwart Gottes im Allerheiligsten des Tempels treten. Die Apg dürfte deshalb einen historisch zutreffenden Zug bewahrt haben mit der Notiz, die Gläubigen hätten „mit Frohlocken" miteinander Mahl gehalten. Das hier verwendete griechische Wort für „Frohlocken" (= agalliasis) drückt die den ganzen Menschen erfassende und nach außen tretende Freude aus. Bezeichnend für dieselbe Grundstimmung ist ja auch der lebendige Glaube an die Heilsvollendung, der sich in dem mit der Mahlfeier verbundenen Bittruf aussprach: „Unser Herr, komm!", d.h.: „komm bald!"

8. Das Selbstverständnis als endzeitliches Gottesvolk

Das Bekenntnis zum gekreuzigten und auferweckten Messias Jesus, die Taufe auf diesen Jesus, die eigenen gottesdienstlichen Zusammenkünfte mit der zentralen Mahlfeier – das alles mußte ein spezifisches Selbstverständnis der Urgemeinde begründen. Folgerichtig artikulierte sich dieses Selbstverständnis in Selbstbezeichnungen, die schon jüdische eschatologische Gruppen von sich gebrauchten. So die Bezeichnung „die Heiligen", „die Erwählten", „die Versammlung = Gemeinde Gottes". Mit diesen Selbstbezeichnungen machte die Urgemeinde ihre Überzeugung geltend, daß sie den Kern des endzeitlichen Gottesvolkes darstellen, dem sich alle Israeliten anschließen sollen, um das Endheil zu erlangen. Ganz im Sinne der urgemeindlichen Selbstbezeichnung spricht Paulus in bezug auf seine Verfolgung christlicher Synagogenmitglieder in Damaskus von „der Gemeinde (= der Kirche) Gottes" und adressiert er seine Briefe an „die Kirche Gottes, die in Korinth [und anderswo] ist" (1 Kor 1,2). Auch die beiden anderen Selbstbezeichnungen sind von den überwiegend heidenchristlichen Gemeinden übernommen worden. So auch die jüdisch-apokalyptischer Tradition entstammende Bezeichnung „die Heiligen". Dieselbe berührt uns Heutige gern etwas peinlich, weil wir dabei statt an unsere in der Taufe geschenkte Berufung in erster Linie an den mangelnden Grad heiliger Lebensführung denken. In den Briefen Pauli, der mit dem Begriff „die Heiligen" betont eine Selbstbezeichnung der Jerusalemer Urgemeinde aufnimmt (vgl. Röm 15,25 f), sind „die Heiligen" (Röm 8,27 u.ö.) oder auch „die berufenen Heiligen" (Röm 1,7 u.ö.) geläufiges Synonym für alle Christen.

Hingegen fehlt uns ein ausreichender Beleg für die Annahme, die Urgemeinde habe sich auch als „die Armen“ bezeichnet. Sicher war ein beträchtlicher Teil derselben wirklich arm. Das bestätigt auch das spätere Apostelkonzil (48/49), bei dem dem Apostel Paulus die Kollekte für die Armen Jerusalems zur Auflage gemacht wurde. Ihre Besorgung war für den Völkerapostel übrigens zeitlebens ein ehrliches Bedürfnis, weil ihm daran lag, damit die Einheit der Kirche zu dokumentieren.

Versuchte die Urgemeinde etwa ihrerseits, ihren vielen Armen durch die totale Gütergemeinschaft entgegenzukommen? Aus den verallgemeinernden Angaben des „Summariums“ 4,32–37, besonders aus den – im Grund sich widersprechenden – Versen 4,32b und 4,34f, schloß man früher auf einen in der Gemeinde herrschenden „Liebeskommunismus“. Zu Unrecht. Die faktische Aufgabe aller persönlichen Besitzrechte können auch die beiden erwähnten Einzelfälle von Besitzveräußerung nicht belegen. Historisch sicher ist die als besondere Leistung hingestellte Tat des Barnabas. Er verkaufte einen Acker und stellte das Geld den Aposteln zur Unterstützung der Notleidenden zur Verfügung (4,36f). Falls die die apostolische Macht des Petrus auffällig betonende Strafwundererzählung von Hananias und Saphira (5,1–11) nicht eher hellenistischen Ursprungs ist, bleibt zu beachten: Die Erzählung läßt die beiden Eheleute das Strafgericht Gottes treffen, nicht etwa weil sie den ganzen Erlös des verkauften Ackers nicht den Aposteln abgeliefert, sondern weil sie „den Heiligen Geist“ belogen haben, der die Gläubigen zu einer aufrichtigen Liebesgemeinschaft zusammenschließen soll. Dem Verfasser der Apg, der schon in seinem Evangelium Jesu Mahnung zur caritativen Verwendung des Reichtums ostentativ herausstellte, liegt an der Vorstellung, daß die Urgemeinde diesem Ideal nachkam und die Christengemeinden seiner Zeit – in einer Welt, welche die „soziale Frage“ modernen Stils ja noch nicht entfernt kannte – jene zum Vorbild nehmen sollen[4].

Hinter der idealisierenden und deshalb Einzelfälle verallgemeinernden Darstellung des Verfassers darf man indes mit gutem Gewissen einen historischen Sachverhalt erblicken. Das „Wir"-Bewußtsein der Urgemeinde, die so lebhaft auf die kommende Heilsvollendung ausblickte, äußerte sich auch in einer vorbildlichen Solidarität und großmütigen Hilfsbereitschaft.

10. Zwei Gruppierungen der Jerusalemer Gemeinde

„Die Menge der Gläubiggewordenen war ein Herz und eine Seele." Mit diesem biblischen Ausdruck „ein Herz und eine Seele" hatte der Verfasser der Apg sein Summarium über die brüderliche Gemeinschaft der Urgemeinde eingeleitet (4,32 a). Auch für ihn bedeutet das aber nicht, die Urgemeinde sei eine völlig uniforme Größe gewesen. Sie umfaßte vielmehr zwei Gruppen von christlich gewordenen Israeliten, die sich nach Sprache, Herkunft und auch Einstellung zum offiziellen Israel unterschieden.

a) Die Apg unterscheidet sie als „Hebräer" und „Hellenisten". Die „Hebräer", vor allem von den Uraposteln und dem durch eine Einzelerscheinung ausgezeichneten Herrenbruder Jakobus repräsentiert, waren aramäischsprechende Judenchristen. „Hellēnistēs" ist ein im profanen Sprachgebrauch der Zeit nicht belegtes und auch im Neuen Testament nur in der Apg begegnendes Wort. Dasselbe ist offensichtlich eine Sonderprägung für diese Sondergruppe der Urgemeinde. Bei den „Hellenisten" handelte es sich meist um ehemalige griechischsprechende Diasporajuden, die aus religiösen oder auch aus anderen Gründen in die „heilige Stadt" zurückgekehrt waren. Wie solche Hellenisten schon in den Frühtagen der Urgemeinde zum Christusglauben kamen, wird uns nicht verraten. Sicher haben sie sich nach Art einer Synagogengemeinschaft zusammengeschlossen.

b) Anlaß ihrer ersten Erwähnung ist für die Apg (6,1–7) eine Beschwerde der Hellenisten. Diese hätten gegen die Hebräer aufbegehrt, weil ihre Witwen bei der täglichen Versorgung übersehen werden. Die Witwenversorgung war vermutlich nicht der eigentliche Differenzpunkt, der zur Bestellung eines Siebenerkollegiums führte. Jene Beschwerde als solche muß aber doch als historisch überliefertes Element gelten, weil der ärgerliche Streit schlecht zu dem Bild paßt, das der Verfasser in den voraufgehenden Kapiteln von der vorbildlichen Liebesgemeinschaft gezeichnet hat. Die Apg läßt die Zwölf in der Gemeindeversammlung den Vorschlag machen, für die Aufgabe des Tischdienstes sieben Männer zu wählen. Die Siebenzahl von Männern begegnet auch bei Ortsvorständen jüdischer Gemeinden. In dem hier geschilderten Verfahren – Wahl durch die Gemeinde, Installation durch die Handauflegung der Apostel, nachdem diese zuvor gebetet hatten – „kann man kaum die vorausgesetzte Situation historisch genau rekonstruiert sehen, sondern eher das Bild erkennen, das eine spätere Zeit sich – im Lichte der Praxis – von den Vorgängen machte"[5]. Die sieben namentlich aufgezählten Männer, die alle griechische Namen tragen, erhalten in der Apg übrigens nicht den Titel „Diakone", den die spätere Tradition ihnen beilegte. Mit ihren weiteren Berichten, besonders über „Stephanus" und „Philippus", verrät die Apg selbst die eigentliche Rolle dieser Sieben. Sie waren weit mehr als „Armenpfleger", nämlich ebenfalls Diener des Wortes und das leitende Gremium der Gruppe der hellenistischen Judenchristen. Die providentielle Rolle, die dieser für die christliche Mission zukam, muß im nächsten Kapitel (III.) zur Sprache kommen.

c) Obwohl diese Hellenisten wahrscheinlich eigene griechisch-sprachige „Gottesdienste" hatten und man insofern von einer hellenistischen Pfarrgemeinde sprechen kann, haben sich die beiden Gruppen der Urgemeinde offensichtlich mit Erfolg bemüht, die Gemeinschaft in dem einen Christusglauben zu bewahren. Die Urgemeinde liefert damit gewiß ein gutes Beispiel für heutige Pfarrgemeinden und Pfarrgemeinderäte, in denen sich etwa Gruppierungen mit unterschiedlichen Auffassungen gegenüberstehen. Diesen „Hellenisten" Jerusalems verdanken wir übrigens wohl vor allem die anfängliche Übersetzung von Jesusworten ins Griechische. Dieser Umstand spricht für einen hohen Grad der Zuverlässigkeit der Wortüberlieferung. Da die (meisten) Hellenisten schon um 33 n. Chr. aus Jerusalem vertrieben wurden, wie wir noch hören werden, müssen sie ihre Kenntnis von Inhalten der Geschichte Jesu schon in der allerersten Phase aus dem Mund der Augen- und Ohrenzeugen, vorab der Zwölf, empfangen haben.

II. Führende Männer und organisatorische Elemente

Im Leitungsgremium der hellenistischen Gruppe begegnete uns bereits ein organisatorisches Element der Urgemeinde. Im Rahmen der Thematik „Organisation und Ämter" stellt die Urgemeinde schon deshalb einen Sonderfall dar, weil sie zumindest der erste Ort des Wirkens der Urapostel war. Wegen der Spärlichkeit unserer Quellen läßt sich die Geschichte der führenden Männer auch nur bruchstückhaft nachzeichnen. Beim familiären Charakter der Urgemeinde konnten Organisationsfragen ohnehin noch keine große Rolle spielen. Auch aufgrund der lebendigen Parusieerwartung konnte man nicht ernstlich daran denken, sich auf eine fernere Zukunft einzurichten.

a) Bis auf Petrus spielen die Urapostel in der Apg fast nur eine reine Statistenrolle. Auch dort, wo Johannes zusammen mit Petrus auftritt, kommt er selbst nicht eindeutig zu Wort. Als Zeugen der Geschichte Jesu und als erste Erscheinungsempfänger wie als Repräsentanten des endzeitlichen Israel hatten „die Zwölf" eine unbestrittene Geltung. Petrus war nicht nur ihr eigentlicher Wortführer, sondern auch die erstrangige apostolische Autorität. Für den später berufenen Apostel Paulus, der Jesus selbst nicht gekannt zu haben scheint, war Petrus der führende Mann der Urgemeinde, dem sein erster Jerusalemer Besuch als Apostel galt (Gal 1, 14). Petrus, der wohl zu den zweisprachigen Gräkopalästinern zählte, ist für unsere Kenntnis der einzige Urapostel, der auch im außerpalästinischen Raum erscheint (Gal 2, 11 f). Paulus bezeugt 1 Kor 9, 5, daß sich auch Kephas auf Missionsreisen befindet, und bestätigt selbst das erfolgreiche Wirken des Leiters der Judenmission (Gal 2, 8).

Petrus erlitt nach glaubwürdiger Überlieferung – wie Paulus – Mitte der sechziger Jahre in Rom den Märtyrertod, was ebenfalls auf sein gesamtkirchliches Interesse und Ansehen hinweist. Die Rolle der Zwölf wie die des Erstapostels Petrus wird uns in anderen Zusammenhängen noch weiter beschäftigen.

b) Ebenso der merkwürdige Umstand, daß Paulus beim sogenannten Apostelkonzil (48/49) nicht die Zwölf, sondern ein Dreierkollegium als unmittelbare Verhandlungspartner nennt, die von ihm als „die Geltenden" bzw. als „die Säulen" bezeichnet werden: Jakobus, Kephas, Johannes (Gal 2, 2.6.9). Diese Reihenfolge erlaubt allenfalls den Schluß, daß sich Petrus nicht mehr ständig in Jerusalem aufhielt und der Herrenbruder Jakobus zu diesem Zeitpunkt die Leitung der Urgemeinde innehatte. Die Ersterwähnung des Jakobus belegt aber keinesfalls, daß derselbe zu diesem Zeitpunkt Kephas als ersten Mann der Kirche abgelöst hatte (s. u. Kap. III, 12). Wahrscheinlich hatte schon die frühere Bedrohung Petri durch Herodes Agrippa I. (42 n. Chr.) seinen Weggang aus der Stadt und den Übergang der Leitung der Urgemeinde an Jakobus veranlaßt (vgl. Apg 12, 17). Das Gremium der drei „Säulen", von dem sonst nichs mehr zu hören ist, hatte offenbar nur kurzen Bestand. Nachdem die Apg anläßlich des Apostelkonzils sodann die Zwölf zum letzten Mal erwähnt hatte (15, 4.12), verschwinden diese aus dem Blickfeld des Verfassers und verlieren sie sich auch für unser Wissen im Dunkel der Geschichte.

c) Im Zusammenhang mit der Übernahme der Gemeindeleitung durch Jakobus, wenn nicht schon früher, wurde das jüdische Ältesten-Institut in der Urgemeinde übernommen. Die Apg, die im Unterschied zu Gal 2 keinen authentischen Bericht vom Apostelkonzil bietet, erwähnt schon bei diesem neben den Aposteln „Älteste" (15, 4; vgl. auch 11, 30). Die griechische Bezeichnung für „Älteste" ist „presbyteroi", das latinisiert mit „presbyteri" wiedergegeben wurde und in der späteren Kirchensprache den ordo der „Priester" bezeichnet. Diese Bedeutung ist für den neutestamentlichen Wortgebrauch selbstverständlich noch nicht vorauszusetzen. Jene „Ältesten" Jerusalems haben wir uns als schon ältere, wohl auch als seit längerem bewährte Gemeindeglieder vorzustellen. Die Funktion dieser Ältesten, ob sie neben wirtschaftlichen und caritativen Aufgaben zusammen mit Jakobus als Entscheidungsgremium die Gemeinde leiteten, wie es die Apg darstellt, entzieht sich unserer Nachprüfung. Sicher ist wiederum, daß das judenchristliche Ältesteninstitut in der zweiten Generation Geschichte gemacht hat.

12. *Die weitere Geschichte der Ur- und Muttergemeinde*

Mit dem Apostelkonzil verschwindet auch die Urgemeinde aus dem Blickfeld des Verfassers, bis auf die Episode Apg 21,17–26, die von der (letzten) Begegnung des Apostels Paulus mit dem Herrenbruder Jakobus und den Ältesten berichtet.

a) Für die Zeit bis zur Zerstörung Jerusalems lassen sich aus der Apg und den Paulusbriefen nur einige Hinweise entnehmen. Insgesamt hielten die Jerusalemer und die anderen judenchristlichen Gemeinden Palästinas an der herkömmlichen Gesetzesobservanz fest. Das bestätigen vor allem zwei Vorkommnisse. Einmal der sogenannte antiochenische „Zwischenfall" (Aufhebung der Tischgemeinschaft mit Heidenchristen), der durch uns nicht näher bekannte Judenchristen ausgelöst wurde (Gal 2,11 f). Sodann die als „Jakobusklauseln" oder als „Aposteldekret" bezeichnete Bestimmung, die entgegen der Darstellung Apg 15,28 f nach dem Apostelkonzil entstanden ist, um das Zusammenleben zwischen Juden- und Heidenchristen in streng judenchristlichem Sinne zu regeln (s. u. Kap. III). Wie aus 1 Thess 2,14 f und auch Röm 15,31 zu entnehmen ist, blieben die Urgemeinde und die Gemeinden Judäas von jüdischen Anfeindungen trotzdem nicht verschont. Die Freiheit der Heidenchristen vom „Gesetz" hat das Christentum insgesamt dem Judentum verdächtig gemacht. Auch die Ereignisse bei der letzten Ankunft Pauli in Jerusalem und bei seiner jüdischerseits verursachten Verhaftung (Apg 21,18 – 23,22) zeigen, wie schwierig die Lage für die judenchristliche Gemeinde war. Das große Ansehen, das Jakobus als das gesetzesfromme Oberhaupt der Urgemeinde genoß, scheint mitbewirkt zu haben, daß die Verhaftung des als Zerstörer des jüdischen Gesetzes gehaßten Paulus (um 58) keine Aktion gegen die Urgemeinde selbst ausgelöst hat. Nach dem Tod des römischen Statthalters Festus im Jahre 62 benutzte der sadduzäische Hohepriester Ananos (= Hannas II.) indes eine Vakanz dazu, Jakobus und einige andere Christen hinrichten zu lassen, was auch in jüdischen Kreisen Mißfallen erregt habe.

b) Mit der Steinigung des Herrenbruders Jakobus, von der uns Josephus kurz berichtet, kommen wir schon dem tragischen Ende der Jerusalemer Ur- und Muttergemeinde nahe. Einer vielfach angezweifelten Notiz in der Kirchengeschichte des Eusebios zufolge ist die Gemeinde vor Ausbruch des jüdisch-römischen Krieges (66–70) nach Pella im Ostjordanland geflüchtet. Vor allem die schon bestehenden Christengemeinden im palästinischen Küstenland scheinen den Krieg gut überstanden zu haben. Im weitgehend zerstörten Jerusalem dürfte auch nach dem Krieg eine Christengemeinde existiert haben. Diese könnte mit der Vorkriegsgemeinde vor allem dadurch verbunden gewesen sein, daß Verwandte des Herrenbruders Jakobus an ihrer Spitze standen. Nach Eusebios soll nach dem Tod des Jakobus ein Verwandter Jesu, Simon, der Sohn des Klopas, die Leitung der Gemeinde übernommen haben. Kaum einfach erfunden ist die von Hegesipp stammende Nachricht des Eusebios, zur Zeit Domitians (81–96) seien Angehörige der Familie Jesu verhaftet, verhört, dann aber als harmlose Leute entlassen worden. Wie dem auch sei, die Geschichte der Urgemeinde ist mit dem jüdisch-römischen Krieg faktisch zu Ende gegangen. Die Verkündigung des von ihr ausgegangenen „Evangeliums von Jesus Christus" hatte zu diesem Zeitpunkt aber schon längst zu Stützpunkten in zahlreichen Orten der Mittelmeerwelt, einschließlich ihrer Reichshauptstadt, geführt. Welche providentiellen Schritte zu dieser raschen Ausbreitung der neuen Religion führten, wird als Nächstes zu bedenken sein.

III.

Providentielle Schritte zur Völkerkirche

Die Jerusalemer Urgemeinde ist die Muttergemeinde des Christentums geworden. Aus ihr ging auch er Impuls zur Völkermission hervor. Wie ist es aber zu dieser gekommen?

1. Universaler „Missionsbefehl" und das missionarische Verhalten der Urapostel

Das kann doch keine ernsthafte Frage sein, mag ein von der historischen Exegese unangefochtener Christ antworten. Die Missionsbefehle, die der Auferstandene den zwölf bzw. elf Jüngern erteilte, sind doch deutlich genug: „Mir ist alle Gewalt gegeben im Himmel und auf Erden. So geht hin und macht alle Völker zu Jüngern ...", läßt die grandiose Erscheinungserzählung Mt 28, 16–20 den Auferstandenen die „elf Jünger" beauftragen; „und ihr werdet meine Zeugen sein in Jerusalem und in ganz Judäa und Samarien und bis an die Grenzen der Erde" – bis in die Reichshauptstadt Rom. So lautet der Auftrag des Auferstandenen an dieselben Elf in der Apg (1, 8). Diese Auftragsformulierung programmiert global sogar die räumliche Ausbreitung des Evangeliums, die dieses Fortsetzungswerk beschreiben will. Sind die Elf bzw. – mit dem hinzugewählten Matthias – die Zwölf dann also früher oder später zur Völkermission ausgezogen? Von 200 n. Chr. an tauchen diesbezügliche Überlieferungen auf. Die zwölf Apostel seien zunächst 12 Jahre, nach anderen Überlieferungen 7 oder auch 15 Jahre in Jerusalem geblieben. Schon die unterschiedlichen Zeitangaben verraten freilich, wie wenig wir hier auf dem Boden sicherer historischer Überlieferung stehen. Im zweiten und dritten

Jahrhundert haben sodann die „Acta Apostolorum", nämlich unsere kanonische Apg, manchen Kreisen nicht mehr genügt. Es entstanden neue legendär, oft auch tendenziös ausgeschmückte „Acta" je eines bestimmten Apostels, die aus guten Gründen keine Aufnahme in den neutestamentlichen Kanon der Kirche fanden. Die Legende wies schließlich den einzelnen Aposteln je eine Kirchenprovinz als Missionsgebiet zu. Zweifellos deshalb, weil man aus den Missionsbefehlen der Evangelien und der Apg folgerte, die Zwölf hätten den Auftrag zu weltweiter Mission doch ausführen müssen.

Unsere der apostolischen Generation noch weit näher stehende Apg kann diese Folgerung nicht bestätigen. Niemand bezweifelt, daß um 33 oder auch etwas später aus Jerusalem vertriebene „Hellenisten" die Mission im halbheidnischen Samarien in Angriff nahmen (s. u. 6), nicht aber die Zwölf oder einer derselben. Noch zum Zeitpunkt des Apostelkonzils (48/49) setzt die Apg die Anwesenheit der zwölf Apostel in Jerusalem voraus. Den Inhalt der daselbst getroffenen Vereinbarung gibt Paulus wieder mit der Kurzformel: „Wir [Paulus und Barnabas als Delegaten der antiochenischen Gemeinde] zu den Heiden, sie aber zur Beschneidung" (Gal 2,9). Bei dieser Vereinbarung ist es „nicht um eine geographische Aufteilung gegangen. Auch hat man damit nicht die missionarischen Bemühungen sauber auf Juden und Heiden verteilen wollen."[1] Wie später Paulus haben sicher auch die hellenistischen Missionare auf die anfängliche Wirksamkeit in den Synagogen außerpalästinischer Orte nicht verzichtet. Der Umstand, daß der Verfasser der Apg nach dem Apostelkonzil die Zwölf nicht mehr erwähnt, weil sein ganzes Interesse dem missionarischen Wirken des Völkerapostels gilt, berechtigt zwar noch nicht zur Folgerung, diese hätten nie außerhalb Palästinas missioniert. Wie bereits erwähnt, ist indes Petrus der einzige Zwölferapostel, von dem uns historisch überliefert ist, daß er auch im außerpalästinischen Raum erschien und auf Missionsreisen war (s. o. Kap. II, 11). Es fehlen aber Belege, die dasselbe auch von den übrigen Zwölf behaupten lassen. Sosehr die unverkennbare Zielsetzung der Apg Vorsicht gegenüber Schlüssen „e silentio" (das heißt: aus Nicht-Gesagtem) gebietet, muß ihr nach unbestrittener Auffassung abgenommen werden, daß die Hellenisten die entscheidenden Schritte zur Missionierung unter nichtjüdischer Bevölkerung taten.

2. *Haben die Urapostel versagt?*

Ist es aber nicht ein bedenklicher Schönheitsfehler, daß es offenbar nicht die Urapostel waren, die diesen Schritt taten? Hätte es nicht ihre Sache sein müssen, die systematische Völkermission in Gang zu setzen? Aus mehreren Gründen wird man sich vor einem vorschnellen Ja hüten müssen.

a) Zunächst ist an einen schon angedeuteten Sachverhalt zu erinnern. Die den Zwölf zuteil gewordene Erscheinung konnte und mußte von diesen selbstverständlich als Auftrag zur Verkündigung des Handelns Gottes am gekreuzigten Jesus verstanden werden. Das den unterschiedlichen Erscheinungserzählungen gemeinsame Motiv der Sendung muß als unanfechtbares Implikat des österlichen Offenbarungsgeschehens gelten. Die Zwölf haben aber schwerlich einen ausdrücklichen, etwa universalen Missionsbefehl vernommen, da ein die erfolgte Auferstehung, ihre Wirklichkeit und ihre Bedeutung erklärendes Sprechen des Erscheinenden nach gut begründeter Auffassung nicht vorauszusetzen ist. Das Matthäus-, Lukas- und Johannesevangelium lassen in der von ihnen als erste – und bei Mt zugleich als letzte – Begegnung des Auferstandenen mit der Zwölfergruppe dargestellten Erscheinung den Sendungsauftrag so unterschiedlich formulieren, daß sich aus diesen Auftragsworten ein Urwort Jesu nicht rekonstruieren ließ. Nach einmütiger Erklärung reflektieren die universalen Missions- und Taufbefehle der jüngeren ausgeführten Erscheinungserzählungen das Faktum der längst eingeleiteten Weltmission. Die Zwölf wußten also höchstwahrscheinlich nichts von einem ausdrücklichen Auftrag, sich mit ihrer Verkündigung an alle Menschen, Heiden wie Juden, zu wenden, „alle Völker" zur „Umkehr" zu rufen, „damit ihre Sünden vergeben werden" (Lk 24, 47), oder auch „alle Menschen" aus „allen Völkern" zu taufen (Mt 28, 19), oder auch den Menschen die Sünden zu vergeben wie auch die Vergebung zu verweigern (Joh 20, 23).

Das Gegenteil vermag übrigens auch die Taufe des römischen Hauptmanns Kornelius von Cäsarea durch Petrus (Apg 10, 1–48) nicht zu beweisen. Ob Kornelius, als „Gottesfürchtiger", d.h. als Sympathisant der jüdischen Religion, der erste unbeschnittene Heide war, der getauft wurde, ist sehr unwahrscheinlich, da es höchst zweifelhaft ist, ob diese Taufspendung zeitlich nicht nur vor dem Apostelkonzil, sondern auch vor der früh einsetzenden Missionstätigkeit der Hellenisten einzuordnen ist. Einige Beobachtungen sprechen dafür, daß Petrus Kornelius erst nach dem Apostelkonzil getauft hat. Dem Verfasser der Apg liegt freilich daran, daß ein Urapostel, und zwar Petrus, den ersten Heiden taufte, ohne von diesem die Beschneidung zu fordern. In unserem Zusammenhang verdient vor allem die Begründung dieser Taufspendung Beachtung. Diese wird dadurch als ein Schritt von grundsätzlicher Bedeutung herausgehoben, daß Petrus Kornelius und seine Familie erst auf ein mehrfaches göttliches Eingreifen hin taufte (Kap. 10). Nicht nur das. Danach muß sich Petrus in Jerusalem vor den widerstrebenden „Aposteln" und den „Brüdern" rechtfertigen, weil er das Haus von Unbeschnittenen betreten und mit ihnen gegessen hat. Petrus rechtfertigt die Spendung der Taufe mit seiner Vision und Audition von den unreinen Tieren sowie mit der zuvorkommenden Herabkunft des Heiligen Geistes auf das gesamte Haus des Kornelius (Apg 11, 1–18). Warum beruft sich Petrus den Zwölfen gegenüber nicht oder nicht auch auf den universalen Missions- und Taufbefehl ihres Herrn? Warum weder hier noch beim Apostelkonzil, wie man aufgrund des authentischen Berichtes Pauli von Gal 2 annehmen muß? Mit Recht wagt niemand zu behaupten, in der ursprünglichen Überlieferung der Korneliusgeschichte, die „Lukas" redaktionell ausgestaltete, habe die Berufung auf den universalen Taufbefehl des Auferstandenen eine Rolle gespielt.

b) Ein zweiter Grund, warum die Urapostel insgesamt, zunächst jedenfalls, nicht an die Aufgabe der Heidenmission dachten, war mit Jesu eigenem Wirken gegeben. Jesus respektierte das heilsgeschichtliche Privileg Israels als des Gottesvolkes, an das die Verheißungen des kommenden Heils ergangen sind. Er wollte mit seinem und seiner Jünger missionarischem Wirken speziell Israel als Heilserben zurüsten, ohne auch Heidenmission zu treiben. Vom Begriff der „Gottesherrschaft" her war Jesu Heilsbotschaft selbstverständlich offen für die Einbeziehung der Heiden. Er hat denn auch vereinzelte Heiden, die ihm begegneten, nicht abgewiesen, sondern angenommen, wie unter anderem der Fall des heidnischen Hauptmanns von Kafarnaum zeigt. Die Einbeziehung der Heidenwelt in das Heil der Gottesherrschaft erwartete Jesus im Sinne der prophetischen Verheißung der endzeitlichen Völkerwallfahrt nach Zion aber von der noch ausstehenden vollen Verwirklichung der Gottesherrschaft. Um seinen israelitischen Hörern den Ernst der jetzt von ihnen geforderten Entscheidung für sein Heilsangebot zum Bewußtsein zu bringen, sprach er von Heiden, denen es im Endgericht besser ergehen werde als den galiläischen Städten, die ihn ablehnten: „Ich sage euch aber, es werden viele kommen von Morgen und Abend und werden zu Tisch liegen mit Abraham, Isaak und Jakob. Die Söhne des Reiches aber werden hinausgeworfen werden in die Finsternis draußen, da wird sein Heulen und Zähneknirschen" (Mt 8, 11 f par). Es entspricht somit ganz der von Jesus praktizierten Respektierung des heilsgeschichtlichen Privilegs Israels, wenn die Urapostel es als ihre Aufgabe ansahen, erst Israel die durch den Tod und die Auferweckung Jesu begründete neue Möglichkeit der Heilserlangung anzubieten. Dazu kam die intensive Hoffnung auf die baldige Parusie Christi, die es verständlich macht, daß die Urapostel, zumindest zuerst, im religiösen Zentrum Israels für den Glauben an den Messias Jesus warben.

c) Oder hätten die Urapostel etwa deshalb die Initiative zur systematischen Heidenmission ergreifen müssen, weil sie aus dem Munde Jesu das Logion von seiner Lebenshingabe als Lösegeld „für viele" (Mk 10, 45) gehört hatten und/oder aus dem Abendmahlssaal die im markinischen Eucharistiebericht begegnende Wendung vom Vergossenwerden des Blutes Jesu „für viele" (Mk 14, 24) kannten? So zu argumentieren ist aus mehreren Gründen, die hier nicht diskutiert werden können, äußerst riskant. Die Herkunft beider Worte ist bis heute umstritten. Obgleich sogar beide Formulierungen der Sühnewirkung des Sterbens Jesu aus der Urgemeinde stammen könnten, handelt es sich schwerlich um die älteste Artikulierung der Heilseffizienz des Sterbens Jesu. Nachdem die Heidenmission fortgeschritten war, wurde das nach semitischem Wortgebrauch inklusiv zu verstehende „für viele" (= für die Ungezählten und Unzählbaren) auf die gesamte Menschheit, auf Juden wie Heiden, bezogen, was im Markusevangelium sicher der Fall ist. Falls beide Artikulierungen oder doch das Wort vom Lösegeld aus der frühen Urgemeinde stammen, ist es äußerst fraglich, ob das auf Jes 53 verweisende „(für) viele" vor und unabhängig vom missionarischen Wirken der Hellenisten in diesem universalen Sinn verstanden wurde. Im übrigen spricht der Umstand, daß die Zwölf nach Ostern nicht auch Heidenmission trieben, entschieden dagegen, daß sie aus dem Abendmahlssaal das ausdrückliche Wissen mitbrachten, Jesus werde für alle Menschen den Sühnetod sterben.

3. Ein generelles hermeneutisches Prinzip

Ehe wir weiterfragen, wie es zum ersten großen Schritt missionarischer Verkündigung unter Nichtjuden kam, meine ich ein generelles hermeneutisches Prinzip zu bedenken geben zu sollen, das ich schon vor mehr als zwanzig Jahren ausgesprochen habe: „Wer das Neue Testament auslegen will, muß bereit sein, sich *nach allen Dimensionen auf die Geschichtlichkeit und Menschlichkeit der in der Geschichte Jesu erfolgten Offenbarung Gottes einzulassen ...*"[2] Das an die Person Jesu geknüpfte Offenbarungsgeschehen war ein echt geschichtlicher Vorgang, in den die „Zweitursachen" (= causae secundae), also die Menschen mit ihrem Denken und ihren Reaktionen, voll integriert waren. So in dem bis zum Karfreitag reichenden offenbarenden Wirken Jesu. Hätte Jesus in Israel nur allgemeine Ablehnung erfahren, hätte er nicht auch eine beträchtliche Zahl von Anhängern gefunden – wofür bereits die offensichtliche Eile spricht, mit der sadduzäische Kreise seine Unschädlichmachung, sogar an einem Paschafest, betrieben! –, wäre es schwerlich zur Kreuzigung Jesu gekommen, damit auch nicht zum Fortgang der Christusoffenbarung, der den Neuansatz der Heilsverkündigung und die existent werdende Heilsgemeinde Jesu Christi begründete. Das Werden dieser Heilsgemeinde, ihr äußeres Wachstum wie die sich vertiefende Erkenntnis und zunehmende Ausfaltung der durch Jesu Sterben und Auferweckung begründeten Heilsökonomie waren ebenfalls ein Vorgang, der die Zweitursachen, Menschen mit den ihnen eigenen Voraussetzungen und Fähigkeiten, in Dienst nahm.

4. Der von hellenistischen Judenchristen heraufbeschworene Konflikt

Die hellenistischen Judenchristen der jungen Urgemeinde (s. o. Kap. II, 10) brachten andere Voraussetzungen mit als die einheimischen Urapostel. Die meisten von ihnen waren sicher Diasporajuden, die früher in heidnischen Städten des Mittelmeerraumes, in Kleinasien, Ägypten, Griechenland, Rom lebten. Es war ihnen wohl bewußt geworden, daß die erdrückende Majorität der Menschheit Heiden sind. Schon dieses Bewußtsein könnte in ihnen früh die Frage geweckt haben, ob die Heilsbotschaft nur Israel gelten soll – eine Erwägung, die freilich bereits die Frage nach der Erfüllung der Mose-Tora als

Heilsweg impliziert hätte. In Generationen konnten sie sich, zum Teil wenigstens, eine kritischere Einstellung gegenüber der konkret gehandhabten Toraauslegung wie gegenüber Mißständen des Tempelkultes angewöhnt haben.

Wie dem auch sei, die Anklage gegen Stephanus, den bedeutendsten Repräsentanten der Hellenisten (Apg 6, 11.13 f), läßt als zuverlässigen Kern der Überlieferung erkennen, daß diese mit ihren kritischen Äußerungen zum Gesetz und zum Tempel einen schweren Konflikt heraufbeschworen. Sie beriefen sich vielleicht auf Jesu kritische Bewertung der rituellen Satzungen, so gut wie sicher auf die erste Hälfte eines tempelkritischen Wortes Jesu (Apg 6, 14). Dasselbe hat im Verhör Jesu vor dem Hohen Rat eine Rolle gespielt und ist uns Mk 14, 58 in einer von den Gerichtszeugen freilich sicher entstellt wiedergegebenen Form erhalten. Obwohl dieses zweigliedrige Tempelwort in seinem ursprünglichen Wortlaut kaum mehr rekonstruiert werden kann, läßt sich sein ursprünglicher Sinn aus dem Gesamtkontext der Verkündigung Jesu erschließen. Jesu Verkündigung und Praktizierung der den Sünder suchenden und diesem freudig vergebenden Liebe Gottes bedeuteten in der Konsequenz schon die Infragestellung des Sühnekultes des Tempels. Mit seinem Tempelwort hat Jesus nicht nur das Ende des Tempelkults vorausgesagt – eine Voraussage, die man durch die innergeschichtliche Tempelzerstörung seitens der Römer in Erfüllung gehen sah (Mk 13, 2) – sondern auch die Ablösung des bestehenden Tempels durch einen anderen „Tempel" angekündigt. Bei diesem anderen Tempel dachte Jesus selbst weder an den Neubau eines materiellen Tempels noch an die nach Karfreitag und Ostern existentiell werdende Kirche. Er hatte vielmehr das Gottesverhältnis in der voll offenbaren Gottesherrschaft im Blick, konkreter gesagt, die Erwartung einer endgültigen, dem Gotteswillen voll entsprechenden Gottesverehrung. Jesus hat somit nicht speziell auf die innergeschichtliche Zerstörung des Tempels durch Feindeinwirkung, konkret durch die Römer, abgehoben, sondern die durch die Gottesherrschaft bedingte Aufhebung des Tempels als des Ortes der besonderen Gegenwart Gottes und des Sühnekultes angesagt. Dieses prophetische Wort war so gut wie sicher der unmittelbare Anlaß für die sadduzäischen Herren und Hüter des Tempels, seine möglichst baldige Hinrichtung zu betreiben.

5. Die kritische Antithese zum Sühnekult des Tempels

Es waren offenbar die Hellenisten, die die Konsequenz aus dem frühen urgemeindlichen Bekenntnis, daß Jesus „für uns", „für unsere Sünden" gestorben ist, gezogen haben und sich für die Außerkraftsetzung des Tempelkultes und der Sündenvergebung, die der jüdische Hohepriester am großen Versöhnungstag im Namen Jahwes vermittelte, auf Jesu eigenes Wort gegen den Tempel beriefen. Das war ein nicht zu überbietender provokatorischer Angriff auf die geheiligte Institution des jüdischen Zentralheiligtums. Mit diesem Angriff war die Trennung der Kirche vom Tempelverband vorbereitet. Daß an die Stelle des sühnenden Tierblutes im Tempel nunmehr die durch Jesu Sterben vermittelte Sühne und Entsündigung getreten ist, bringt u.a. drastisch ein Röm 3,25 aufgenommenes Traditionsstück zum Ausdruck, das wohl nicht zu Unrecht der Verkündigung der Hellenisten zugeschrieben wird. Dasselbe setzt dem Blut der Opfertiere sichtlich das Blut Jesu entgegen: „Christus Jesus, den Gott von jeher bestimmt hat als Sühneopfer in seinem Blut ..." Aus der Auseinandersetzung mit dem Sühnekult als Mittel der Sündenvergebung erklärt sich auch die nachdrückliche, deshalb zu Unrecht als anstößig empfundene Verwendung des Begriffes „Blut" für die sühnende Lebenshingabe Jesu. Diese Bezeichnung des Sterbens Jesu wurde ja nicht am Kreuzesgeschehen abgelesen, da Jesus am Kreuz bekanntlich nicht durch Vergießen seines Blutes, sondern durch Erstickung, durch Kreislaufkollaps gestorben ist.

Der Affront der Hellenisten gegen den Tempelkult und wahrscheinlich auch ihre Kritik am Gesetz führte um das

Jahr 33 oder auch etwas später zur Steinigung des Stephanus. Die Apg, die sein Ende in starker Anlehnung an die Passion Jesu beschreibt, versteht die Steinigung als eine ordnungsgemäße Hinrichtung. Doch lassen viele Momente der Erzählung eher auf einen Akt von Lynchjustiz schließen. Die empörte Reaktion führte zur Vertreibung der Anhänger des Stephanus aus Jerusalem, sicher vor allem des uns schon bekannten siebenköpfigen Leitungsgremiums (Apg 6, 8 – 8, 1), während die Zwölf mit der um sie gescharten Gemeinde zunächst unbehelligt geblieben sind.

6. Die ersten Schritte systematischer Völkermission

Die Vertreibung der Hellenisten führte zur Gründung von Gemeinden außerhalb Jerusalems und in nichtjüdischem Gebiet. Die Mission unter den von Juden als Häretiker betrachteten Samaritern, mit denen man nicht verkehren durfte, ist mit dem Namen eines der Sieben, nämlich des Philippus, verknüpft (Apg 8, 4–13), der auch in der Gegend von Gaza, in Aschdod und in den Küstenstädten der Ebene von Scharon bis hin nach Cäsarea gewirkt hat. Durch die Missionierung von nichtorthodoxen Jahwegläubigen in Samarien war bereits die grundsätzliche Entscheidung für die Völkermission gefallen. Durch hellenistische Judenchristen, deren Namen uns unbekannt sind, wurden weitere Gemeinden gegründet. Die Ausbreitung verläuft der Mittelmeerküste entlang durch Phönizien (Ptolemais, Tyrus, Sidon) bis in das syrische Antiochia. Nach Rom und Alexandrien war Antiochia die drittgrößte Stadt des Römischen Reiches und zählte eine halbe Million Einwohner, darunter eine beträchtliche jüdische Gemeinde. Die Apg 13, 1 genannten fünf Männer, die als „Propheten und Lehrer" bezeichnet werden, gehörten bis auf den an letzter Stelle genannten Paulus vermutlich zu den vertriebenen Hellenisten. Der an erster Stelle genannte Barnabas, der schon in Jerusalem in besonderem Ansehen gestanden zu haben scheint

(Apg 4,36f), könnte die antiochenische Gemeinde sogar gegründet haben. Er war jedenfalls ihr führender Mann, der beim späteren Apostelkonzil zusammen mit Paulus die Gemeinde von Antiochia vertrat. Diese Gemeindegründungen müssen sich ziemlich rasch vollzogen haben. Denn als Paulus kurze Zeit nach der Vertreibung der Hellenisten Christ und Apostel wurde, bestanden bereits christliche Gemeinden in der jüdischen Diaspora.

An dieser Stelle ist zu beachten, daß die urchristliche Mission nicht von einer Zentrale aus ins Werk gesetzt und geleitet wurde. Das kann uns nach dem bisher Gesagten nicht sonderlich überraschen. Neben hauptberuflichen Missionaren, über die wir, von einigen Ausnahmen abgesehen, nur wenige Nachrichten haben, waren es von Anfang an auch einzelne Christen, die sich dazu getrieben wußten, für den Glauben an den wahren Herrn der Welt zu werben. Deshalb darf auch die große missionarische Bedeutung der Hellenisten nicht verabsolutiert werden. Die Missionsbewegung war sehr vielschichtig und pluralistisch, was sich aus unseren Quellen freilich mehr indirekt erschließen läßt.

7. *Die missionarische Bedeutung Antiochias und des Apostels Paulus*

Antiochia war eine gemischte Gemeinde, die Judenchristen und bald in noch größerer Zahl Heidenchristen umfaßte. Ihre Bedeutung für die Mission war noch größer, als die Apg selbst schon erkennen läßt (vgl. 11,19–30). Sie wurde ein zweites christliches Zentrum neben Jerusalem, das weitreichende Missionsaktivitäten entfaltete. Hier erhielten die Christen erstmals die Bezeichnung „Christen", genauer „Christianoi". Außenstehende, die über die eigentliche Bedeutung von „Christos" als Berufsbezeichnung („der Gesalbte") nicht informiert waren, hielten „Christos" für einen Personennamen und sprachen mit „Christianoi" von „Parteigängern, Anhängern des

Christos". „Die Christen sind jetzt also von der nichtjüdischen Öffentlichkeit als eine eigenständige Gruppe erkannt. Daß sie sich nunmehr von den Juden so deutlich abheben, hängt natürlich damit zusammen, daß jetzt Heiden in größerer Zahl Christen werden."[4]

Die missionarische Bedeutung Antiochias ist nicht zuletzt mit dem Namen des Apostels Paulus verknüpft. Der konkrete innere Denkprozeß, der diesen aufgrund seines Damaskuserlebnisses zur missionarischen Verkündigung führte, bleibt uns verschlossen. Über die erste Zeit seines Wirkens haben wir aus erster Hand nur sporadische Daten zur Verfügung, soweit er nämlich selbst in seinen uns erhaltenen Briefen auf Stationen seines Lebensweges zu sprechen kommt. Alle diese Briefe stammen ja erst aus den letzten Jahren seiner Wirksamkeit, nämlich aus der Zeit nach dem Apostelkonzil (48/49). Das Wichtigste erfahren wir aus seinem Bericht Gal 1,10–24, in dem es ihm um den Nachweis geht, daß sein Evangelium und sein Apostolat von dem der Jerusalemer, die vor ihm Apostel waren, unabhängig und zugleich mit dem Evangelium und Apostolat der Jerusalemer identisch sind. Danach ging er nach seiner Bekehrung nicht sogleich nach Jerusalem zu denen, die „vor" ihm „Apostel" waren. Von Damaskus aus versuchte er rund drei Jahre in dem südöstlich davon gelegenen Land der Nabatäer, das er als „Arabien" bezeichnet, zu missionieren. Da ihm die Nabatäer bis nach Damaskus nachstellten (2 Kor 11,32f), muß er dort missionarisch tätig gewesen sein. Nach der Flucht aus Damaskus suchte er Kephas in Jerusalem auf, wo er zwei Wochen blieb. Darauf ging er für mehr als ein Jahrzehnt „in die Gebiete von Syrien und Zilizien" (Gal 1,21). Wie sich aus Apg 13,1 und besonders Gal 2,1 erschließen läßt, setzte er in diesen Gebieten bis zum Apostelkonzil seine Missionstätigkeit fort, deren Ausgangspunkt Antiochia war. Daß Barnabas Paulus von Jerusalem nach Antiochia geholt hatte, gilt manchen Autoren als sekundäre Kombination der Apg. Im Auftrag der antiochenischen Gemeinde unternahmen Barnabas und Paulus mit Johannes Markus zwischen 45 und 49 die sog. erste Missionsreise, um das Evangelium auch in Ländern zu verkünden, in die es noch nicht gedrungen war. Sie gründeten Gemeinden auf Zypern, der Heimat des Barnabas, und in Kleinasien, nämlich im südlichen Teil der römischen Provinz Galatien (vgl. Apg 13, 14).

8. Keine Kirchenspaltung

Die ersten großen Schritte der Hellenisten auf dem Weg zur Heidenmission führten keineswegs zu einer Kirchenspaltung. Die neuen Gemeinden wahrten ihrerseits die innere und äußere Verbundenheit mit der Urgemeinde. Sie hielten ja fest an dem fundamentalen Glauben an die Heilstat Gottes durch den Christus Jesus wie an den Grundformen der Lebenspraxis – besonders Gebet, Taufe, Herrenmahl –, die die Hellenisten aus der Urgemeinde mitgebracht hatten. Als Heilsgemeinde des Messias Jesus wußten sie sich mit der Urgemeinde als dem heilsgeschichtlichen Ursprungsort der einen Kirche verbunden. Den äußeren Zusammenhang zeigen die Beziehungen, die zwischen Antiochia, der wichtigsten Gründung der Hellenisten, und der Urgemeinde bestanden; desgleichen aber auch die Kollekte, die Paulus in den von ihm gegründeten Gemeinden mit großem Eifer für die Armen der Muttergemeinde durchführte.

9. Die Reaktion rigoroser Judenchristen

Nicht anders als providentiell ist ein weiteres Ereignis zu bezeichnen, das die Voraussetzung für die weit ausholende eigenständige Völkermission Pauli schuf. Die von den Hellenisten betriebene Heidenmission verzichtete darauf, die Heidenchristen auf die jüdischen Ritual- und Reinheitsgesetze zu verpflichten, was bei Männern die Beschneidung erfordert hätte. Das führte zu der Praxis, daß bei dem mit der Eucharistiefeier verbundenen Sättigungsmahl auch hellenistische Judenchristen mit den Heidenchristen zusammen die gleichen Speisen aßen, ohne wegen der Ritualvorschriften für Gefäße und Speisen in ernsthafte Skrupel zu geraten. Die Entwicklung brachte es aber mit sich, daß es bei dieser De-facto-Regelung nicht bleiben konnte. Die rasche Ausbreitung des Christentums unter den Heiden und im besonderen der Verzicht auf die Beschneidung riefen eine Gegenbewegung hervor, die aber weder von den Uraposteln unter Führung des Petrus noch von dem gesetzesfrommen Herrenbruder Jakobus inszeniert wurde. Wiederum kommen „Zweitursachen" ins Spiel, die eine grundsätzliche Klärung der Frage der Heilsbedingungen veranlaßten. Rigorose Judenchristen verlangten, der Weg der Heilserlangung müsse die Befolgung des ganzen mosaischen Gesetzes einschließen. Die aus dem Heidentum kommenden Taufbewerber müßten auch auf das Ritualgesetz verpflichtet werden, bei Männern also durch die Übernahme der Beschneidung. Judenchristen, die dieses „judaïzein", d. i. diese jüdisch-gesetzliche Lebensweise, als Heilsbedingung forderten, wurden „Judaisten" genannt. Dadurch geriet die junge Kirche in eine ernste Krise, die eine grundsätzliche Entscheidung verlangte.

10. Die grundsätzliche Entscheidung des „Apostelkonzils"

Wie kam es zu dieser Entscheidung? Auch Paulus, dem wir authentische Angaben über das sogenannte Apostelkonzil in Jerusalem verdanken (Gal 2, 1–10), berichtet nicht alle Einzelheiten des Anlasses und des Verlaufes der Zusammenkunft. Strenge Judenchristen hatten jedenfalls in Antiochia mit der Forderung der Beschneidung die Freiheit der antiochenischen Gemeinde und die ganze hellenistische Heidenmission bedroht. Wer diese Judaisten waren, erfahren wir nicht. Um die brisante Streitfrage entscheiden zu lassen, entsandte die antiochenische Gemeinde Paulus (der auch Titus mitnahm) und Barnabas zur Muttergemeinde von Jerusalem. Die Verhandlungen waren offenbar durch lebhafte Diskussionen mit „den falschen Brüdern" bestimmt, denen Paulus um „der Wahrheit des Evangeliums" willen energisch die Stirn bot (Gal 2, 4 f). Der Abschluß der Verhandlungen erfolgte zwischen den Jerusalemer „Autoritäten", unter denen die uns schon bekannten drei „Säulen" besonders hervorgehoben werden, und den antiochenischen Delegaten Barnabas und Paulus (2, 6–10). Der eigentliche Kern der Vereinbarung, die aus der Sicht der Jerusalemer sicher eine Konzession war: Die Heidenmission darf auf die Forderung der Beschneidung verzichten. Die Missionspraxis der hellenistischen Heidenmission wurde somit als gleichberechtigt anerkannt. Diese Entscheidung des Apostelkonzils, die für die gesetzesfreie Heidenmission eines Paulus endgültig grünes Licht gab, war neben und vor der Bildung des Kanons neutestamentlicher Schriften zweifellos die theologisch wichtigste Entscheidung der Alten Kirche. Hätten sich in Jerusalem die Judaisten gegen die Vertreter der gesetzesfreien Heidenmission durchgesetzt, wäre es nach menschlichem Ermessen zu einer Spaltung in eine judenchristliche und heidenchristliche Kirche gekommen. Ja, noch wahrscheinlicher wäre das Christentum nicht die Völkerreligion geworden, die es am Ende der apostolischen Generation bereits war.

II. Eine noch nicht geklärte Konsequenz

Mit seiner Entscheidung hat das Apostelkonzil die grundsätzliche Stellung der Heidenchristen zum mosaischen Gesetz überhaupt geregelt. Es hatte aber vermieden, die sich daraus ergebende Konsequenz auch für die Judenchristen zu ziehen. Diese Konsequenz haben wohl die hellenistischen Judenchristen, die in außerpalästinischen gemischten Gemeinden mit ihren heidenchristlichen Schwestern und Brüdern Tischgemeinschaft hielten, gezogen, keineswegs aber die Judenchristen der Urgemeinde und des Mutterlandes.

a) Zu Konflikten konnte es kommen, wenn Judenchristen,

die zwar die Unbeschnittenheit der Heidenchristen akzeptierten, für sich aber die gesetzlichen Reinheitsvorschriften als gültig ansahen, auf eine Situation trafen, wie sie Paulus Gal 2, 11 ff für Antiochia schildert, freilich nicht in allen Einzelheiten. Dieser sogenannte antiochenische Zwischenfall gewinnt dadurch besondere Bedeutung, daß sich Paulus der auch für ihn erstrangigen apostolischen Autorität des „Kephas" = Petrus gegenübersieht. Woher Petrus kam, warum und wie lange er sich in Antiochia aufhielt, erfahren wir nicht. Sicher hat er sich über die jüdischen Reinheitsvorschriften hinweggesetzt und sich der in der Gemeinde üblichen Tischgemeinschaft von Heiden- und Judenchristen angeschlossen. Das änderte sich, als „einige (Leute) von Jakobus her" nach Antiochia gekommen waren und allem nach die Einhaltung der jüdischen Speisevorschriften forderten. Diese Leute beriefen sich vermutlich auch auf den gesetzesfrommen Herrenbruder Jakobus, handelten aber kaum in dessen Auftrag. Unter dem Druck ihrer Argumente zogen sich Petrus und, seinem Beispiel folgend, die anderen Judenchristen und selbst Barnabas, wie Paulus mit fühlbarer Enttäuschung hinzufügt, von der Tischgemeinschaft zurück. Der teilweise bissige Ton der Reaktion Pauli erklärt sich freilich zu einem guten Stück aus der Briefsituation. Der Bericht über seinen Einspruch geht nämlich gleich unmerklich in seine Strafpredigt an die Galater über, die in großer Gefahr sind, sich von Judaisten zur Übernahme der Beschneidung und der Verpflichtung auf das Ritualgesetz verführen zu lassen. Paulus qualifiziert den Rückzug der Judenchristen von der Tischgemeinschaft und damit indirekt auch das Verhalten des Petrus als „Heuchelei" (2, 13) – eine Wertung, die diese selbst sicher nicht teilten. Wesentlicher ist seine Behauptung, daß „sie lahmten, was die Wahrheit des Evangeliums betrifft" (2, 14). Sicher hat auch Petrus einiges zur Rechtfertigung seines Schrittes gesagt. Was er sagte, verrät Paulus den Galatern verständlicherweise nicht, weil es ihm in der gegebenen Situation darauf ankommt, daß Petrus und seine judenchristlichen Gefolgsleute falsch handelten. Das Ziel ihres Verhaltens war indes sicher „nicht die Spaltung der Gemeinde in einen juden- und einen heidenchristlichen Teil, sondern die Konstituierung der einheitlichen Mahlgemeinschaft (mit Einschluß der Eucharistie) auf einer neuen Basis. Denn nur so macht die, allerdings polemisch überzogenene, Frage des Paulus an Petrus Sinn: Wieso nötigst du die Heidenchristen, jüdisch zu leben?“[5] Daß sich Paulus damit nicht abfand, hatte freilich ebenfalls seinen guten Grund. Seinem Urteil zufolge wird durch jede Forderung auf Einhaltung des Ritualgesetzes die konsequente Anerkennung des Evangeliums von der Gnade Gottes, der Heilserlangung aufgrund des erlösenden Sterbens Jesu in Frage gestellt (vgl. 2,21; 5,2–4). Er hatte die gewiß nicht unbegründete Befürchtung, aufgrund des Verhaltens Petri und eines so angesehenen Missionars wie des Barnabas, seines eigenen bisherigen Kampfgefährten, könne, ja müsse die gesetzesfreie Heidenmission und damit – aus seiner Sicht – die Einheit der Kirche in schwerste Gefahr geraten, obwohl Petrus mit dem Abbruch der Tischgemeinschaft sicher nicht sagen wollte, die Heidenchristen seien prinzipiell, also auch in ausschließlich heidenchristlichen Gemeinden, zu jüdisch-gesetzlicher Lebensführung verpflichtet. Diese Absicht Petri läßt sich auch aus der polemisch-überhöhten Verwendung des Ausdrucks „judaisieren“ durch Paulus in 2,14 nicht folgern. Es kann nicht davon die Rede sein, Petrus sei nachträglich von der beim Apostelkonzil ausgesprochenen Anerkennung des Verzichts auf die Beschneidung der Heidenchristen und damit des gesetzesfreien Evangeliums Pauli abgerückt. Es hätte sonst zu einem Bruch zwischen Paulus und Petrus sowie den übrigen führenden Männern der Kirche kommen müssen. Das anzunehmen, erlauben unsere Quellen aber keineswegs[6].

b) Das Recht der Judenchristen auf die Respektierung ihrer eigenen Geschichte, konkret vor allem der alttestamentlichen Speisegesetze, das Petrus in Antiochia auch im Hinblick auf die Situation der judenchristlichen Gemeinden, nämlich angesichts eines sich steigernden gefährlichen Mißtrauens seitens des palästinischen Judentums, anerkannt haben könnte, wurde in der Zeit nach dem Apostelkonzil und nach dem antiochenischen Zwischenfall auch ausdrücklich sanktioniert. Bei einem uns nicht bekannten Anlaß, vermutlich in Jerusalem unter Leitung des Jakobus, wurde das sogenannte „Aposteldekret" (auch „Jakobusklauseln" genannt) erlassen, das der Verfasser der Apg, offenbar mangels besserer historischer Information, als Zusatzbestimmung des Apostelkonzils erwähnt (15,28f). Um die Tischgemeinschaft in gemischten Gemeinden zu ermöglichen, verlangten diese Klauseln im Sinne der alttestamentlichen Vorschriften für in Israel lebende Nicht-Juden (Lev 17f) von den Heidenchristen, sie sollten sich als Zugeständnis an die Judenchristen von Götzenopferfleisch, Blut, Ersticktem und Unzucht – gemeint sind wahrscheinlich verbotene Verwandtschaftsehen – enthalten. Durch den authentischen Bericht Pauli wird diese Auflage als Bestandteil des Apostelkonzils direkt ausgeschlossen (Gal 2,6.10). Sie hätte auch schwerlich seine Zustimmung gefunden. In einer späteren Zeit, die das Problem der Tischgemeinschaft nicht mehr kannte, verstand man das Dekret nicht mehr als kultische Regulierung, sondern als sittliches Minimalgebot, nämlich als Verbot von Götzendienst, Blutschuld und Unzucht.

12. Die „nachkonziliare" Auseinandersetzung mit judaistischen Eiferern

Noch ist aber ein Wort fällig zu judaistischen Eiferern, die nach dem Apostelkonzil auch sonst weiteragierten. Vermutlich machten sie außer der faktisch gesetzesfrommen Lebensführung der Urgemeinde auch die allseitige Anerkennung des Alten Testaments als Heiliger Schrift geltend. Die Beschneidung war ja das von Gott dem Abraham für seine Nachkommen gegebene Bundeszeichen, das der Zugehörigkeit zum Volk Jahwes versicherte und für Juden Bekenntnis zur Heilsvollendung war. Auch damit mögen die Judaisten argumentiert haben. Mit der Beschneidung dürfte für sie die Frage nach der Legitimation ihres Anspruchs, das wahre Israel zu sein, auf dem Spiel gestanden haben.

Die nicht zu unterschätzende Virulenz der judaistischen Bewegung zeigt sich schon darin, daß sie in Gemeinden eines so abgelegenen Gebietes wie der Landschaft Galatien eindrang. Wer diese die Galater betörenden Eiferer waren, woher sie kamen, verrät uns auch der Galaterbrief nicht. Dieser ist die einzige Quelle, aus der wir von der ganzen Sache wissen. Die Apg erwähnt überhaupt nichts davon. Die Nachricht, daß die galatischen Gemeinden schon drauf und dran sind, den judaistischen Verführern Gehör zu schenken, veranlaßte den Apostel zur Abfassung unseres Galaterbriefes (zwischen 53 und 54). In seltener Schärfe erinnert er die Galater an die Wahrheit, daß die Menschen nicht aufgrund der Beschneidung und durch Werke des Gesetzes, sondern allein durch den Glauben an das erlösende Handeln Gottes in Jesus Christus das Heil erlangen. Der Galaterbrief ist das leidenschaftlichste Dokument aus der Feder des Heidenapostels Paulus, weil es hier für ihn um den grundsätzlichen Gnadencharakter der Erlösung wie um die Zukunft seiner Gemeinden geht, in denen die Heidenchristen schon die überwiegende Mehrheit geworden waren. Aus der Kampfsituation des Galaterbriefes dürfte sich auch vor allem erklären, daß Paulus Gal 2,9 Jakobus an erster Stelle, vor Petrus, nennt. Er will unterstreichen: Selbst Jakobus, auf dessen vorbildlich gesetzesfromme Lebensweise die Judaisten sich berufen haben mögen, hat dem Verzicht auf die Beschneidung der Heidenchristen zugestimmt.

13. Die providentielle Bedeutung Pauli für die Entwicklung der Völkermission

Die Berufung Pauli zum Apostel war von einzigartiger providentieller Bedeutung für die Entwicklung der Völkermission. Als geschulter Theologe pharisäischer Richtung verfügte er über das geistige Rüstzeug, um die prinzipiellen Konsequenzen aus den fundamentalen Heilsereignissen des Sterbens und der Erhöhung des Messias Jesus zu ziehen und diese gegenüber der vorherrschenden jüdischen Auffassung, die die Erfüllung des kasuistisch ausgelegten Mose-Gesetzes als alleinigen Weg zur Erlangung des endzeitlichen Heils lehrte, zu verteidigen. Abgesehen von den Judaisten, die als solche innerkirchliche Gegner waren, mußte Paulus sein gesetzesfreies Evangelium zeitlebens eben auch gegenüber der erdrückenden Majorität seiner den Christusglauben ablehnenden jüdischen Volksgenossen verteidigen. Das bestätigt u.a. auch der zu seiner Verhaftung führende Tumult in Jerusalem. Das Judentum warf ihm vor allem vor, mit seiner Lehre von der Rechtfertigung des Sünders allein durch Gottes Gnade ohne Gesetzeswerke rechtfertige er gerade die Sünde; mit seiner Gnadenlehre verharmlose er die Verantwortlichkeit des Menschen für sein Handeln, damit eben auch die Sünde und das kommende Gericht Gottes. Seine Botschaft von der Gnade, die unterschiedslos alle Menschen, Heiden wie Juden, das verheißene Endheil erlangen läßt, bedeute außerdem den Bruch der Erwählungsgeschichte Gottes mit Israel, seinem Eigentumsvolk. Das Hauptdokument der Auseinandersetzung mit dieser Front ist der Römerbrief, in dem er der jüdischen Rechtfertigungslehre das christliche Rechtfertigungsverständnis gegenüberstellt. Die ganze erste Hälfte des Briefes gilt der Begründung des programmatischen Satzes: „Der aus Glauben Gerechte wird leben" (Röm 1,17).

Nicht weniger providentiell war die Berufung Pauli zum Apostel im Hinblick auf die räumliche Ausbreitung des Christentums. Paulus ist in Tarsus auf der Grenzscheide der orientalisch-semitischen und westlich-griechischen Welt aufgewachsen. Als „civis Romanus" war er auch vollgültiges Glied des Imperium Romanum. Er erkannte die zentrale Bedeutung dieser hellenistischen Welt. Er ging nicht etwa in die jüdische Diaspora nach Babylonien, sondern nach Kleinasien, Mazedonien und Griechenland, um hier, vor allem in größeren Zentren, Jesus Christus als den göttlichen Kyrios und Heiland der Welt auszurufen. Im ersten Augenblick muß es uns überraschen, wenn er in seinem letzten uns erhaltenen Brief die geplante Spanienmission begründet mit den Worten: „Jetzt aber, da ich in diesen Gebieten keinen Wirkungskreis mehr habe ..." (Röm 15,23). Verglichen mit den freilich relativ wenigen uns bekannten Tatsachen, klingt diese Begründung übertrieben. Paulus missionierte zwar im ganzen Raum des östlichen Mittelmeeres. Auf seinen großen Missionsreisen konnte er in diesem weiten Bereich aber doch nur vereinzelte Stützpunkte schaffen. Das Gegenteil will denn auch Paulus mit jener Begründung keineswegs behaupten. Diese ist aus der Konzeption seines Apostolates zu verstehen. Der ihm erteilte Verkündigungsauftrag zielt auf Juden und Heiden, auf die ganze Welt, seit dem Apostelkonzil vor allem auch auf die Heidenwelt. Der Apostel wußte sich begnadet und berufen, „zur Ehre seines Namens Glaubensgehorsam zu schaffen unter allen Heiden ..." (Röm 1,5). Deshalb war nicht Rom, wo ja schon eine Christengemeinde bestand, sondern Spanien – nach damaliger Vorstellung der äußerste Westen der bewohnten Erde – das letzte große Ziel seiner missionarischen Sehnsucht, das zu erreichen ihm freilich versagt blieb. Paulus war keineswegs der einzige Heidenmissionar, sicher aber der bedeutendste, weil die rasche Entwicklung zur Völkerkirche vor allem seinem theologisch konsequenten Denken und dem unermüdlichen Einsatz seiner Person zu verdanken ist.

IV.

Eine junge Großstadtgemeinde – ihr Leben und ihre Probleme

Von Haus aus ist das Christentum eine Stadt-, sogar eine Großstadtreligion. Von Stadtgemeinden aus wie schon jener Jerusalems und der syrischen Hauptstadt Antiochia faßte die christliche Bewegung nach und nach auch Fuß auf dem flachen Land. Dieser Prozeß spiegelt sich noch in einem später aufgekommenen christlichen Wortgebrauch: „pagani = die Leute vom Land oder Dorf" ist zur Bezeichnung der Heiden geworden.

Korinth wurde 146 v. Chr. von den Römern bis auf den Grund zerstört und 100 Jahre später auf Anordnung von G. J. Caesar als römische Kolonie neu gegründet. Diese „Colonia Laus Julia Corinthiensis" wurde Hauptstadt der neugeschaffenen römischen Provinz Achaia und war seit 29 v. Chr. Sitz eines Prokonsuls. Als der Apostel Paulus im Jahre 50 n. Chr. von Athen, wo ihm offenbar kein großer Missionserfolg beschieden war, nach Korinth kam, war dieses schon längst zu einer Großstadt von ca. 100 000 Einwohnern angewachsen. Die an zwei Meeren gelegene Welt- und Hafenstadt war als der natürliche Umschlagplatz zwischen Morgen- und Abendland ein Handelszentrum ersten Ranges. Neben althergebrachten Götterkulten waren hier deshalb auch vor allem aus dem Orient eingedrungene Mysterienreligionen und überhaupt alle damaligen philosophischen und religiösen Strömungen der Zeit vertreten. Der Konkurrenzneid berühmterer Städte wie Athen und Sparta mochte Korinth noch schlechter gemacht haben, als es war. Die Lasterhaftigkeit der Stadt ist aber doch sprichwörtlich geworden. „Korinthisches Mädchen" war gleichbedeutend mit „Hure" und „korinthisch leben" gleichbedeutend mit „Unzucht treiben". „Nicht jedes Mannes

Sache ist eine Seefahrt nach Korinth", lautete ein geflügeltes Wort. Es waren allem nach nicht nur die vielen Matrosen, die nach langen und beschwerlichen Seefahrten ihre Heuer auf korinthische Art umsetzten. Kaum zufällig wird eine Vierzahl von Unzuchtsünden – „Hurer", „Ehebrecher", „Lustknaben", „Knabenschänder" – nur im Lasterkatalog eines Korintherbriefs genannt (1 Kor 6,9f.).

Die Einwohnerschaft war ein buntes Völkergemisch. Zu einheimischen Griechen kamen römische Heeresveteranen, die im neugegründeten „Köln" am Isthmus angesiedelt worden waren, was auch die vielen lateinischen Namen korinthischer Gemeindeglieder erklärt; sodann Zuwanderer aus den östlichen Reichsprovinzen, darunter ein starkes jüdisches Kontingent. Paulus begann mit seiner missionarischen Werbung denn auch hier in der Synagoge, bis ihn heftige Auseinandersetzungen dazu zwangen, in das vom ehemaligen „Gottesfürchtigen" Titius Justus angebotene Haus als Versammlungsort überzuwechseln. Zum judenchristlichen Kern der anfänglichen Gemeinde gehörte sogar der Synagogenvorsteher Krispus, der sich mit seinem Haus taufen ließ. Als Paulus nach anderthalbjähriger Wirksamkeit auf jüdisches Betreiben Korinth verlassen mußte, dominierte in der Gemeinde schon eindeutig der heidenchristliche Anteil (vgl. 1 Kor 12,2). Zu diesem zählten auch einige Vertreter der Oberschicht, als vermutlich prominentestes Gemeindeglied der Stadtkämmerer Erastus.

1. *Vorfragen zum ersten Korintherbrief*

Nach dem Weggang des Apostels aus Korinth setzte der Nachrichtenaustausch ein. Wie aus 1 Kor 5,9 eindeutig hervorgeht, richtete Paulus einen Mahnbrief an die Gemeinde, der uns als selbständiger Brief jedenfalls nicht erhalten ist. Dieses heute gern als „Vorbrief" bezeichnete Schreiben wurde von den Korinthern in einem Punkt mißverstanden, was Paulus zu einer Klarstellung nötigte (1 Kor 5,10f.; s.u. 3b). Unmittelbarer Anstoß zur Abfassung unseres 1. Korintherbriefes war ein zwischenzeitlicher „Fragebrief", in dem die Korinther dem Apostel verschiedene Anfragen vorlegten, sowie mündliche Nachrichten über Skandale und Mißstände in der Gemeinde, die Paulus vor allem durch „die Leute der Chloe", vermutlich Sklaven oder andere Personen aus dem Hausgesinde einer wohlhabenden Geschäftsfrau, in Ephesus erreichten. Es wird bis heute erwogen, ob nicht doch Stücke des verloren geglaubten „Vorbriefs" redaktionell mit dem Antwortbrief des Apostels (vgl. 1 Kor 7, 1) zu unserem kanonischen 1 Kor verarbeitet worden sind. Ungleich weiter geht der erst jüngst von R. Pesch erneut angestrengte Versuch, unseren 1 Kor als Zusammensetzung aus vier selbständigen Briefen Pauli an die Gemeinde von Korinth nachzuweisen[1]. Ein ebenfalls guter Kenner des 1 Kor meint indes urteilen zu müssen: „Alles in allem hat P. nur gezeigt, daß man, wenn man unbedingt will und den nötigen Einfallsreichtum mitbringt, den Brief teilen *kann*, nicht aber, daß man ihn teilen *muß* und erst recht nicht, daß man ihn *so* teilen muß."[2] Dafür wird R. Pesch sicher mehr Glück haben mit dem von ihm angekündigten erneuten Bemühen, unseren 2 Kor als Briefkompilation nachzuweisen. Was unseren 1 Kor betrifft, plädiert die Mehrzahl der neueren Forscher nach wie vor für die ursprüngliche Einheitlichkeit des Briefes.

Bedeutsamer für unsere Fragestellung ist neben der fast hundertprozentigen Echtheit des Schreibens (s. u. Kap. VI, 11) die in diesem angesprochene Christengemeinde. Wie groß dieselbe zur Zeit seiner Abfassung war, ist schwer zu sagen und hängt vor allem davon ab, ob mehrere „Hausgemeinden", also Teilgemeinden, vorauszusetzen sind. Wenn sich die gesamte Ortsgemeinde nach 1 Kor 14, 23 noch in einem Raum treffen konnte, vermutlich im Haus des Gaius (Röm 16, 23), dürfte die Schätzung auf nicht „sehr viel mehr als ca. 200 Mitglieder" (H.-J. Klauck) eher nach unten zu korrigieren sein. Korinth war jedenfalls die bedeutendste Gemeinde des Völkerapostels auf europäischem Boden. Sie war eine extrem lebendige, enthusiastische, aber auch noch sehr labile Gemeinde, deren heidenchristliche Majorität vor allem durch die nachwirkende Verhaftung an ihre heidnische Umwelt und Vergangenheit in Glaube und Lebensführung stark gefährdet war. R. Pesch hat seine erwähnte Kommentierung des 1 Kor zu Recht betitelt mit dem Satz: „Paulus ringt um die Lebensform der Kirche".

2. *Die Gefahr der Gemeindespaltung durch Sondergruppen*

Nach der einleitenden „Danksagung" setzt Paulus ein mit seiner Stellungnahme zu zänkischen Parteiparolen, von denen ihm die Leute der Chloe berichteten (1,10–4,21). Am stärksten ist er also darüber beunruhigt, daß die Einheit der Gemeinde durch „Spaltungen" erschüttert ist (1,10f.). In Korinth gibt es Leute, die voller Stolz sagen: „Ich halte zu Paulus – ich zu Apollos – ich zu Kephas – ich zu Christus" (1,12). Es handelt sich hierbei noch nicht um organisierte Gruppen, die gar ihre eigenen gottesdienstlichen Versammlungen abhalten würden. Der Brief ist ja an die ganze Gemeinde gerichtet, setzt also die verschiedenen Parteigänger in der einen gottesdienstlichen Zusammenkunft voraus (vgl. bes. 14,23). Die Einheit der Gemeinde ist aber doch ernstlich gefährdet. Worauf sich die Parteiparolen gründen, läßt sich nicht mehr durchweg erschließen.

a) Einen sicheren Anhaltspunkt bieten die folgenden Verse 1,13–17. Paulus hebt auf die Evangeliumsverkündigung unter den Heiden als seinen unverwechselbaren persönlichen Auftrag ab und spielt seine Rolle als Taufspender fast provozierend herunter mit den Worten: „Ich danke Gott, daß ich niemand von euch getauft habe, außer Krispus und Gaius, so daß keiner sagen kann, ihr seiet auf meinen Namen getauft worden. Ich habe allerdings auch die Familie des Stephanas getauft. Ob ich sonst noch jemand getauft habe, weiß ich nicht mehr." Der Umstand spricht dafür, daß manche Korinther sich auf unterschiedliche Autoritäten beriefen, von denen sie getauft wurden – so möglicherweise die drei von Paulus genannten Täuflinge – oder die für ihren Christenstand entscheidende Bedeutung haben. In Anlehnung an Einweihungsriten der heidnischen Mysterienkulte war offenbar die Meinung aufgekommen, daß der Getaufte mit dem Täufer als seinem geistigen Vater in einer bleibenden Beziehung stehe, die für sein Leben von hoher Bedeutung sei. Mitnichten, gibt Paulus zu verstehen. Seid ihr etwa „auf den Namen des Paulus" getauft worden? (1, 13.) Aus der Taufformel sollte auch für die Korinther eindeutig hervorgehen, daß der Getaufte Christus übereignet wird und niemandem sonst.

b) Ein relativ sicheres Bild läßt sich sodann von der Apollospartei machen. Dieser Apollos wird von der Apg als beredter und in der Schrift bewanderter alexandrinischer Jude geschildert. Bald nach dem Weggang Pauli war er nach Korinth gekommen und hat daselbst gewirkt. Seine Predigtweise, die wohl rhetorisch wie inhaltlich der „Weisheitsrede" nicht geringe Zugeständnisse machte (1, 17), beeindruckte viele Korinther offenbar mehr als die unerbittliche Kreuzespredigt Pauli, die ihr überhebliches Selbstbewußtsein provozierend in Frage stellte. Aufgrund ihres Pneumabesitzes fühlten sie sich als schon vollkommen und erwachsen, derweil sie durch ihr Parteiwesen doch selbst ihre Unreife unter Beweis stellen (3, 1–4). Zwischen Paulus und Apollos bestand indes kein wirklicher Gegensatz in der Lehre. Paulus, der nach Apg 18, 24 ff. zur Zeit der Abfassung unseres 1 Kor in Ephesus mit Apollos in völliger Harmonie zusammen ist, könnte sonst nicht anerkennend schreiben: „Ich habe gepflanzt, Apollos hat begossen" (3, 6); und schon gar nicht könnte er ihn drängen, nach Korinth zu gehen (16, 12). Jeder von den beiden hat somit das Seinige zur Entwicklung der Gemeinde beigetragen. Was Paulus den Apollos- und Kephasparteien vorwirft, „ist nicht, daß sie oder wenigstens eine von ihnen von seinem Evangelium abgewichen ist, sondern daß sie die einzelnen Missionare, also Menschen, über das Evangelium stellen, während diese tatsächlich miteinander nur Diener sind, durch die die Korinther zum Glauben gelangt sind (3, 5)"[3]. Der falschen Überschätzung der menschlichen Lehrer und Taufenden, die ihre Bedeutung nicht aus sich selbst, sondern von dem sie in Dienst nehmenden Herrn haben, stellt Paulus die Unwesentlichkeit der einzelnen Evangeliumsverkündiger gegenüber, weil das Evangelium nicht menschliche Weisheit, sondern Gottes Weisheit ist (1, 10–3, 17), und bekämpft er das menschliche Rühmen mit dem Hinweis auf die Rechenschaft, zu der er und Apollos beim Gericht vom Herrn gezogen werden, sowie auf die Geringheit der Apostel (4, 1–13). Die größere Gefahr für die Gemeinde geht in der Sicht Pauli aber doch von den Anhängern des Apollos aus. Ihre besondere Wertschätzung der „Weisheitsrede" barg die Gefahr in sich, daß die Kreuzesbotschaft um ihren Ernst gebracht wurde (1, 17). Deshalb wird Paulus bei seiner Verteidigung der ganzen Härte der Christusbotschaft vor allem die Apollosanhänger mit im Blick haben (1, 18–31). Für die Griechen ist der gekreuzigte Erlöser „Torheit", barer Unsinn, weil die Griechen Weisheit suchen, der typisch griechisch denkende Mensch auf dem Wege der Erkenntnis zu seinem eigentlichen Selbst, zur Erlösung kommen will. Dem hält Paulus entgegen, daß Gott mit der Hingabe Jesu in den erlösenden Kreuzestod einen Weg gewählt hat, der aller menschlichen Weisheit spottet, dieselbe nämlich als Torheit entlarvt. Was Menschen Torheit nennen mögen, ist in Wirklichkeit Weisheit, Erweis göttlicher Macht und Weisheit, freilich für die Glaubenden.

c) Die Kephasleute wird man unter den judenchristlichen Gemeindegliedern zu suchen haben. Unbeweisbar bleibt die Vermutung, Petrus habe zwischenzeitlich persönlich in Korinth gewirkt. Sollte er doch einmal nach Korinth gekommen sein, dann sicher nicht als Kritiker der gesetzesfreien Evangeliumsverkündigung Pauli. Abgesehen davon, daß die Frage nach der Geltung des mosaischen Gesetzes überhaupt nicht berührt wird, wird das auch durch die Art, wie Paulus 1 Kor 9, 5 seinen Namen nennt, ausgeschlossen. Das Fehlen jeden Ressentiments spricht auch gegen die Annahme, der frühere antiochenische „Zwischenfall" (s. o. Kap. III, 11) habe zum regelrechten Bruch zwischen den beiden Aposteln geführt. Ebensowenig läßt sich aus unserem Brief die Annahme stützen, die Kephasleute hätten die apostolische Sendung Petri gegen die des Paulus ausgespielt und diese abgewertet, weil dieser kein persönlicher Jünger Jesu war und erst ganz hintennach zum Apostel berufen wurde. Höchstwahrscheinlich waren die Kephasleute aus Palästina zugezogene Judenchristen, die schon in ihrer Heimat die Taufe empfangen hatten und sich ihrer Herkunft und ideellen Verbindung mit der erstrangigen apostolischen Autorität der Urgemeinde rühmten.

d) Am schwersten zu identifizieren und deshalb bis heute höchst umstritten ist die Christuspartei. Wollen einige, die die Parole „Ich aber (halte) zu Christus" ausgeben, die anderen Gruppen einfach überbieten? Oder spricht sich in dem Schlagwort das enthusiastische Selbstbewußtsein vieler Korinther aus, aufgrund des Pneumabesitzes die wahren, zur Freiheit – wie sie dieselbe verstehen – berufenen Christen zu sein? Ein anderer erwägenswerter Vorschlag lautet: „Vielleicht sagten diese Leute aber lediglich: Ich gehöre einfach zur Gemeinde als Leib Christi, ohne jedes Wenn und Aber. Der Parteienstreit berührt mich gar nicht. Diese an sich richtige Haltung wird in dem Moment zum bloßen Standpunkt einer weiteren Partei, wo man sie polemisch gegen die anderen ins Spiel bringt. Die postulierte Unmittelbarkeit zu Christus hin birgt in sich die Absage an die menschlichen Vermittler und Verkünder des Evangeliums, an Paulus und Apollos z. B., und nimmt damit Abschied von den geschichtlichen Grundlagen des Glaubens."[4]

e) Wie dem auch sei, Paulus will nachdrücklich einschärfen: Die Einheit der Gemeinde, die durch die Eingliederung aller Getauften in den Leib Christi begründet ist, kann und darf nicht durch Parteiungen zerrissen werden (1, 13). Den Parteiungsparolen „Ich halte zu Paulus usw." stellt der Apostel deshalb unter Verwendung eines Gemeinplatzes der kynisch-stoischen Wanderpredigt („omnia sapientis esse = alles, die Welt gehört dem Weisen") die Parole entgegen: „Denn alles gehört euch; Paulus, Apollos, Kephas, Welt, Leben, Tod, Gegenwart und Zukunft: alles gehört euch; ihr aber gehört Christus, und Christus gehört Gott" (3, 21–23). Paulus, Apollos, Kephas sind doch nur für euch da. Und – das ist eben zugleich die Antwort auf die Sonderparole „Ich halte zu Christus" – ihr alle in der Gemeinde gehört doch Christus, dem Christus Gottes.

3. Die Verantwortung der Gemeinde für die Beseitigung eines Falles krasser Unzucht

Zum Überlegenheitsgefühl der Korinther passen nun gar nicht sittliche Skandale, die Paulus zu Ohren kamen: ein Fall von Blutschande (5, 1–13), der Verkehr mit Dirnen (6, 12–20) und, dazwischen stichwortartig angefügt, das Prozessieren von Christen vor einem heidnischen Gericht (6, 1–11) – ein Fall, der in einem späteren Kapitel (VII, 10 d) aufzugreifen ist. Den besonders krassen Fall greift der Apostel zuerst auf. Einer aus der Gemeinde lebt mit seiner geschiedenen oder verwitweten Stiefmutter als Mann und Frau zusammen. Für einen solchen forderte das Alte Testament die Todesstrafe und das römische Recht die Deportation, weshalb Paulus zu sagen wagt, daß solche Unzucht „nicht einmal unter den Heiden vorkommt" (5, 1).

Dem heutigen Leser mag es schon auffallen, daß Paulus nicht auch ein Leitungsgremium oder gar einen einzelnen Gemeindeleiter auf die Verantwortlichkeit oder wenigstens auf die Mitverantwortung für die Überwindung der Sondergruppierungen angesprochen hat. Nun erinnert er in seinen Schlußmahnungen an die ersten Neubekehrten in Korinth, an Stephanas samt seiner Großfamilie. Stephanas hat sein Haus für die gottesdienstlichen Versammlungen zur Verfügung gestellt und sich mit seinen Hausangehörigen „in den Dienst für die Heiligen" gestellt. „Ordnet euch ihm unter, ebenso ihren Helfern und Mitarbeitern!" (16, 15 f.). Paulus plädiert somit „dafür, diese gewachsene und im Einsatz bewährte freiwillige

Bereitschaft zum Dienst anzuerkennen und die Träger dieser Funktionen als Führungskräfte zu akzeptieren"[5]. Wäre da nicht zu erwarten, daß Paulus wenigstens im vorliegenden peinlichen Fall, bei dem es sich nicht um die ganze Gemeinde erfassende Spaltungstendenzen, sondern um das krasse Versagen eines einzelnen handelt, an die mangelnde Initiative des Stephanas und seiner Mitarbeiter appelliert? Unser Brief gibt uns freilich keine näheren Auskünfte über Art und Umfang dieser Leitungsfunktionen. Davon abgesehen, duldet die charismatische Gemeindekonzeption des Apostels (s. u. Kap. V) keinen Zweifel, daß für ihn die Verantwortung der gesamten Gemeinde für ihre Reinheit und Heiligkeit als „Tempel Gottes" (3, 16 f.) im Vordergrund steht. Das eigentliche Ärgernis liegt für Paulus deshalb darin, daß die Korinther nicht von sich aus daran dachten, durch den Ausschluß des Sünders die schwerverletzte Heiligkeit der Gemeinde wiederherzustellen. Die Duldung eines solchen Giftherdes im Organismus der Gemeinde durch die sich einer falschen Liberalität rühmenden Korinther ist auch deshalb so gefährlich und verwerflich, weil das böse Beispiel ansteckend wirkt wie ein „Sauerteig", der in der Antike Sinnbild für Verderbnis und ansteckende Zersetzung war (5, 6–8). Die von der Gemeinde zu vollstreckende Exkommunikation des Blutschänders soll indes letztlich zur Rettung des „Geistes", der Person des auf Christus Getauften „am Tag des Herrn" führen (5, 4 f.). „Die entscheidende theologische Intention des Apostels bei diesem geistlichen Urteilsspruch besteht darin, ein klares *Nein zur Sünde* ebenso deutlich zum Ausdruck zu bringen wie das *Ja Gottes zum Sünder* auf Grund des stellvertretenden Sühnetodes Jesu Christi."[6]

4. *Zur Propagierung sexuellen Sichauslebens*

Paulus greift nun das Stichwort „Unzucht" auf, um zunächst ein Mißverständnis zu beseitigen, das eine anscheinend nicht sehr klar formulierte Mahnung an die Korinther hervorgerufen hatte (5,9–13).

a) In seinem „Vorbrief" schrieb er, sie sollten nichts mit Unzüchtigen zu schaffen haben (5,9). Diese Mahnung wurde offenbar ohne jede Einschränkung verstanden und deshalb als undurchführbar belächelt. Er habe, so präzisiert nun Paulus, nicht alle Unzüchtigen, Habgierigen und Götzendiener der Welt überhaupt gemeint, weil sie sonst die Welt ja verlassen müßten, sondern Gemeindeglieder, die der Unzucht verfallen sind. Mit solchen Scheinchristen sollen sie nicht einmal zusammen essen. Dem Gerichtsurteil über die Außenstehenden, die Nicht-Glaubenden, greife er nicht vor, was auch die Korinther nicht tun sollen. Deren Aufgabe sei es aber sehr wohl, in den eigenen Reihen zu „richten" (5,12), nämlich alles, was in der Gemeinde geschieht, vom Evangelium aus zu prüfen (1 Thess 5,21) und Maßnahmen für die Reinerhaltung der Gemeinde zu treffen. Und das bedeutet, wie der Apostel unter Rückgriff auf eine sakralrechtliche Formel des Mosegesetzes nachdrücklich fordert, grobe Sünder (wie den schon genannten Blutschänder), die sich zur christlich geforderten Lebensführung nicht instand setzen lassen wollen, nicht nur im gesellschaftlichen Verkehr zu meiden, sondern förmlich aus der Gemeinde auszuschließen. Paulus nimmt der Sache nach die Binde- und Lösegewalt, die das spätere Matthäusevangelium der versammelten Ortsgemeinde zuschreibt (18,18), vorweg.

Dürfen wir es heute dabei belassen, über die Strenge solcher Gemeindedisziplin die Nase zu rümpfen? Im Blick auf unsere Verhältnisse werden wir uns ehrlicherweise nicht darüber entsetzen wollen, daß gerade auch an einem Ort wie Korinth der Rückfall in die heidnische Lebensweise eine ständige Gefahr für die Neubekehrten war. Sind die Christen „Gottes Tempel", in denen „der Geist Gottes" wohnt (3, 16), werden wir die Verantwortung aller Gemeindeglieder für die Integrität und die Identität der Ortsgemeinde als durchaus konsequente Folgerung aus diesem ekklesiologischen Selbstverständnis anerkennen müssen. Die missionarische Verantwortung kommt noch dazu. Wie soll die kleine Schar von Christusgläubigen werbend auf andere ausstrahlen können, wenn sie sich selbst korrumpieren läßt, ihre sittliche Lebensführung qualitativ nicht besser ist als die der heidnischen Umwelt? Auch das ist ein großes Anliegen des Völkermissionars, das, wie wir sehen werden, bei anderen Gelegenheiten besonders deutlich zum Ausdruck kommt.

b) Eine bedenkliche Parole veranlaßt den Apostel, ein weiteres Mal das Stichwort „Unzucht" aufzugreifen (6, 12–20). „Hütet euch vor der Unzucht" (6, 18). Mehrere, wenn nicht gar viele Korinther pochen auf die ihnen als Christen geschenkte „Freiheit" und hielten deshalb den in der heidnischen Umwelt nicht sonderlich als moralisch verwerflich empfundenen außerehelichen Geschlechtsverkehr, speziell den mit der Dirne, für belanglos (6, 15 f.). Sie hantierten mit der Parole „Alles ist mir erlaubt". Ob sie dieselbe aus dem möglicherweise im „Vorbrief" stehenden paulinischen Satz „Alles ist unser" (3, 21 f.) gefolgert haben, darf offenbleiben. Sie rechtfertigten ihren Freiheitsanspruch jedenfalls mit dem ebenso schlagwortartigen Satz: „Die Speisen sind für den Bauch da und der Bauch für die Speisen; Gott wird beide vernichten" (6, 13). Der Satz ist in der Tat nicht so harmlos, wie er zunächst klingt, weil er die sexuelle Freizügigkeit legitimieren soll. Gewisse Korinther propagierten die libertinistische Auffassung: Ob Befriedigung des Nahrungstriebes oder des Sexualtriebes, man darf dem Leib geben, was er braucht. Wie die Speisen würde ja auch der Leib zu den vergänglichen materiellen Dingen zählen, die das eigentliche pneumatische Ich des Christen nicht tangieren. Im gleichen Sinne argumentiert auch der schwierige Vers 6, 18 b, mit dem Paulus höchstwahrscheinlich ebenfalls eine in Korinth umlaufende Parole aufnimmt: „Jede Sünde, die ein Mensch tut, ist außerhalb des Leibes." Die Korinther werden gesagt haben: „Was man gemeinhin Sünde nennt, spielt sich alles auf einer rein äußeren Ebene ab, die den Menschen in seinem Personsein gar nicht berührt. Wirkliche Sünden betreffen eine ganz andere, innere Schicht von Motiven und Intentionen."[7] Diese grundsätzliche Abwertung des Leiblichen zugunsten des geistigen Ich ist seit Plato für griechisches Denken charakteristisch. Sie könnte aber auch von einer Frühform gnostischen Denkens (s. u. Kap. VII, 9) inspiriert sein. Dafür könnte auch die gegenteilige Bewertung der Sexualität sprechen, zu der Paulus im anschließenden Abschnitt Stellung nehmen muß.

c) „Alles ist mir erlaubt". Paulus läßt diese Parole zunächst stehen. „Aber" – fügt er umgehend einschränkend hinzu – „nicht alles nützt" – dem einzelnen und dem Aufbau der Gemeinde. Echte Freiheit darf nicht auf Kosten der anderen gehen. Und eine zweite Grenzziehung: „aber nichts soll Gewalt haben über mich" (6, 12); die Rücksicht auf mich selbst erfordert, daß ich nicht durch das Ausleben vermeintlicher schrankenloser Freiheit zum Sklaven meiner Triebe werde. Auch an den korinthischen Slogan vom vergänglichen, für den Geistträger deshalb völlig irrelevanten „Bauch" (6, 13 a) knüpft Paulus in der zweiten Vershälfte (6, 13 b) an. Statt vom „Bauch" spricht er jetzt freilich bewußt vom „Leib", um den Leibverächtern entgegenzuhalten, daß der Leib wesentlich zum Personsein des Menschen gehört. Der Leib des Christen ist deshalb „nicht für die Unzucht da, sondern für den Herrn". Der Leib gehört diesem Herrn, der seinerseits ebenso „für den Leib" da ist, weil er sein leibhaftes Leben für den ganzen leibhaften Menschen hingegeben hat (6, 13 c). Wie sehr das Erlösungsgeschehen dem ganzen unteilbaren Menschen gilt, soll jenen Leibverächtern der Glaube an ihre Auferweckung zum Bewußtsein bringen (6, 14). Der Apostel zieht noch ein weiteres Register. „Wißt ihr nicht, daß eure Leiber Glieder Christi sind?" Weil die Getauften in den Leib Christi eingegliedert sind, schändet der Christ, der sich durch das leibliche Einswerden an eine Dirne bindet, mit dem eigenen Leib den Leib Christi (6,15–17). Auch der dritten Parole erteilt Paulus eine klare Absage. Die Behauptung, Hurerei sei belanglos, weil wirkliches Sündigen ausschließlich im Herzen verwurzelt sei und mit dem Leib nichts zu tun habe, verkenne die unüberbietbare Würde, die der Leiblichkeit als dem kommunikationsfähigen Ausdruck des Inneren der Getauften zukommt: „Wer Unzucht treibt, versündigt sich gegen den eigenen Leib", weil dieser „ein Tempel des Heiligen Geistes" ist. Deshalb sollen die durch Jesu Lebenshingabe teuer Erkauften mit ihrem ganzen leibhaftigen Leben Gott die Ehre geben (6,18–20). Die Linie, die der Apostel in Auseinandersetzung mit einer dem Umweltdenken verhafteten Lebensführung verfolgt, ist unmißverständlich: „Paulus läßt weder eine Abwertung des Leibes noch einen bedenkenlosen Umgang mit den Trieben des Leibes zu. Die Lebensform der Gemeinde, des Leibes Christi, bestimmt sich ja aus dem gemeinsamen, leibhaftigen Leben aller ihrer Mitglieder, seiner Glieder."[8]

5. *Eine sexual- und ehefeindliche Parole*

Von Kapitel 7 an geht der Apostel auf schriftliche Anfragen der Korinther ein. Es ist nicht verwunderlich, daß es an erster Stelle um Ehe, Ehescheidung, Mischehen und Ehelosigkeit geht (7,1–40). Besondere Beachtung verdient der einleitende Abschnitt 7,1–7. Während eine Reihe von Korinthern aus dem Geistbesitz das Recht zum Verkehr mit der Dirne ableitete, folgerten andere, vermutlich in geringerer Zahl, aus demselben Geistbesitz, die Sexualität sei am besten über Bord zu werfen. Es ist sehr fraglich, ob die Korinther das Jesuswort Mk 12,25 kannten, demzufolge das Leben in der volloffenbaren Gottesherrschaft ehelichen Geschlechtsverkehr nicht mehr kennen wird. Auch ohne Kenntnis dieses Jesuswortes konnte der lebhafte Ausblick auf die Heilsvollendung den pneumatischen Impuls zu geschlechtlicher Enthaltsamkeit noch verstärkt haben. Daß in derselben Gemeinde neben der Propagierung sexuellen Sichauslebens auch die gegenteilige Tendenz zu geschlechtlicher Abstinenz wirksam wurde, verrät vielleicht zugleich den Einfluß frühgnostischen Denkens. Denn beide Tendenzen erwuchsen aus der gleichen Wurzel eines radikalen Dualismus des gnostischen Welt- und Selbstverständnisses (s. u. Kap. VII, 9).

a) Die beiden einleitenden Verse 7, 1–2 lassen den heutigen Leser aufhorchen: „Nun zu den Anfragen eures Briefes! ‚Es ist gut für den Mann, keine Frau zu berühren'. Wegen der Gefahr der Unzucht soll aber jeder seine Frau haben, und jede soll ihren Mann haben." Das ist natürlich ein gefundenes Fressen für Artikel zur Frauenemanzipation in Publikationsorganen, die sich um die hier angesprochene Situation überhaupt nicht kümmern. Speziell der erste für die Frau diskriminierend klingende Satz muß auf den ersten Blick in der Tat zum Widerstand reizen. Kein einziger Moraltheologe würde sich mit der Auskunft zufriedengeben, die Ehe werde zur Vermeidung von Unzucht und der eheliche Verkehr aus Gründen der Unenthaltsamkeit zugestanden. Wo soll in diesen Versen von Liebe, Partnerschaft und gegenseitiger menschlicher Erfüllung die Rede sein? Hat Paulus also doch ein gebrochenes Verhältnis zur Sexualität? In den nachfolgenden Versen wünscht er ja sogar, alle Menschen würden wie er selbst ehelos sein. Steckt hinter alldem letztlich eben doch eine grundsätzliche Geringschätzung der Frau?

Um nicht allzu kurzschlüssigen Folgerungen zu verfallen, haben wir zwei Sachverhalte zu beachten. Zunächst und vor allem: jenes Urteil, es sei gut für den Mann, keine Frau anzurühren – wobei das griechische Wort „gynē", wie das ganze Kapitel 7 zeigt, die Frau überhaupt, nicht nur die Ehefrau meint –, ist nicht ein paulinischer Satz, sondern die Parole einiger Korinther[9]. Sodann denkt der Apostel nicht daran, hier eine christliche Ehelehre zu entfalten. Er will einzig das pastoral Erforderliche zu der sexualfeindlichen Tendenz sagen. Grundsätzlich verstanden, würde die korinthische Parole (7, 1) nicht nur die Schließung neuer Ehen, sondern auch die Weiterführung bestehender Ehen verbieten. Diese weitgehende Folgerung lehnt der Apostel eindeutig ab. Man kann nicht bestreiten, daß er mit sehr nüchternem Wirklichkeitssinn den Sexualtrieb ja nicht unterschätzt haben will. Ebenso offenkundig liegt ihm aber nicht daran, mit seiner ersten Antwort (7, 1) das „remedium concupiscentiae" (= das Heilmittel für die sexuelle Begierlichkeit) zum ersten Zweck der Ehe zu erklären. Er will vielmehr vor „überstiegenen Experimenten" warnen, wie H.-J. Klauck treffend formuliert: „Sie könnten dazu führen, daß der alleingelassene Ehemann den Weg zur Dirne findet."[10] Und umgehend fügt Paulus nachdrücklich hinzu, daß Mann und Frau völlig gleiche Rechte und Pflichten in Fragen des ehelichen Verkehrs haben (7, 3 f.).

b) In Bausch und Bogen will indes auch Paulus die korinthische Parole nicht verwerfen, wie seine nachfolgenden differenzierenden Stellungnahmen zeigen. Eine erste Konzession – „als Zugeständnis, nicht als Gebot", wie Paulus ausdrücklich sagt – ist freilich an unüberhörbare Einschränkungen und Bedingungen geknüpft: wenn ihr Eheleute euch einander entzieht, um für das Gebet frei zu sein, so nur „im gegenseitigen Einverständnis" und nur „für eine begrenzte Zeit", „damit euch der Satan nicht in Versuchung führt, wenn ihr euch nicht enthalten könnt" (7, 5 f.). Wohlgemerkt: hier findet sich nicht die Spur des Gedankens, es sei etwa die Frau, durch die der Satan den Mann verführe; die mögliche Versuchung betrifft beide Ehepartner gleichermaßen. Noch viel weiter geht seine zweite Konzession. Die übertreibende Formulierung, er sähe es am liebsten, wenn alle Menschen unverheiratet blieben wie er selbst, ist aus dem zentralen missionarischen Anliegen des Apostels zu verstehen. Doch läßt er es auch hier an einer entscheidenden Einschränkung nicht fehlen: Die Ehelosigkeit zu wählen, um ganz für den Dienst an der Evangeliumsverkündigung frei zu sein, ist ein „Charisma", eine Gnadengabe, die nur Gott dem einen und anderen, Mann wie Frau, schenken kann (7, 6).

Ganz im Sinne seiner zuletzt zitierten Äußerung empfiehlt der Apostel Nichtverheirateten und Verwitweten, unverheiratet zu bleiben, falls sie die Gabe der Enthaltsamkeit haben (7,8f.). Die verheirateten Christen verweist er freilich auf Jesu Verbot der Ehescheidung. Falls sich Verheiratete aber getrennt haben, sollen sich die zerstrittenen Partner zum Ideal der Aussöhnung durchzuringen suchen (7,10–11).

a) Im Folgenden kommt Paulus zuerst auf den einzigen Fall zu sprechen, in dem sich für ihn das Problem „Mischehe" stellt. Wie steht es mit einer Ehe, in der der eine Teil sich taufen ließ, der andere aber Heide oder Heidin blieb? Auch für diesen Fall einer religionsverschiedenen Ehe hat der Apostel ein Jesuswort nicht zur Hand, weshalb er in eigener Autorität entscheidet: An einer solchen Ehe ist festzuhalten, es sei denn, daß der heidnische Partner die Ehe nicht weiterführen, sondern sich trennen lassen will. Dann sei der christliche Teil nicht verpflichtet, um der ungewissen Bekehrung seines heidnischen Ehepartners willen sich durch dessen Verhalten versklaven zu lassen (7,12–16). Ob verheiratet oder unverheiratet, soll im übrigen jeder in dem „Stand" und der Lebensform bleiben, in die er berufen wurde. Denn heilsentscheidend ist einzig die Bindung an den göttlichen Herrn, die auch den „Sklaven" wie den „Freien" zum „Sklaven Christi" macht (7,12–24).

b) Der Apostel kommt nun auf eine zweite Anfrage der Korinther zurück (7,25–38). Zunächst (7,25–35) geht es allem nach um „Mädchen im heiratsfähigen Alter und junge Männer, die möglicherweise auf Heirat gedrängt haben und deshalb in 7,28 direkt angesprochen sind ..."[11] Da Paulus für diesen Fall „kein Gebot vom Herrn" hat – das Jesuswort Mt 19,12 ist ihm offenbar unbekannt –, kann er nur „einen Rat" geben, nämlich unverheiratet zu bleiben. Dafür macht er zwei Gründe geltend. Da er im Horizont der Naherwartung denkt, gibt er nicht nur die Kürze der Weltzeit und die Vergänglichkeit alles Diesseitigen zu bedenken. Mit der jüdisch-apokalyptischen Enderwartung verweist er auch auf die endzeitliche Not und Bedrängnis, die eine zusätzliche Verantwortung und Sorgenlast für den Verheirateten bedeute. Nicht weniger angelegen ist dem leidenschaftlichen Missionar auch hier eine zweite Motivierung. Die Ehelosigkeit erlaube die ungeteilte Sorge „um die Sache des Herrn", um den Aufbau und das Wachstum der Gemeinden.

c) Gewissermaßen das Gegenbeispiel kommt in der lange kontrovers diskutierten Stellungnahme des Apostels 7,36–38 zur Sprache. Hier geht es nach der wohl bestbegründbaren Erklärung „um junge Männer, die vom Gedanken des ehelosen Lebens entflammt waren, aber durch ihren starken geschlechtlichen Drang in Schwierigkeiten gerieten. Die Weisungen des Apostels sind dabei von hohem Feingefühl und pastoraler Verantwortung getragen. Er hält das Ideal der Ehelosigkeit aufrecht, läßt aber auch die Ehe ohne Einschränkung gelten (V. 38) und gibt je nach den Umständen die Freiheit, sich zur Ehelosigkeit oder zur Ehe zu entscheiden."[12] „Heiratest du, so sündigst du nicht, und heiratet eine Jungfrau, sündigt auch sie nicht" (7,28). Für unsere Ohren ist das wiederum eine fast provozierende, zumindest höchst überflüssige Formulierung. Überflüssig war sie indes keineswegs für jene Korinther, die Verheiratung und ehelichen Verkehr am liebsten unterbunden haben wollten.

7. Letztlich etwa doch Ehelosigkeit?

Man sollte m. E. nicht bestreiten, daß die entschiedene Empfehlung und Bevorzugung der Ehelosigkeit bis zu einem gewissen Grad situations- und personalbedingt ist. Ich erinnere an die Hoffnung auf die baldige Parusie Christi und an den Umstand, daß der Apostel mit der Empfehlung des vordringlichen Freiseins für den ungeteilten Dienst in und an der Heilsgemeinde Jesu Christi Maß an sich selbst und an seiner eigenen totalen, geradezu von Eile getriebenen Hingabe an die Evangeliumsverkündigung nimmt. Das sind zweifellos Faktoren, die der Gültigkeit des paulinisch-verstandenen Ideals der Ehelosigkeit zwar keinen Abbruch tun, aber auch die etwaige Tendenz, dieses Ideal zu einer fast allgemeingültigen Forderung zu erheben, nicht rechtfertigen würden. Die vom Apostel selbst bekundete Beschränkung läßt sich ja ebensowenig übersehen. Aus der Vorliebe für die Ehelosigkeit leitet er wohl Ratschläge, aber keinerlei Gebot ab. Weiter kann er auch gar nicht gehen, weil Ehelosigkeit für ihn eine von Gott geschenkte Gabe ist, über die der einzelne nicht zu verfügen vermag. Die Gutheißung der Ehelosigkeit ist sodann eindeutig nicht in einer negativen Einschätzung der Sexualität begründet. Er verteidigt die Ehe ja gerade gegenüber sexualfeindlichen Enthusiasten und entscheidet sich in heiklen Fragen mit gesundem Realitätssinn zugunsten der Betroffenen, vor allem zugunsten der Ehe. Nicht den ehelichen Verkehr, sondern seine zeitweilige Unterbrechung beurteilt er als „Zugeständnis". Von einer Geringschätzung der Frau ist in diesem Kapitel 7 des 1 Kor auch nicht die Spur zu entdecken. In Fragen des ehelichen Verkehrs werden Mann und Frau die gleichen Pflichten und Rechte zugebilligt. Für antike Verhältnisse ist die Argumentation des Apostels in der Tat „bemerkenswert ‚partnerschaftlich'. Die Ausführungen richten sich fast stereotyp an die Adresse von Mann *und* Frau. Die Ehelosigkeit ... wird nicht nur dem Mann nahegelegt (etwa weil die Frau gefährlich sein könnte für das Heil), sondern gleichermaßen auch der Frau (vgl. V. 8.34.40). Wenn Paulus in V. 27.36–38 aus der Sicht des Mannes argumentiert, so geschieht dies wohl ausschließlich aufgrund der ihm vorgegebenen Pragmatik (vgl. V. 25)." [13]

8. „Götzenopferfleisch" und Vermeidung ärgerniserregenden Verhaltens

Eine weitere Anfrage der Korinther betraf das Essen von „Götzenopferfleisch" (8, 1). Für uns mag das natürlich völlig überholt klingen. Für die Christen in den heidnischen Städten ging es hierbei um eine durchaus existentielle Frage ihrer Lebenswirklichkeit. Der aus dem Judentum stammende Begriff „Götzen Geopfertes" (8, 1) enthält bereits eine negative Wertung. Gemeint ist Fleisch, das zuvor in Tempeln den „Götzen" geopfert wurde. Dasselbe wurde bei Opfermahlzeiten im Tempelbereich verzehrt, aber auch auf dem Markt verkauft. Fleisch von Opfertieren wurde in Vereinsversammlungen, bei privaten Anlässen wie Totengedächtnismahlen und Familienfeiern gegessen. Besonders für sozial besser gestellte Heidenchristen kamen Einladungen bei heidnischen Verwandten und Freunden in Frage. Für die breite minderbemittelte Schicht, die sich in der Regel das teure Fleisch nicht leisten konnte, boten die öffentlichen religiösen Feste, die mit Volksspeisungen verbunden waren, einmalige Gelegenheiten zu Fleischgenuß. Unter den Christen Korinths gab es nun offenbar zwei Richtungen. Eine, die das Essen von Götzenopferfleisch strikt ablehnte, und eine lautstarke libertinistische Richtung, die das für erlaubt erklärte und – falls Paulus 8, 10 nicht nur einen möglichen, sondern faktischen Fall im Auge hat – ihre Freiheit sogar durch die Teilnahme an Opfermahlzeiten in Tempeln demonstrativ unter Beweis stellte.

a) Zunächst geht es um die grundsätzliche Beurteilung (8, 1–13). Gut korinthisch beriefen sich die Aufgeklärten auf ihre „gnosis", ihre geistgewirkte „Erkenntnis". „Paulus bestreitet die grundlegende Erkenntnis nicht, warnt aber vor der Gefahr, *Gnosis,* Wissen, statt *Agape,* Liebe, zum Maß des Miteinanders in der Gemeinde zu machen. Für die neue Lebensform der Gemeinde zählt nicht, was den einzelnen ‚aufbläht', sondern was den Gemeinschaftsbau ‚aufbaut'."[14] Auch das weitere Argument, „daß es keine Götzen gibt in der Welt und keinen Gott außer dem einen", bestreitet Paulus nicht. Er vertieft es vielmehr im Sinne des christlichen Bekenntnisses zu dem *einen* Gott und dem *einen* Herrn als Ursprung und Ziel aller Dinge (8, 4–6). Mit der Erkenntnis, daß es keine Götter gibt und daß Speisen belanglos sind, ist es in der konkreten Situation nach Paulus aber nicht getan. Der Starke, der ohne Gewissensbedenken an heidnischen Opfermahlzeiten teilnimmt, bringt „schwache" Gemeindeglieder, die infolge ihrer Gewöhnung an den Götzendienst dem Essen von Götzenopferfleisch immer noch eine religiöse Bedeutung zumessen, in die Versuchung, gegen ihr Gewissen Opferfleisch zu essen und damit eine Sünde zu begehen. Wer so rücksichtslos handelt, achte den Schwachen nicht als seinen „Bruder, für den Christus gestorben ist" (8, 7–12). Obwohl der Apostel sich selbst zu „den Starken" rechnet (vgl. Röm 15, 1), will er deshalb für seine Person lieber überhaupt kein Fleisch essen, als seinen Bruder zu Fall zu bringen (8, 13).

b) Nachdem der Apostel im Abschnitt 10, 14–22 die grundsätzliche Unvereinbarkeit von Herrenmahl und kultischen Opfermahlzeiten dargetan hatte, die deshalb um des Christusbekenntnisses willen radikal zu meiden seien, nimmt er noch zu zwei Einzelfragen Stellung, die er bislang nicht berücksichtigt hatte (10, 23-10). Beim Fleischkauf auf dem Markt in Korinth wußte man nicht, was Opferfleisch aus einem Tempel oder anderes Fleisch ist. Pauli Entscheidung ist für einen ehemaligen jüdischen Rabbi wie auch für einen Judenchristen beachtlich großmütig. Aus Gewissensgründen nachzuforschen, ob das Fleisch aus einem Tempel stammt, hält er für unnötig und unangebracht (10, 25 f.). Dasselbe gelte auch für eine Einladung in einen heidnischen Haushalt – „wenn ihr (unbedingt) hingehen wollt" (H.-J. Klauck). Anders aber, wenn der Gastgeber oder ein anderer heidnischer Gast, aus welchem Grund auch immer, darauf aufmerksam machen sollte, daß unter den gereichten Speisen Opferfleisch ist. Dann ist es geboten, das Bekenntnis zu Christus praktisch durch Nichtessen des Fleisches zu bezeugen. Das fordert der Apostel mit Rücksicht auf den Heiden, der erkennen soll, daß der Christ nicht bedenkenlos Götzenopferfleisch ißt, obwohl sein Glaube den Götzendienst verbietet; aber auch aus Rücksicht auf das Gewissen des „schwachen" Mitchristen, obwohl dieser auch kein Recht habe, unter Berufung auf sein Gewissen sich ein Urteil über die innersten Beweggründe des anderen anzumaßen. Vermeidet jedes Ärgernis erregende Verhalten, das Juden wie Griechen von der Bekehrung abhalten und das Wachstum der ganzen Kirche behindern kann! So lautet die abschließende Mahnung des auf sein eigenes missionarisches Bemühen hinweisenden Apostels (10, 31–11, 1).

9. Mißstände bei den gottesdienstlichen Zusammenkünften

Mißstände beim Gottesdienst sind weitere Punkte, zu denen der Apostel Stellung nehmen muß (11, 2–14, 40).

a) Schwerwiegender als der Verzicht korinthischer Frauen auf die judenchristliche Sitte der Kopfbedeckung (11, 2–16), der uns in anderem Zusammenhang beschäftigen wird (s. u. Kap. VI, 5), ist auch für Paulus ein Mißstand beim Herrenmahl (11, 17–22). Wohlhabendere Gemeindeglieder, die freier über ihre Zeit verfügen sowie Speisen und Getränke mitbringen können, warten nicht, bis alle versammelt sind. Sie beginnen mit dem Sättigungsmahl und geraten in angeheiterte Stimmung. Sklaven und Lohnarbeiter, die abends erst nach getaner Arbeit kommen und auch kaum Proviant beisteuern können, finden bestenfalls noch Reste vor, so daß ein Gemeinschaftsmahl nicht zustande kommt. Die Wohlhabenderen scheinen zu argumentieren, die später Kommenden würden ja an dem dem Sättigungsmahl nachfolgenden sakramentalen Mahl teilhaben können und das sei doch die entscheidende Heilsgabe. Kein Wunder, daß der Apostel voll Entrüstung reagiert. Solches Verhalten ist eine Demütigung der Habenichtse und skandalöse Verachtung „der Kirche Gottes", eine Versündigung an den Schwestern und Brüdern, für die der Herr gestorben ist. Einer solchen Veranstaltung muß Paulus die Bezeichnung „das Herrenmahl essen", durch das sich die Versammelten doch als „die Kirche Gottes" darstellen und als solche erleben sollen, rundweg absprechen. Wer sein eigenes Mahl hält, „unterscheidet den Leib nicht", weder den eucharistischen Leib des Herrn noch den Leib der Gemeinde. Der Apostel muß den Korinthern einschärfen: bei der Realverkündigung des Todes Jesu geht es um den Leib und das Blut „des Herrn", an denen man schuldig werden kann, sodaß man sich mit diesem Brot und diesem Kelch „das Gericht" zuziehen kann (11, 6–29). Deshalb müsse sich jeder überprüfen, ob er begriffen hat, welche Einstellung die Realverkündigung des erlösenden Todes des Herrn von ihm erfordert.

b) Geistgewirkte Gaben, „Charismen" sind in der Aufbruchsstimmung der jungen korinthischen Gemeinde hochgeschätzt; mit Recht, denn als Auswirkungen des in der Taufe verliehenen Geistes gehören Charismen zum normalen christlichen Leben. Jedem Getauften ist eine Fähigkeit geschenkt, mit der er zum Leben und Aufbau der Gemeinde beitragen kann (s. u. Kap. V). Als höchste Charismen wurden von überheblichen korinthischen Pneumatikern „prophetisches Reden" und noch weit mehr verschiedene Formen der „Glossolalie" = der „Zungenrede" bewertet und gepflegt [15]. Müssen sich Gemeindeglieder, denen diese Charismen abgehen, hinsichtlich ihrer pneumatischen Begabung dann also als benachteiligt fühlen und jenen Charismatikern unterlegen wissen? Diese Problematik scheint eine weitere Anfrage an den Apostel veranlaßt zu haben, die dieser mit einer weit ausholenden kritischen Stellungnahme beantwortet (12, 1–14, 40).

„Wichtig ist dem Apostel nun, daß sich die Charismen nicht verselbständigen, daß ihre Träger nicht miteinander konkurrieren, sondern einander zu- und unterordnen in dem einen umfassenden Dienst." [16] Wenn die Korinther schon um Charismen eifern, sollen sie vor allem nicht vergessen: es ist „die Liebe", diese grundlegende Frucht und Kraft des Geistes, durch die alle vielfältigen Charismen erst zum Aufbau der Gemeinde wirksam werden. Dies den Korinthern einzuprägen ist dem Vater der Gemeinde so wichtig, daß er erst das Hohelied der Liebe anstimmt (13, 1–13), ehe er begründet, warum in der gottesdienstlichen Versammlung „prophetisches Reden" den Vorzug vor der Glossolalie verdient (Kap. 14). Weil die Liebe nur den Nutzen des anderen, des Bruders und der Schwester, sucht, legt Paulus die Verständlichkeit der Redeweise als Bewertungsmaßstab an. Als ohne weiteres verständliche Mitteilung dient prophetisches Reden unmittelbar der Erbauung, Ermahnung und Tröstung der versammelten Gemeinde. Die Zungenredner bringen hingegen in ekstatisch-unverständlicher Sprache den Lobpreis Gottes und seines Heilshandelns zum Ausdruck. Bliebe es dabei, „redet ihr nur in den Wind" (14, 9). Es bedarf der zusätzlichen Gabe, glossolalisches Beten und Reden in normale Ausdrucksweise zu übersetzen, damit alle, vor allem auch interessierte Gäste, die zum Glauben finden sollen, davon profitieren können. Entsprechend lauten die Anweisungen, die Paulus zur Ordnung der gottesdienstlichen Versammlung erteilt (14, 26–33 a. 37–40)[17].

10. *„Eine Auferstehung der Toten gibt es nicht!"*

Schließlich muß Paulus noch einer aufkommenden Fehlentwicklung entgegentreten, von der er durch mündliche Information erfahren hatte (Kap. 15). „Eine Auferstehung der Toten gibt es nicht!" – so lautet das Schlagwort einer offenbar einflußreichen Gruppe. Diese Enthusiasten wiegten sich im Hochgefühl, daß sie durch die Übereignung des unzerstörbaren Pneumas bereits der eigenen Unsterblichkeit versichert und teilhaftig geworden sind. „Der biologische Tod dürfte in diesem Denken – über das hinaus, was Paulus zu erkennen gibt – gewertet worden sein als Befreiung der Seele und Heimkehr in ihr ewiges Reich."[18] Diese grundsätzliche Ablehnung einer leiblichen Auferstehung liegt wiederum ganz auf der Linie der gemeingriechischen Abwertung „des Leibes" (= sōma)" als

„des Grabmals (= sēma) der Seele". Möglicherweise war sie auch schon von gnostischem Erlösungsdenken mitinspiriert. Wären die Leugner der kommenden Auferstehung der Christen im Recht, wäre es nichtig, an die erfolgte Auferstehung Christi zu glauben. So sehr sieht der Apostel das Innerste des Christusglaubens durch die Auferstehungsleugner getroffen. Aufgrund ihrer negativen Bewertung des sichtbaren vergänglichen Leibes, können sich diese offenbar nicht vorstellen, daß der Leib mit dem Zustand der Heilsvollendung zu tun haben soll. Diesen Einwand hat der Apostel offenbar im Blick, wenn er in seinem mehrstufigen Argumentationsgang auch die Frage nach dem „Wie" der Auferstehungsleiblichkeit beantwortet. Trotz der bleibenden Identität des Ich ist die endzeitliche Auferstehung als totale Neuschöpfung zu begreifen. Es handelt sich um eine ganz und gar „pneumatische", d. h. von göttlicher Lebenskraft durchflutete Leiblichkeit, mit der die verstorbenen Christen beschenkt und in die wir, die Lebenden, verwandelt werden – eine Leibhaftigkeit, die sich als totales Wunder jedem Vorstellungsvermögen entzieht. Deshalb kann der Apostel sein Plädoyer für den Auferstehungsglauben schließen mit dem Hinweis auf die endgültige Besiegung der Todesmacht, die prophetische Schriftworte im voraus verkündeten: „Verschlungen ist der Tod vom Sieg. Tod, wo ist dein Sieg? Tod, wo ist dein Stachel?" (15,54 f.).

II. Damals ja, aber doch nicht heute?

Es ist aber doch eine längst vergangene Welt, in der Paulus um die Lebensform der noch am Beginn der Kirchwerdung stehenden Gemeinde von Korinth gerungen und gelitten hat! Soll uns das Zeugnis des 1. Korintherbriefes in den grundlegend gewandelten Verhältnissen unserer Zeit noch beispielhafte Orientierung vermitteln können? Einige schlagwortartige Andeutungen seien doch gestattet.

Manche ausgesprochen zeit- und situationsbedingte Probleme, Fragen und Antworten sind einfach überholt, zumindest in unseren Breiten. So vor allem die Frage nach Kauf und Genuß von Götzenopferfleisch. Unsere Sorge um die Reinerhaltung der Lebensmittel und insgesamt um die Bedrohung unseres Lebensraums durch Ausbeutung, Vergewaltigung und Zerstörung der Natur hat es allenfalls mit den modernen Götzen rücksichtslosen Profits und schrankenlosen Lebensgenusses zu tun, aber nicht mehr mit dem Götterglauben der alten Welt. Parteiungen und Parolen, wie sie die Einheit der Gemeinde Korinths bedrohten, mögen der Vergangenheit angehören. Keineswegs aber jede Neigung zu rivalisierenden Gruppenbildungen, auch nicht die Versuchung, auf eine bestimmte theologische Richtung zu schwören, sich auf die allein richtige „Erkenntnis" seiner selbst oder einer Gruppe der Kirche zu berufen. „Progressiv", „konservativ", „reaktionär" sind zu Parolen geworden, die sogar zu Spannungen in den einzelnen Pfarrgemeinden führen können. Die Tendenz zur Verweigerung der Ehe entspingt gewiß längst nicht mehr sexualfeindlichem Denken oder gar einer enthusiastischen Einschätzung des Geistbesitzes, zieht aber sicher weit größere Kreise als es in der Gemeinde von Korinth der Fall war. Die Versuchung des Rückfalls in Lebenspraktiken, die dem Apostel zufolge der heidnischen Vergangenheit angehören sollten, ist schon gar nicht abgetan. Was dieser zu Unzuchtssünden, aber auch zu den Fragen Ehe, Eheführung, Ehescheidung und Ehelosigkeit den Korinthern ins Stammbuch schrieb, hat in prinzipieller Hinsicht an Aktualität nichts verloren. Angesichts einer extremen Tendenz zur Emanzipation aus sittlichen Bindungen wird niemand behaupten wollen, die Parole „Alles ist uns erlaubt" oder der Slogan vom eigenen „Bauch" – man dürfe dem Leib doch geben, was dieser braucht –, sei in der Christenheit eine korinthische Fehlleistung geblieben.

Gegen eine Überschätzung „glossolalischen" Betens und Bekennens muß die klärende Stellungnahme des Apostels heute kaum mehr bemüht werden. Woran unsere Gemeinden leiden, ist doch wohl das gerade Gegenteil. Statt eines Zuviel an

Dynamik und pneumatischem Enthusiasmus, der im Gottesdienst der Korinther zu einem pneumatischen Chaos zu entarten drohte, ist eher ein Zuwenig zu beklagen, der Mangel eines lebendigen Bewußtseins, daß es viele unterschiedliche Charismen gibt, zwischen außerordentlichen und weniger auffälligen, „gewöhnlichen" Gaben theologisch kein grundsätzlicher Unterschied besteht und daß jedem Getauften eine Fähigkeit geschenkt ist, um zum Leben und Aufbau der Heilsgemeinde Christi, seines Leibes, beitragen zu können. Dazu gehört gewiß auch ein Quentchen Mitverantwortung für das geistliche Wohl und Wehe des Mitchristen. Der Apostel macht die ganze Ortsgemeinde für die Vermeidung besonders krassen Fehlverhaltens von Gemeindegliedern und damit für die Reinhaltung der Gemeinde verantwortlich. Ist nicht auch in dieser Hinsicht eher ein beträchtliches Defizit des Empfindens für die erzieherische Verpflichtung einer Gemeinde einzugestehen? Sosehr die Einschränkung am Platz ist, daß der Ausschluß eines notorischen Sünders eine disziplinierende Maßnahme war, die der exzeptionell kritischen Situation einer kleinen entstehenden Gemeinde und ihrer unerläßlichen missionarischen Rücksicht zugute gehalten werden muß. Auch die Frage, ob und warum der Christ an das absolute Wunder einer Heilsvollendung in leibhafter Existenz glauben darf, stellt sich dem völlig diesseitig orientierten und auf rein empirische Tatsachenfeststellung besessenen Zeitgenossen wahrhaftig nicht weniger als einer leibverachtenden Gruppe Korinths.

Denken wir schließlich an die würdige Feier des Herrenmahls, die Menschen unterschiedlicher Abstammung und Geschichte – wie Heiden und Juden – zu einem vorbehaltlosen Miteinander zusammenschließen soll. Diesem Ideal näher zu kommen ist in unseren derzeitigen Verhältnissen gewiß nicht weniger die bleibende Aufgabe einer sich „Kirche Christi" nennenden Pfarrgemeinde. Der Mißstand, zu dem die anfängliche Verbindung einer Sättigungsmahlzeit mit dem eucharistischen Mahl in Korinth führte, ist zwar längst entfallen. Schwerlich hinfällig wurde aber, was der Apostel zu Sinn und Würde des zentralen sakramentalen Geschehens zu sagen hat. „Geheimnis des Glaubens" – „Deinen Tod, o Herr, verkünden wir; und deine Auferstehung preisen wir, bis du kommst in Herrlichkeit." Das Bekenntnis geht uns bei der Eucharistiefeier überaus flüssig von den Lippen. „Jeder" – mahnt der Apostel – „soll sich selbst prüfen; erst dann soll er von dem Brot essen und aus dem Kelch trinken" (1 Kor 11,28). Gemeint ist in diesem Kontext ja im besonderen: Jeder soll sich selbst überprüfen, ob er auch die Einstellung gegenüber seinen Schwestern und Brüdern hat, die die Feier des erlösenden Sterbens des Herrn von ihm erfordert.

V.

Organisation und Ämter

„Der Streit um das Amt in der Kirche. Ernstfall der Ökumene". So lautet der Titel eines 1983 (Regensburg) erschienenen Bändchens mit Abhandlungen von Theologen beider Konfessionen. Und F. Hahn beschließt seinen Beitrag mit dem von ihm als „zugespitzt" bezeichneten Satz: „Der Ernstfall der Ökumene ist zugleich der Ernstfall der Christenheit"[1] Bei aller unerläßlichen Berücksichtigung der unterschiedlichen Lehrtradition der Kirchen läßt sich die fundamentale Bedeutung des anfänglichen kirchlichen Selbstverständnisses für das ökumenische Gespräch nicht verkennen. Ich versuche deshalb, in groben Zügen die Entwicklung nachzuzeichnen, soweit die neutestamentlichen Zeugnisse, die als „Gelegenheitsschriften" ohnehin nicht auf eine umfängliche Information späterer Leser angelegt sind, dies erlauben.

1. Die entscheidende Funktion der Urapostel

Mit der Aussendung seiner Jünger zur Galiläamission hat Jesus, wie schon an früherer Stelle bemerkt, selbst das Prinzip der „apostolē" (= Sendung), d.h. der Bevollmächtigung zur Evangeliumsverkündigung, praktiziert und begründet, ohne diese Jünger auch schon als „Apostel" zu bezeichnen. Auf die komplizierte Diskussion der nachösterlichen Herkunft und Entwicklung des „Apostel"-Begriffs kann hier nicht näher eingegangen werden[2]. Allem nach ist mit einem doppelschichtigen Apostelbegriff zu rechnen (vgl. u. Kap. VI, 10). Zu den „Aposteln" im engeren Sinn, die sich für ihre Sendung auf eine Christophanie berufen konnten, zählen sicher die Empfänger der beiden ersten Christuserscheinungen (1 Kor 15, 5), somit Petrus und die übrigen „Zwölf" bzw. Elf. „Den ‚Aposteln Jesu Christi' war die entscheidende Funktion zugewiesen, die Heilsbotschaft weiterzuverkündigen und die Gemeinschaft der Glaubenden als Kirche zu konstituieren. Sie stellen den heilsgeschichtlichen Übergang dar vom vorösterlichen irdischen Leben Jesu zur nachösterlichen Zeit, der Zeit der Kirche."[3] Unter diesem Aspekt haben die zwölf Urapostel als Gründer der Ur- und Muttergemeinde von Jerusalem zweifellos fundamentale gesamtkirchliche Bedeutung.

2. *Noch keine institutionalisierte Einheit der Kirche*

Die Entwicklung organisatorischer Elemente in der Jerusalemer Urgemeinde, die als Gründung der Urapostel hinsichtlich der Thematik „Organisation und Ämter" einen Sonderfall darstellt, haben wir uns bereits vor Augen geführt (s. o. Kap. II, 11). Von Anfang an war Petrus nicht nur der Wortführer der Urapostel, sondern auch die erstrangige apostolische Autorität. Wie schon vermerkt, war er auch für den später berufenen Apostel Paulus der erste Mann in der Kirche, dem deshalb sein erster Jerusalembesuch als Apostel gegolten hat (Gal 1, 18). Da Paulus ausdrücklich hinzufügt, daß er keinen anderen Apostel gesehen habe, sondern nur noch den Herrenbruder Jakobus, ist mit Sicherheit anzunehmen, daß Paulus in Petrus die maßgebliche apostolische Autorität der jungen Kirche kennenlernen wollte. Das bedeutet indes nicht, daß die Vorrangstellung des Petrus schon institutionalisiert war. Das ist angesichts der lebendigen Hoffnung auf die baldige Parusie Christi auch gar nicht zu erwarten. Eine regelrechte gesamtkirchliche Organisation tritt auch in den neutestamentlichen Schriften der zweiten und dritten Generation noch nicht zutage. In apostolischer Zeit war die Einheit der Kirche eine personale und in actu, durch das „Apostelkonzil" und durch die Jerusalemkollekte der paulinischen Gemeinden, demonstrierte Einheit, aber noch nicht eine institutionalisierte. Auch aus dem gewichtigen Umstand, daß das „Apostelkonzil" in Jerusalem stattfand, läßt sich eine jurisdiktionelle Überordnung der Urgemeinde über die überwiegend heidenchristlichen Gemeinden, wie es die spätere Apostelgeschichte nahelegt, nicht ableiten. Die Urgemeinde hatte aber sehr wohl eine heilsgeschichtliche Vorrangstellung, die bis zu ihrem faktischen Ende (66–70 n. Chr.) von den heidenchristlichen Gemeinden respektiert wurde. Von der erst später erreichten institutionellen Einheit ist sodann die ideelle Einheit der Kirche zu unterscheiden. Das Bewußtsein der ideellen Einheit kommt schon in der apostolischen Generation zum Vorschein (vgl. etwa 1 Kor 10, 32; 12, 28). In der nachapostolischen Generation wurde sie kräftig unterstrichen, wie bereits der Kol- und vor allem der Eph-Brief bezeugt, dessen Hauptthema „Christus und die Kirche" ist.

3. Die Auszeichnung Simons durch den Beinamen „kēphā"

Von besonderer ekklesiologischer und kirchengeschichtlicher Bedeutung ist eine Frage, der wir uns zweckmäßig an erster Stelle zuwenden. Was läßt sich aus dem Neuen Testament hinsichtlich der Bedeutung des Erstapostels Petrus für die Kirche, für die Kirche des Anfangs wie die der Folgezeit, erheben?

a) Der zu den erstberufenen Jüngern zählende „Symeon" bzw. – mit dem ähnlichen griechischen Namen – „Simon" nahm als Sprecher und Protagonist der Gefolgsleute Jesu eine Sonderstellung im Jünger- und Zwölferkreis ein, die er letztlich dem erwählenden Willen Jesu verdankte. Signifikantester Ausdruck seines exzeptionellen Ranges ist die Bezeichnung „Kēphās" = Petros" geworden, die schon in vorpaulinischer Zeit Eigenname des Apostels wurde. Diese Bezeichnungen sind vorchristlich als Personennamen nicht nachweisbar. Dem „Kēphās" liegt die aramäische Sachbezeichnung „kēphā" (was „Stein, „Felsbrocken", auch „Fels" meinen kann) zugrunde, die gräzisiert zur Personbezeichnung „Kephas" wurde und ebenfalls schon früh mit „Petros" übersetzt wurde. Diese Namensform ist eine sprachliche Neubildung, die von der griechischen Sachbezeichnung „petra" = „Fels" ausging und zu „Petrus" latinisiert wurde. Die einfachste Erklärung wäre zweifellos, daß Jesus selbst Simon durch die symbolträchtige Sachbezeichnung „kēphā" auszeichnete sowie deren Grund und Sinn mit der neutestamentlich einzigartigen Kirchenbauverheißung Mt 16,18b–19 oder doch wenigstens mit 16,18b eröffnete. Dann hätte Jesus zu Simon gesagt: „Du bist der Fels , und auf diesen Felsen werde ich meine Kirche bauen, und die Pforten des Hades [= die vernichtende Todesmacht] werden sie nicht überwältigen" (16,18b). Das ist eine eindeutige und in sich einsichtige Deutung des bildlichen Ausdrucks „kepha". Derselbe ist in diesem Satz eindeutig nicht bloß als einzelner „Stein", sondern als „Fels", nämlich als bestandsicherndes Felsenfundament des Baus verstanden. Auch katholische Exegeten sahen sich indes genötigt, Mt 16,18b–19 als nachösterliche Deutung des Kepha-Namens anzuerkennen; denn durch mehrere Momente „bestätigt sich der nachösterliche Horizont, obwohl Sprache und Symbolik auf palästinisch-jüdischen Ursprung verweisen"[4]. Die Kirchenbauverheißung setzt den österlichen Glauben an die Erhöhung Jesu aus dem Tod zu gottgleicher Aktionsmacht voraus. Gegen die Herkunft von Jesus spreche allein schon das „meine Kirche", das auch gegenüber dem sicher erst nachösterlichen und von der ersten Generation an geläufigen „die Kirche Gottes" (s.o. Kap. II, 8) noch sekundär ist.

b) Geht dann aber doch der Beiname „Kepha" = „Fels" auf Jesus zurück? Auch das ist bis heute umstritten und wird weitgehend angefochten. Dies nicht in erster Linie deshalb, weil uns die Evangelien eine sichere Auskunft über die Situation und den Zeitpunkt der Namensverleihung versagen. Nach Joh 1,42 erfolgte dieselbe bei der ersten Begegnung Simons mit Jesus; nach Mk 3,16 hingegen bei der Konstituierung der Zwölf. Obwohl der Verfasser des Mt-Evangeliums schon bei der Ersterwähnung Simons hinzufügt: „der Petrus genannt wird" (4,16), läßt er Jesus selbst dem Simon erst nach dem von ihm überhöhten Messiasbekenntnis bei Cäsarea Philippi, nämlich als Einleitung der als nachösterlich beurteilten Kirchenbauverheißung, den Beinamen geben. Genauer gesagt: die vom Evangelisten aus der Tradition übernommene Namensdeutung verwendet in der Anrede statt der Sachbezeichnung „der Fels" bereits die griechische Namensform: „Du bist Petros" (16,18).

Der kritischere Punkt ist die Frage, ob und wie sich die Bezeichnung des unbestrittenen Wortführers der Jünger als „der Fels" in der Intention Jesu verankern läßt. Ihre Beantwortung ist vor allem mit der Bestimmung der Funktion des so gut wie sicher schon vorösterlichen Zwölferkreises verquickt. Anerkannt ist vorweg, daß das Mk-Evangelium wohl das Faktum der Bestellung der Zwölf durch Jesus bezeugt (3,14), daß aber weder das konkrete Wie dieses Vorgangs noch dessen Zeitpunkt als historisch überliefert gelten kann. Zugrunde liegt der Bildung der Zwölfergruppe sodann jedenfalls die prophetische und apokalyptische Erwartung, wonach Israel in der eschatologisch-messianischen Zeit als Zwölfstämmevolk wiederhergestellt und des Endheils teilhaftig werden wird. In welchem Sinne hat sich Jesus aber auf diese Erwartung bezogen? Hat er die Zwölf als zeichenhaften Hinweis auf das endzeitliche Zwölfstämmevolk oder, in Entsprechung zu den zwölf Söhnen Jakobs, als Stammväter des endzeitlichen Israel verstanden haben wollen? Insofern die Zwölf wie die Söhne Jakobs Einzelpersonen sind, ist es verständlich, daß manche Autoren bis heute mehr oder auch weniger bestimmt für diese zweite Sinnbestimmung plädieren.

Nach heute allgemein geteilter Erkenntnis wollte Jesus die für seine Heilsbotschaft zu gewinnenden Israeliten nicht als eine neue Gemeinde aus dem übrigen Israel aussondern und zusammenschließen. Er hat die Zwölf somit sicher nicht als Stammväter einer Sondergemeinde verstanden. Zur Diskussion kann nur die Möglichkeit stehen, daß Jesus die Zwölf als Stammväter des Gesamtisrael umfassenden endzeitlichen und in diesem Sinne wahren Gottesvolkes verstanden hat. Da leibliche Vaterschaft nicht in Betracht kommt, kann eine Stammväterfunktion der Zwölf nur in einem übertragenen Sinn mit dem Wirken und Werk Jesu zu tun haben. Nicht das geringste berechtigt uns etwa zur Annahme, genau diese Zwölf seien die ersten Männer Israels gewesen, die sich Jesu Botschaft öffneten und von ihm als erste in die Nachfolge berufen wurden und insofern als Stammväter des neuzeitlichen Israel zu betrachten wären. Auch die von mir 1961 gebrauchte Formulierung „Kern der eschatologischen Heilsgemeinde" ist zumindest mißverständlich.

c) Ebensowenig ist daran zu denken, Jesus habe Simon im Hinblick auf die Israelmission der Zwölf eine Leitungsfunktion zugedacht. Abgesehen davon, daß statt der Aussendung der geschlossenen Zwölfergruppe die paarweise Aussendung als historisch gelten darf und muß, wäre die Annahme, Jesus habe die Zwölf mit Simon als verantwortlichem missionarischem Leiter ausgesandt, erst recht bare Willkür. Eine Art stellvertretender Chef, der die Zwölf als Einheit zusammenhält und reglementiert, hat sich aus der Sicht Jesu für die Zeit seines öffentlichen Wirkens gewiß ebenfalls erübrigt. Eine Leitungsaufgabe Simons im vorösterlichen Jüngerkreis ist denn auch der ökumenischen Untersuchung amerikanischer Theologen zufolge nicht nachweisbar [5].

d) Eine andere Situation ergab sich, nachdem Jesus bei seinem letzten Wirken in Jerusalem oder schon früher seines vorzeitigen gewaltsamen Todes gewiß war. Daß er die Zwölf bei seinem letzten Jerusalembesuch oder doch erst gegen Ende seiner Wirksamkeit konstituierte, halte ich zwar nicht für wahrscheinlich; doch läßt sich vor allem letzteres nicht ausschließen. Könnte Jesus die jetzt konstituierte oder schon bestehende Zwölfergruppe dann nicht doch als Organ verstanden haben, das nach der gewaltsamen Beendigung seines eigenen Wirkens seine Heilsbotschaft in Israel weiterzuverkünden hat? Könnte Jesus somit im Hinblick auf diese Situation mit dem Beinamen „der Fels", mit dem Jer 51,1f zufolge ja Abraham, der Stammvater des Gottesvolkes Israel, ausgezeichnet wurde, Simon eine hervorragende Stammvaterrolle verheißen, diesen nämlich als das bestandsichernde Haupt der Zwölf designiert haben, das seine bisherige Führungsrolle zu übernehmen hat? Das wäre die beste Möglichkeit, die Verleihung der Kepha-Bezeichnung durch Jesus selbst zu begründen. So bestechend der Vorschlag wirken mag, fällt es doch schwer, denselben auch zu verifizieren.

Man konnte noch keinen stichhalten Beleg dafür beibringen, Jesus habe seine Jünger bzw. die Zwölf je, etwa wenigstens in der Endphase seines Wirkens, nach dem Beispiel des rabbinischen Schulbetriebs zum Auswendiglernen seiner Verkündigung des Heils- und Heiligkeitswillens Gottes angehalten oder gar regelrecht als Tradenten und Traditionsträger ausgebildet. Sodann findet sich nicht einmal ein Anhaltspunkt dafür, daß die Konstituierung der Zwölf und/oder doch die Auszeichnung Simons durch den Kepha-Beinamen aufgrund der Todeserwartung Jesu erfolgte. Weder das eine noch das andere wird von den Evangelien mit der Todeserwartung Jesu begründet oder auch nur in die letzten Tage seines Wirkens, etwa die Situation des letzten Mahles, verlegt. Nach dem heutigen Stand der Synoptikerforschung ist es sodann bereits riskant, auch nur für die Situation des Abschiedsmahles mit den Zwölf eine Änderung der Zukunftsperspektive Jesu vorauszusetzen. „Wahrscheinlich erweist sich" – nach J. Blank – „die Frage, ob Jesus noch mit einer ‚Zwischenzeit' gerechnet habe, als unangemessen. Zu sagen wäre vielmehr, daß Jesus an der Hoffnung auf das Kommen der Basileia festhielt angesichts seines Todes, und daß auf eine ‚Zwischenzeit' von längerer Dauer nicht reflektiert wurde" [6]. Die geradezu allgemein als authentisch anerkannte Todes- und Vollendungsansage von Mk 14,25 bleibt freilich sehr wohl offen für den vom Osterglauben behaupteten Fortgang der Christusoffenbarung. Sie berechtigt aber nicht zur Behauptung, Jesus habe mit einer längeren Zwischenzeit zwischen seinem Tod und dem Vollendungsmahl des volloffenbaren Gottesreiches gerechnet, in der die Zwölf seine Heilsbotschaft weiterzuverkündigen hätten. Zu denken gibt vor allem eine auffällige Fehlanzeige. Die Abendmahlstexte lassen Jesus seinen erwarteten Tod doch als sühne- und bundstiftend deuten und damit den Zwölf eine neue Voraussetzung der Heilserlangung eröffnen. Trotzdem kennen sie keinen Auftrag Jesu zur verbalen Verkündigung dieser neuen Ermöglichung der Heilserlangung, weder an die Zwölf insgesamt noch an Simon im besonderen. Als ausdrückliche Legitimierung der urchristlichen Herrenmahlfeier hat der lukanisch-paulinische Berichtstyp Jesus wohl den Befehl, das letzte Mahl zu wiederholen, in den Mund gelegt, nicht aber den Auftrag, die Heilseffizienz des Sterbens Jesu missionarisch zu verkünden.

e) Als positiver Anhaltspunkt kommt am ehesten das „Simon"-Wort Lk 22, 31 f in Betracht, in dem sich, wie gern gesagt wird, das nachösterliche „Petrusamt" abzeichne. Obwohl das Textstück vorlukanische Tradition aufnimmt, ließ sich das möglicherweise zugrundeliegende Jesuswort bis heute nicht rekonstruieren. Im jetzigen Kontext und in der vorliegenden Fassung bekundet es Jesu Erwartung, seine Passion werde für die Jünger zur stärksten Anfechtung ihres Glaubens werden. Aufgrund seines Fürbittgebetes werde Simons Glaube aber durchhalten, so daß er mit seinem Glauben Hilfe und Stütze für die übrigen, für seine „Brüder", sein könne, sobald er dereinst „umgekehrt" sein werde – ein Moment, das als auf die spätere Verleugnung anspielende lukanische Redaktion gilt. Da die Zwölf angesichts des katastrophalen Endes Jesu am Kreuz die Sache Jesu als verloren ansahen und Simon erst aufgrund der ihm in Galiläa zuteil gewordenen Ersterscheinung den Zwölferkreis wieder sammelte (s. o. Kap. I, 11), kann die Vermutung, daß die vorliegende Fassung Lk 22, 31 f zu einem guten Stück die nachösterliche Führungsrolle Petri widerspiegelt, nicht als völlig grundlos abgetan werden. Auch bei Annahme der substantiellen Authentizität von Lk 22, 31 f läßt sich das Wort an Simon nicht einfach als Auftrag, nach dem Tod Jesu die Heilsbotschaft weiterzuverkünden oder auch aufgrund der durch Karfreitag und Ostern begründeten neuen heilsökonomischen Situation kirchenstiftend tätig zu werden, beanspruchen, da Jesus in diesem Fall Simon wohl für die Stärkung des Glaubens seiner Brüder verantwortlich macht, nicht aber, zumindest nicht ausdrücklich für einen Neuansatz der Verkündigung. Und was noch relevanter ist, Jesus spricht den Erstjünger nur als „Simon, Simon" an, ohne seine Aufgabe, die anderen im Glauben zu stärken als „Kepha"-Funktion, als „Fels"- oder auch als „(Grund)stein"- oder „(Eck)stein"-Funktion zu bezeichnen.

f) Auch die nachösterliche Geschichte kann die Stammväterfunktion der Zwölf schwerlich bestätigen. Hätten die Zwölf um diese Zweckbestimmung ihrer Institution gewußt, wäre es schwer verständlich, daß die Zwölfergruppe nach dem Martyrium des Zebedaiden Jakobus um Ostern 42 n. Chr. nicht wiederhergestellt wurde und beim Apostelkonzil (48/49 n. Chr.) statt der Zwölf und ihres Leiters Petrus die drei „Säulen" (zu denen sogar ein Nicht-Zwölferjünger, nämlich der Herrenbruder Jakobus, zählt) als vertragsschließender Partner fungierten (s. o. Kap. III, 10).

Eine letzte Erwägung. Angenommen, Jesus habe in den Zwölf mit Kepha als bestandsicherndem Haupt das Organ bestellt, das nach seinem Tod in Fortsetzung seines Werkes bis zum endgültigen Kommen der Gottesherrschaft das endzeitliche Israel schaffen und führen soll. Da Jesus anerkanntermaßen ganz Israel als das endzeitliche Gottesvolk restituieren wollte, käme diese Installation in der Konsequenz sogar auf die schließliche Ablösung der bestehenden religiösen und juristischen Autoritäten Israels hinaus. Auch für diese Absicht findet sich kein Anhaltspunkt. Trotz seiner Kritik an engherziger kasuistischer Gesetzesauslegung hat Jesus die obrigkeitlichen Gewalten Israels als solche nicht in Frage gestellt (s. u. Kap. VII, 10a). Auch das „wie eine Weiterführung von [Mt] 8, 11 f. klingende" Wort Mt 19, 28, „das sich am ehesten in eine judenchristliche Sicht fügt (vgl. 10, 23)"[7], kann die genannte Absicht nicht stützen. Der vorchristliche Sonderspruch setzt wohl ein missionarisches Bemühen der Zwölf um Israel voraus und verheißt diesen als Lohn die Teilnahme am Endgericht, das der Menschensohn bei der Parusie über das sich verweigernde Zwölfstämmevolk halten wird – was ja durchaus dem Umstand entspricht, daß Israel in seiner erdrückenden Majorität auch durch die nachösterliche Heilsbotschaft nicht zum Glauben kam. Das Wort sagt aber nicht im geringsten, die Zwölf dürfen und sollten bis zur Parusie das endzeitliche Israel regieren.

Was das Bemühen angeht, die vorösterliche Auszeichnung eines der Zwölf durch den Beinamen „der Fels" verständlich zu machen, wird die Schwierigkeit dieses Bemühens nicht zuletzt bestätigt durch den Versuch von R. Pesch, den Beinamen im Anschluß an die semantische Hypothese von P. Lampe in vorläufigen Sinngebungen im Erdenwirken Jesu zu verwurzeln. Jesus habe Simon als dem „Ersten" im Jüngerkreis den charakterisierenden Übernamen bzw. Beinamen „Stein" gegeben, nämlich wohl im Sinne von „edler Stein", „Edelstein". Dazu könne im Zusammenhang mit der Konstituierung der Zwölfergruppe die Assoziation „Eckstein des in den Zwölfen symbolisch wiederhergestellten Zwölfstämmevolkes" gekommen sein. Die in Mt 16, 18 bezeugte Umdeutung von „Stein" auf „Fels" hänge hingegen sicher „mit der urchristlich-ekklesiologischen Position und Funktion des Kephas" zusammen [8].

g) Bei dieser Sachlage empfiehlt es sich, auch auf die Idee der Stammväterfunktion der Zwölf und damit auch auf den Versuch, die Verleihung des Kepha-Beinamens als exzeptionelle Stammvaterrolle Simons zu begründen, zu verzichten. Besser gibt man sich damit zufrieden, nach mehrheitlicher Auffassung die Zwölf als „Repräsentanten des Zwölf-Stämme-Volkes" zu verstehen, das Jesus „in seiner Vollzahl ins Reich Gottes führen wollte" [9]. Man kann m. E. immerhin gewisse Anhaltspunkte entdecken, warum Jesus die Zwölfergruppe bestellte. Mehreren unbestrittenen Logien zufolge hat er sich von Anfang an um einen offenen, wachsenden Kreis persönlicher Nachfolger bemüht. Durch das Tatbekenntnis verzichtsbereiter Lebens- und Schicksalsgemeinschaft mit Jesus sollen die ihm nachfolgenden Jünger seinen Heils- und Bußruf an Israel bekräftigen, diesen als das schlechthin aktuelle Ereignis für Israel unterstreichen. Die Schaffung der geschlossenen Zwölfergruppe könnte damit zusammenhängen, daß Jesus nicht nur in der breiten Öffentlichkeit neben Zustimmung auch Unverständnis und Ablehnung erfuhr, sondern auch bei manchen Nachfolgern Zweifel an der Gültigkeit und am Enderfolg seiner Botschaft von der anbrechenden Gottesherrschaft aufkamen und manche seiner Begleiter sich von ihm zurückzogen. Dann wäre die Konstituierung des geschlossenen Kreises der Zwölf zugleich als Akt der Sicherung einer nachfolgegetreuen Jüngergruppe zu verstehen. Durch die Zwölfzahl der ihn stets begleitenden und sich zu ihm bekennenden Gefolgsleute brachte Jesus zeichenhaft den Anspruch und die Verheißung zum Ausdruck, im Auftrag Jahwes das Zwölfstämmevolk als Heilserben, als endzeitliche Heilsgemeinde zu bereiten. Dafür, daß es sich bei den Zwölf im erwähnten Sinn um eine sichernde Auswahl ständiger Begleiter aus einer fluktuierenden Schar von „Nachfolgern" handelte, könnte auch die Überlegung sprechen, daß die zeichenhafte Bedeutung dieser geschlossenen Jüngergruppe nur erkannt werden konnte, wenn sie nach außen als Zwölfzahl in Erscheinung trat.

4. *Die Bedeutung des Erstapostels Petrus für die Kirche*

Die Autoren, die die vorösterliche Verleihung der „Fels"-Bezeichnung nicht zu befürworten wagen, stimmen weitgehend darin überein, daß Simon aufgrund der ihm zuteil gewordenen Ersterscheinung, somit als erster Zeuge des Osterglaubens den Beinamen „der Fels" erhielt. Mit diesen Autoren sind sich auch annähernd alle Befürworter der vorösterlichen Herkunft der Kepha-Bezeichnung sodann darin einig, daß nicht nur die den Petrusnamen deutende Auftragsverheißung Mt 16,18b–19 – unbeschadet der Frage nach ursprünglichen Elementen wie etwa speziell der „Kepha"-Bezeichnung – nachösterlicher Herkunft ist, sondern auch und erst recht das im Nachtragskapitel Joh 21 dem Auferstandenen zugesprochene Auftragswort an Simon (21, 15–17), das die gesamtkirchliche Verantwortung Simons mit dem alttestamentlich und neutestamentlich gewichtigen Bild vom Hirten, und zwar vom Hirten schlechthin, zum Ausdruck bringt. Das johanneisch geprägte Auftragswort „blickt auch schon auf den ‚Gemeindeleiter' Petrus zurück, dem der ‚Oberhirt' Jesus seine Schafe anvertraut hat"[10]. Die Diskussion konzentriert sich verständlicherweise vor allem auf die Auftragsverheißung Mt 16, 18b–19. Ihre Entstehung wird bis heute, quer durch die Konfessionen, noch unterschiedlich erklärt, auch dort, wo eine petrinische (Erst-)Erscheinungserzählung als ursprünglicher Ort von Mt 16, 18b–19 oder doch der Kirchenbauverheißung 16, 18b befürwortet wird[11].

a) Relevanter ist freilich, daß die urchristliche Herkunft gerade auch der beiden erwähnten petrinischen Spitzentexte als solche ein ekklesiologisch höchst bedeutsames Faktum bezeugt. Aufgrund neuerer Forschungen ist auch darin weitgehende Übereinstimmung zwischen den Konfessionen erreicht, daß die neutestamentlichen Schriften bis hin zu den beiden unter dem Namen Petri verfaßten Briefen die wachsende gesamtkirchliche Bedeutung des Petrus und seines „Primates" bezeugen. Für die Verfasser der deuteropaulinischen Briefe ist gewiß Paulus der maßgebende Apostel und Garant des authentischen Evangeliums, wie am deutlichsten die Pastoralbriefe manifestieren. Trotzdem kann der Völkerapostel insofern nicht mit Petrus konkurrieren, als das Neue Testament keine den petrinischen vergleichbaren Auftragsworte kennt, mit denen (der erhöhte) Jesus Paulus für die ganze Kirche verantwortlich machen würde. Über das Ziel des Beweisbaren hinaus schießt freilich die Behauptung, der 2. Petr-Brief bezeuge sogar die Überordnung der Lehrvollmacht Petri über die des Apostel Paulus[12]. Das neutestamentliche Petruszeugnis erlaubt aber doch die Frage, ob dieses einen Petrusdienst, der mehr als Repräsentation und Symbol der Einheit ist, nämlich ein gesamtkirchliches Lehr- und Leitungsamt als konstitutive Institution der Kirche der nachapostolischen Zeit inaugurieren könnte. Daß der ökumenische Dialog noch keineswegs zur Bejahung dieser Frage führte, hat seine Gründe. Dieselben lassen sich nicht ignorieren, sofern uns am Verständnis für die wohl größte Barriere derzeitiger ökumenischer Anstrengungen gelegen ist.

b) Im Bereich der neutestamentlichen Diskussion stellt sich als erstes die Frage, ob mit den beiden Primatsworten Mt 16, 18 f. und Joh 21, 15–17 wenigstens die Potenz zur Realisierung des Anspruchs auf die gesamtkirchliche Kompetenz Petri in Nachfolgern gegeben ist. Für das Auftragswort Joh 21, 15–17, das den zum Vater heimkehrenden auferstandenen Ur-Hirten dem Simon die umfassende Fürsorge für seine Herde anvertrauen läßt, darf man das bedenkenlos bejahen. Für orientalisches und biblisches Denken ist es erst recht selbstverständlich: Solange eine Herde existiert, muß sie auch einen Hirten haben. Problematischer ist in dieser Hinsicht das das Bild vom Bau verwendende Verheißungswort Mt 16, 18 f. Die Fundamentlegung als solche ist ein einmaliges Geschehen, was kein Mensch bestreitet. Das einmal gelegte Fundament hat seine Funktion sodann für die ganze Dauer des darauf errichteten Baues zu leisten. Auf diese andauernde Fundamentfunktion hebt auch Mt 16, 18 b ganz offensichtlich ab. Die vernichtende Todesmacht wird den zu errichtenden Bau ja deshalb nicht zerstören können, weil dieser auf ein bestmögliches Fundament, nämlich auf Simon als „den Fels" errichtet werden wird. Dafür, daß in der zweiten christlichen Generation auch Petrus als einmaliges und bleibendes Fundament verstanden worden sei, macht man die Verwendung des Bildes vom Fundament im Eph-Brief geltend. Der unter dem Namen des Paulus schreibende Verfasser bezeichnet „die Apostel und die (urchristlichen) Propheten" als das Fundament, auf das die angeschriebenen Christen gebaut sind (2, 20). Er versteht jene offensichtlich als Größen der Vergangenheit, die als Offenbarungsempfänger (3, 5) einmalig und insofern nicht auswechselbar sind. Andererseits meint Mt 16, 18b aber ebenso sicher nicht einen materiellen Bau, sondern eine Gemeinschaft von Menschen und insofern nicht ein materielles Fundament, sondern ein durch einen lebendigen, aber auch sterblichen Menschen repräsentiertes „Fundament". Erlaubt dieser Umstand deshalb doch die Folgerung, daß die Wahrnehmung der Fundamentfunktion, die Mt 16, 18b ja für die ganze Dauer der Kirche, nämlich bis zur Parusie Christi, voraussetzt, durch Nachfolger Petri dem Richtungssinn des Kirchenbauwortes entspricht?

c) Daß diese Folgerung reformatorischerseits nicht gezogen und bis heute auch nicht gebilligt wird, hat zwei Gründe. Zum ersten gelte auch für den Erstapostel, was für die Apostel insgesamt zutrifft. Das Privileg der bevollmächtigenden Sendung durch den Auferstandenen ist einmalig und als solches nicht übertragbar, was auch die katholische Exegese uneingeschränkt anerkennt. Den ersten Osterzeugen und erstberufenen Apostel gibt es nur einmal. Insofern Simon als solcher „der Fels" wurde und nach Joh 21 als vom auferstandenen Herrn bestellter stellvertretender Oberhirte betrachtet wurde, könne er in dieser Funktion keinen Nachfolger haben. Dieses Argument ist nicht nur bei evangelischen, sondern eben auch bei katholischen Exegeten zu lesen. Ich zitiere den evangelischerseits um die ökumenische Diskussion wohl am meisten verdienten Kollegen F. Hahn: „Auch bei dem *Petrusamt* geht es für das Neue Testament nicht um irgendeine institutionalisierte und damit sukzessiv weiterzuführende Aufgabe, sondern um die einmalige, für die Existenz der Kirche Jesu Christi fundamentale Stellung des Petrus als des erstberufenen Jüngers, des ersten Auferstehungszeugen und des beauftragten Apostels"[13]. Im gleichen Sinne resümiert katholischerseits R. Pesch: „Der ‚Primat' des Petrus als des entscheidenden Offenbarungstradenten (Mt 16, 18) ist eine geschichtlich einmalige, an den Bau der Kirche auf diesen ‚Fels' gebundene Funktion."[14] Nun beläßt es auch F. Hahn keineswegs bei der Festellung der Einmaligkeit der

Sonderstellung Petri als „der Fels". Er konzediert anschließend die Unterscheidung zwischen der „einmaligen" und der „erstmaligen", also wiederholbaren Funktion des Petrus von Mt 16, 18f. Sosehr Petrus mit der Fundamentfunktion „eine einmalige Stellung zufällt, er hat gleichwohl nach Mt 16, 18f. auch eine erstmalige und für jeden Dienst der Kirche wesentliche Aufgabe, wenn ihm die Vollmacht der Sündenvergebung und damit die Gewährung des göttlichen Heiles übertragen ist. Nicht zufällig wird diese Aussage über die Schlüsselgewalt in Mt 18, 18 auch von der Jüngergemeinschaft in ihrer Gesamtheit ausgesagt."[15]

Dadurch, daß die Schlüsselgewalt unter Berufung auf Mt 18, 18 allen Gläubigen zugesprochen wird, wird der Gedanke an die Wahrnehmung einer exzeptionelle Schlüsselgewalt durch einen Amtsnachfolger Petri freilich hinfällig. Zuzugeben ist: es findet sich kein Anhaltspunkt dafür, daß der Evangelist bei 16, 18f. schon an einen Nachfolger Petri dachte. Andererseits kann man dem Evangelisten aber schwerlich eine weitgehende Einebnung von 16, 19 und 18, 18 zuschreiben. Die Frage, ob die Bildworte von den Schlüsseln zum „Himmelreich" (= eine matthäische Bezeichnung für „Gottesreich") sowie vom Binden und Lösen (16, 19) von Anfang an oder seit wann mit dem Bildwort vom Bauen (16, 18b) verbunden wurden, ist bis heute umstritten. So gut wie sicher hat aber erst Mt dem in judenchristlichen Gemeinden praktizierten dreistufigen Disziplinarverfahren (18, 15–17) das Binde- und Lösewort, das eine sicher jüngere, auf die Sündenvergebung oder Nichtvergebung bezogene Variante in Joh 20, 23 hat, in pluralischer Fassung hinzugefügt. Er wollte damit das Recht einer versammelten Ortsgemeinde, ein sich der Umkehr hartnäckig verweigerndes Gemeindeglied letztendlich auszuschließen, begründen. Im Kontext des Verheißungswortes Mt 16, 18f. hat das Binden und Lösen aber zweifellos einen weit umfassenderen Sinn als den der Vollmacht zum Gemeindeausschluß oder auch zur Sündenvergebung/Nichtvergebung. Als Präzisierung der generell auf das Eingehen in das voll offenbare Gottesreich ausgerichteten Schlüsselgewalt ist mit Binden und Lösen Lehr- und Leitungsvollmacht, und zwar von gesamtkirchlicher Geltung, gemeint. Petrus „ist für Mt der Garant der Jesusüberlieferung und der bevollmächtigte Lehrer der Gemeinde."[16] Insofern zugegeben wird, daß es sich bei der dem Petrus erstmalig übertragenen Schlüsselgewalt um eine für die Dauer der Kirche geltende Vollmacht handelt, läßt sich konsequenterweise nicht behaupten, eine nach dem Ableben Petri erfolgende Wahrnehmung dieser Schlüsselgewalt, d.i. eben doch der Lehr- und Leitungsvollmacht durch einen Einzelnen, durch einen zweiten und dritten „Petrus", stehe in Widerspruch zum Auftragswort 16,19. Es bleibt freilich die wahrhaftig nicht nebensächliche Frage, ob letztere Konsequenz nach dem Tod Petri auch gezogen wurde.

d) Man darf K. Kertelge durchaus zustimmen, daß der Autor des gegen Ende des ersten Jahrhunderts verfaßten Matthäusevangelium dieses als Niederschlag des apostolischen, vorab des maßgeblichen und verbindlichen Lehrzeugnisses Petri verstanden hat, das „bis zum Ende der Welt" (28,20) in Geltung zu bleiben hat. Zumindest mißverständlich ist jedoch die Formulierung: Die Sendung des Petrus als des Garanten der authentischen apostolischen Lehrüberlieferung „bleibt auch über seine Lebenszeit hinaus als aktiv wahrzunehmende Aufgabe in der auf dem Fundament der Apostel gebauten Kirche bestehen", sofern damit nämlich insinuiert werden sollte, auch im Verständnis des Evangelisten sei in Mt 16,18f. „die Idee der ‚successio apostolica'", somit die Idee eines Nachfolgers im Petrusamt impliziert[17]. Die Berechtigung dieser Folgerung stünde außer Zweifel, wenn beim Evangelisten, der höchstwahrscheinlich von dem rund zwei Jahrzehnte zuvor erfolgten Tod Petri wußte, der Gedanke an einen Nachfolger, einen zweiten oder dritten Inhaber der Fundamentfunktion oder doch der Schlüsselgewalt des Petrus auftauchen würde. Wie die katholische Exegese ebenfalls schon längst einräumen mußte, wird auch im Nachtragskapitel Joh 21 die Frage eines Nachfolgers im Hirtenamt Petri nicht im geringsten reflektiert, obwohl 21,18f. der Tod des Petrus ausdrücklich vorausgesetzt ist und in 21,20–23 erwähnt wird, daß der Lieblingsjünger Petrus überlebte. Ebensowenig liefert das übrige Neue Testament Anhaltspunkte für eine faktische Realisierung der gesamtkirchlichen Kompetenz Petri in einem Nachfolger bzw. in Nachfolgern.

Das gilt auch für die beiden nach-petrinischen Briefe. Ihre Verfasser führen sich ja nicht als Nachfolger Petri oder auch nur als Petrusschüler ein. Anders, wenn sie unter ihrem wirklichen Namen schreiben und sagen würden, daß sie die dem Apostel Petrus verliehene Lehr- und Leitungsvollmacht ausüben würden. Weil sie weder diesen Anspruch zum Ausdruck bringen noch es wagen, unter Berufung auf ihre eigene faktische funktionale Stellung in der Kirche Lehrvollmacht gegenüber Gemeinden eines großen Gebietes der ehemals paulinischen Mission zu reklamieren, gegenüber Irrlehrern sogar die authentische Auslegung der Paulusbriefe zu beanspruchen – wie der 2. Petr-Brief bezeugt –, verbergen sich die Verfasser unter dem Namen Petri selbst. Als jüngste neutestamentliche Schrift (wohl um 120 oder auch etwas später) verrät der 2. Petr-Brief noch mehr. Sein fiktiver Briefschreiber Petrus will den mit ihm das gleichwertige Glaubensgut teilenden Adressaten (1,1) in Erwartung seines baldigen Ablebens durch sein testamentarisches Dokument die Möglichkeit schaffen, sich nach seinem Tod jederzeit auf die ihnen zuhandene Glaubenswahrheit besinnen zu können (1,12–15). Die Erwartung eines Nachfolgers im Petrusamt liegt, wie man zugeben muß, noch nicht in seinem Denkhorizont.

e) Das war in der Tat der weiteren Entwicklung vorbehalten. Seit der Mitte des zweiten Jahrhunderts setzte der Trend einzelner Gemeinden bzw. Regionalkirchen ein, gegenüber gnostischen Gruppen und Schulen, die einen direkten Zugang zu den Quellen christlicher Wahrheit, wie z. B. auch die Belehrung durch den Auferstandenen, beanspruchten, ihre Gründung auf einen Apostel zurückzuführen. Als Beweis für die Kontinuität in der apostolischen Lehre wurden Listen erstellt, die vom ersten, von einem Apostel eingesetzten Bischof an die nachfolgenden Bischöfe in lückenloser Folge verzeichneten. Gegen Ende des zweiten Jahrhunderts setzte sich die Konzeption der Bischöfe als Nachfolger der Apostel durch. Das danach sich entwickelnde Selbstverständnis der dem ersten römischen Bischof (= Petrus) nachfolgenden Bischöfe Roms als Nachfolger im Petrusamt stellt somit die spezielle Konsequenz aus der älteren Überzeugung von der apostolischen Sukzession der Bischöfe insgesamt dar. Insofern ist die Frage der Legimität des Primatsanspruchs des römischen Bischofs engstens mit der nach der Legitimität der Apostelnachfolge der Bischöfe verknüpft[18].

Wir haben uns deshalb der Frage zu stellen, ob und inwieweit sich die Konzeption der personalen Amtsnachfolger der Apostel – nämlich als Konsequenz der Tradierung und Bewahrung des selbstverständlich normativen apostolischen Evangeliums – in den neutestamentlichen Zeugnissen anzeigt.

5. Die charismatische Gemeindekonzeption des Apostels Paulus

Auszugehen ist von den authentischen Paulusbriefen, denen wir genauere Information über ekklesiale Funktionen und Funktionsträger, vorab in den von ihm gegründeten Gemeinden, verdanken.

a) Wir begegneten bereits der paulinischen Lehre von dem einen Geist und den vielfältigen Gnadengaben, deren Geschenkcharakter der Apostel durch die Wahl und inhaltliche Neufüllung des in der hellenistischen Umgangssprache nur wenig gebrauchten Wortes „charisma" (profangriechisch etwa: Gunsterweis) zum Ausdruck bringt. Im Kapitel 12 des 1. Kor-Briefes finden sich sogar drei Charismentafeln (12,8–10; 12,28; 12,29f), von denen die letzte in Frageform gehalten ist, weil sie sich an jene Gemeindeglieder Korinths richtete, die sich hinsichtlich der Verteilung der Gnadengaben benachteiligt fühlten (s. o. Kap. IV, 9 b). Eine vierte Charismentafel enthält der Röm-Brief, der ja an eine nicht von Paulus gegründete und diesem persönlich unbekannte Gemeinde geschrieben ist. Die Charismenliste Röm 12, 4–8 wie die Fortsetzung in Röm 12, 9–21 zeigen, daß Charismen für Paulus nicht eine Besonderheit der extrem enthusiastischen Gemeinde Korinths sind, sondern zum normalen Leben einer christlichen Gemeinde zählen. Der Begriff „charismatische Gemeindeverfassung" wie auch etwa „demokratische" Gemeindeordnung wird von R. Schnackenburg mit Recht als unpassende Kategorie abgelehnt [19]. Man darf aber doch von einer charismatischen Gemeindekonzeption sprechen. Jedem Getauften wird eine Gnadengabe zuteil, die als spezifische Befähigung ihn zum Dienst in und an der Gemeinde, dem Leib Christi, befähigt und verpflichtet. Eine solche Befähigung ist nicht einfach austauschbar. Deshalb soll jeder bei der ihm geschenkten Gnadengabe bleiben, wie der Apostel Röm 12, 6–8 zu bedenken gibt und auch schon mit seiner Charismenliste 1 Kor 12, 28–30 unterstrich. Er versteht seine variierenden Charismenlisten denn auch weder als erschöpfende noch als systematische Aufzählung der vielfältigen Gnadengaben. Als solche zählt er auf: ausgesprochen kerygmatisch-didaktische Funktionen, Weisheits- und Erkenntnisrede, die Scheidung der Geister, Gaben der Hilfeleistung und der Fürsorge, Gaben der Leitung, weiter Gaben der Heilung und des ekstatischen Lobpreises Gottes, nämlich der Zungenrede und deren Auslegung.

b) Hinsichtlich der Herkunft der Charismen aus dem einen Geist Gottes sind prinzipiell alle Gnadengaben theologisch gleich hoch einzuschätzen. Das mußte Paulus enthusiastischen Pneumatikern in Korinth, die auf die Überschätzung der außergewöhnlichen Gabe des ekstatischen Zungenredens gegenüber weniger auffälligen, ja ganz unscheinbaren Dienstleistungen ihre geistliche Überheblichkeit gründeten, einschärfen (s. o. Kap. IV, 9 b). Hier drohte die Gefahr, daß die einseitige Bevorzugung der Zungenrede in ein Chaos ausartet. Das nötigte den Apostel, als Regulative für die freie Entfaltung der Charismen „zwei Grenzbestimmungen" geltend zu machen: „einmal, daß es nicht zu einem völlig unkontrollierten ekstatischen Treiben kommen darf (1 Kor 14), sodann daß nicht bloß besonders hervortretende Funktionen als Charismen Anerkennung finden, sondern auch bescheidene und unscheinbare Dienste in der und für die Gemeinde (Röm 12, 6–8). Hinsichtlich der notwendigen inhaltlichen ‚Prüfung der Geister' nennt er als Kriterien die Übereinstimmung mit dem Christusbekenntnis, die Förderung der ‚Auferbauung der Gemeinde' und das Handeln nach dem Maßstab der Agape. In diesen Grenzen und unter diesen Voraussetzungen gibt es für Paulus eine freie, lebendige und von jedem Gemeindeglied getragene Entfaltung der vom Geist verliehenen Gnadengaben."[20]

c) Mit der Belehrung über das lebendige Zusammenwirken der Charismen in Korinth gibt sich der Apostel indes nicht zufrieden. Er behält auch hier im Auge, was generell für die Kirche und für jede Gemeinde gilt. Unter diesem Gesichtspunkt verdient die Charismenliste 1 Kor 12, 28 unsere besondere Beachtung: „So hat Gott in der Kirche eingesetzt erstens Apostel, zweitens Propheten, drittens Lehrer; ferner verlieh er die Kraft Wunder zu tun, sodann die Gaben, Krankheiten zu heilen, zu helfen, zu leiten, sowie die verschiedenen Arten von Zungenrede." Das unübersehbare Gefälle dieser Aufzählung ist sehr instruktiv. Paulus unterscheidet hier zwischen den mit „erstens", „zweitens", „drittens" eingeführten Charismen und denen, die er unter „ferner" erwähnt. Letztere sind außerdem durch den Wechsel von Personen zu Funktionen von der erstgenannten Trias abgehoben. Nach nicht unbegründeter Vermutung spiegelt diese Trias die Gemeindestruktur von Antiochia. Als einstiger antiochenischer Gemeindemissionar habe Paulus dieselbe kennengelernt und von dort übernommen. Bei den drei betont vorangestellten Diensten, die ihrerseits noch einmal abgestuft sind, handelt es sich um die grundlegenden und unerläßlichen Funktionen, die es allesamt mit der Verkündigung, Vertiefung und Befestigung des Glaubens zu tun haben. Jede Gemeinde „bedarf der Apostel bzw. der apostolischen Überlieferung zu ihrer Grundlegung, sie bedarf der Propheten als geistbegabter Verkündiger des Evangeliums, und sie bedarf der Lehrer als vollmächtiger Tradenten und Ausleger von Schrift und Überlieferung"[21]. Die übrigen Charismen wie z. B. Wunderheilung und Zungenrede, sind im Verständnis des Apostels offenbar nicht im selben Sinne konstitutiv für das Leben der Gemeinde, aber nichts destoweniger von Bedeutung. Entgegen einer bis vor wenigen Jahrzehnten herrschenden Tendenz wird heute auch reformatorischerseits weithin eingeräumt, daß man Charisma und Amt nicht gegeneinander ausspielen kann. „Man müßte eher sagen, daß Paulus der Entwicklung von Ämtern einen kräftigen Impuls mitgibt, indem er sie nicht nur hinnimmt, sondern durch Eingliederung in das charismatische Modell theologisch aufwertet."[22] In der zitierten Charismenliste 1 Kor 12,28, vorab in der einleitenden Trias, liegt zumindest eine Voraussetzung für eine nach dem Tod des Apostels einsetzende bzw. stärker wirksame Institutionalisierung.

d) Unter diesem Aspekt ist das paulinische Interesse an gemeindlichen Ordnungsdiensten besonders zu beachten. Nicht nur innerhalb von Charismenlisten nennt er „Leitungsaufgaben" (1 Kor 12,29) und „Vorstehende" (Röm 12,8). 1 Thess 4,12f spricht er von „den im Herrn euch Vorstehenden und Ermahnenden", die die Gemeinde um ihres Wirkens willen in Liebe hochhalten soll. 1 Kor 16,15–17 bittet der Apostel sodann die Korinther, den Gliedern vom Haus des Stephanas als den Erstbekehrten sowie ihren Helfern und Mitarbeitern sich unterzuordnen. Daß er selber diese Leute bzw. „Vorsteher" ausgewählt und bestellt hat, läßt sich nicht ausschließen, aber auch nicht behaupten, weil er das nirgends sagt. Hier konnten allem nach mehrere Faktoren zusammengewirkt haben. „Zeitliche Zufälligkeiten und soziale Gegebenheiten spielen eine wichtige Rolle: Die Erstgetauften genießen eine verantwortliche Vorzugsstellung. Für die caritativen Charismen war es ein Vorteil, wenn man über entsprechende Mittel verfügte. Höherer Bildungsstand und gesellschaftliche Gewandtheit waren eine gute Voraussetzung für die Übernahme von Lehr- und Leitungsaufgaben. Eigene Initiative, Beauftragung durch die Gemeinde und Auswahl durch Paulus greifen ineinander."[23] Entscheidend ist, daß der Apostel die Wahrnehmung von Leitungsaufgaben in den Gemeinden bejaht und ihren Trägern jede Unterstützung gewährt; dies freilich spürbar unter der Bedingung, daß sie sich durch ihren aktiven Einsatz für die gemeinsame Aufgabe der Gemeinde legitimieren.

Etwas Einmaliges in den authentischen Paulusbriefen ist die Briefanschrift Phil 1, 1: „... an die Heiligen in Christus Jesus, die in Philippi sind, mit ihren „episkopoi kai (= auch) diakonoi." Bei diesen offenbar je ein Kollegium bildenden „Episkopen und Diakonen" handelt es sich nach kaum bestrittener Auffassung um Funktionsinhaber, die die Gemeinde selbst nach hellenistischen Vorbildern bestellt hat, die denn auch in einem anderen Paulusbrief nicht auftauchen, auch nicht etwa in der späteren Charismenliste von Röm 12. Die Funktion der beiden Gruppen ließ sich bis heute nur mehr vermuten als wirklich klären, zumal sie in der Fortsetzung des Briefes nicht im geringsten angesprochen werden. Man denkt am ehesten an Verwaltungs- und Fürsorgefunktionen. Einig ist man sich, daß diese „Episkopen" (wörtlich: Aufseher) und „Diakone" nach Stellung und Aufgabe noch nicht den Ämtern entsprechen, die in den Pastoralbriefen mit diesen Titeln bezeichnet werden, wie auch in der „Einheitsübersetzung" angemerkt ist. Es handelt sich aber doch um personalgebundene Funktionen, die insofern als „Ämter" bezeichnet werden können. Im Hinblick auf den später zu nennenden Fall eines weiblichen „diakonos" (s. u. Kap. VI, 8) gehören (wenigstens) zu den „Diakonen" von Phil 1, 1 möglicherweise auch Frauen. Um einem Mißverständnis vorzubeugen, sei freilich hinzugefügt: Trotz der Fülle von Bezeichnungen für bestimmte Funktionen in einer Gemeinde, wie eben auch der zuletzt genannten, gibt es „zumindest in der Frühzeit keinerlei Begrifflichkeit, die den ‚Amtscharakter' solcher Funktionen unterstreichen würde ... Am ehesten kann man noch feststellen, daß alle diese Aufgaben gemeinsam unter den Gedanken des ‚Dienens' bzw. des ‚Dienstes' gestellt werden; aber das ist keine Amtsbezeichnung gewesen, sondern ein Hinweis auf das innerste Wesensmerkmal aller übernommenen Funktionen"[24].

Bei aller Anerkennung gemeindlicher Ordnungsdienste kommt man indes nicht um die Feststellung herum, daß Paulus auch bei konkreten Mißständen nie Träger von Leitungsfunktionen anspricht und verantwortlich macht, sondern stets die Gemeinde als Ganzes. Ein gern zitiertes Beispiel liefert 1 Kor 11,17–34. Um einen gröblichen Mißstand bei der Herrenmahlfeier zu rügen und abzuschaffen, wendet sich Paulus, wie auch bei den übrigen Beanstandungen desselben Briefes, nicht an eine Gruppe von „Vorstehenden" oder an einen „Vorsteher" o.ä., obwohl anzunehmen ist, daß ein Einzelchrist den Abendmahlsbericht als die Mahlfeier begleitende „Kultanamnese" gesprochen hat. Warum spricht der Apostel belehrend, tadelnd, warnend, mahnend stets die ganze Gemeinde an? Doch wohl deshalb, weil er alle dem Leben und Aufbau der Gemeinde dienenden Funktionen, eben auch Leitungsfunktionen, als Gnadengaben, als Wirkungen des einen Heiligen Geistes verstand. Nach 1 Thess 5,19–21 hat die ganze Gemeinde die Fähigkeit und die Aufgabe, die Manifestationen des Geistes, somit auch die der Charismatiker zu prüfen.

6. Wie dachte der Apostel Paulus über den Fortbestand seiner Gemeinden?

Das führt uns zum heikelsten Diskussionspunkt. Zunächst zu der Frage: Wie verstand Paulus sein eigenes Eingreifen bei Mißständen und Fehlentwicklungen, die das Funktionieren der charismatischen Begabungen einer Gemeinde in Frage stellten, was in Korinth ja nachweislich der Fall war (s. o. Kap. IV)? Ich befürwortete auch die Hypothese: Paulus verstand den Einsatz seiner apostolischen Autorität schwerlich als konstitutives

Ordnungsprinzip einer in sich defizienten Gemeindestruktur, sondern als subsidiäre, also als helfende unterstützende Akte, um der Gemeinde zum vollen Funktionieren der innergemeindlichen Lebensvollzüge zu verhelfen. Er erwartete die Ermöglichung eines geordneten Gemeindelebens vom Zusammenwirken aller Gnadengaben, weshalb er eben in seinen Briefen jeweils stets die Gemeinde als ganze auf ihre Verantwortlichkeit hin anspricht[25]. Dem wurde entgegengehalten: Die Rolle des Apostels, die sich unter anderem auch in dem kategorischen „Ich ordne an für alle Gemeinden" (1 Kor 7, 17) bekundet, „als ‚subsidiär' zu bezeichnen, dürfte seiner ihm bewußten apostolischen Autorität nicht gerecht werden"[26].

a) Damit ist zweifellos ein Fragepunkt berührt, der zu ernsthaftem Nachdenken zwingt. Ich halte es für höchst unwahrscheinlich, daß die Korinther ohne die eindringliche Zurechtweisung und Belehrung über das notwendige Zusammenwirken der Charismen zu einem geordneten gottesdienstlichen Vollzug gefunden hätten. Ich habe mir deshalb die weitere Frage erlaubt: Hätte Paulus, nicht zuletzt im Blick auf die Charismenproblematik und überhaupt auf die vielen anzumahnenden Mißstände und Spaltungen in Korinth sich nicht doch Gedanken über die Tragfähigkeit der charismatischen Gemeindekonzeption machen müssen? Ist doch nicht leichter gesagt als realisiert, daß die Liebe die grundlegende Frucht des Pneumas, der neuen Lebenskraft ist, durch die die vielfältigen Gnadengaben zum Aufbau einer Gemeinde wirksam werden sollen (s. o. Kap. IV, 9 b)? Wird die gegenseitige Zu- und Unterordnung der einzelnen Charismen in dem einen umfassenden Dienst auf die Dauer auch ohne eine übergeordnete Autorität funktionieren? Ich sehe selbstverständlich den wahren Kern in dem auch von R. Schnackenburg übernommenen Votum H. Schürmanns, der schreibt, „daß eine urchristliche Gemeindeordnung, die noch durch und durch von der allumfassenden geistlichen Gabe des Apostolates bestimmt ist, anders aussehen muß als eine nachapostolische Ordnung, die keine Apostel mehr aufzuweisen hat"[27]. Deshalb fragte ich eben, ob

Paulus – sagen wir: bevor er die von ihm gegründeten Gemeinden im Raum des Ägäischen Meeres verließ oder spätestens während seiner zweijährigen freien Haft in Rom – nicht darüber nachdenken mußte, wie seine apostolische Vollmacht während seiner Verhinderung und überhaupt nach seinem Ableben, wo immer es not tut, wahrgenommen werden kann. „Der Apostolat ist", wie H. Schürmann betont, „nicht nur die erste und wichtigste aller Gnadengaben – in gewissem Sinn ist die Zusammenfassung aller."[28]

b) Als nächstliegende Lösung ließe sich denken, daß Paulus, so er nicht an einen einzigen „Nachfolger" dachte, seine engeren „Mitarbeiter" wie Timotheus, Titus, Silas und andere auf die einzelnen Regionen seines Missionsgebietes verteilt hätte, damit sie in Notfällen nach seinem Beispiel und in seinem Auftrag regulierend eingreifen, um die Bewahrung des von ihm ausgelegten Evangeliums und das Funktionieren der Gemeinde sicherzustellen. In diese Richtung geht die Hypothese, Paulus habe seine Mitarbeiter nicht nur als seine Boten, sondern auch als seine Repräsentanten verstanden, die nach seinem Tod sein Werk weiterführen. Ja, wenn der Verfasser des Eph- und schon des Kol-Briefes statt mit „Paulus, Apostel Christi Jesu" sich selbst eingeführt hätte oder wenigstens mit „Timotheus, Mitarbeiter des Apostels Paulus" oder ähnlich – was eben leider nicht der Fall ist. Die Meinung, die Selbstidentität der nachapostolischen Kirche mit der der Apostelzeit erfordere eine dem singulären Charisma des Apostels entsprechende Lehr- und Leitungsvollmacht, ist durchaus sinnvoll. Die Frage ist nur, ob oder inwieweit sich diese Meinung auch für den Apostel Paulus beanspruchen läßt. Solange die Realisierung dieser Forderung, also das Bewußtsein eines oder auch mehrerer Paulusschüler, im Auftrag des Apostels Lehr- und Leitungsvollmacht auszuüben, für die ersten Jahrzehnte nach Pauli Tod nicht nachgewiesen wird, bleibt die Argumentation ein bloßes Postulat. Der Versuch, aus paulinischen Texten, speziell aus Phil 2,19–24, zu erschließen, Paulus habe für seine Nachfolge in seinem Apostelamt nach seinem etwaigen Tod

Vorsorge getroffen, ist, wie auch W. G. Kümmel in seinem neuesten Literaturbericht über „Ämter und Amtsverständnis" notiert, nicht gelungen. Auch er meint, „daß diese These erst dann glaubhaft würde, wenn sich die Existenz dieser Nachfolger-Idee für die Zeit nach dem Tod Pauli einigermaßen wahrscheinlich machen ließe", was eben nicht der Fall sei [29]. So gut wie sicher hat Paulus, nachweislich bis zur Abfassung des Röm-Briefes (13, 11–14), an der Naherwartung festgehalten [30]. Deshalb muß es zumindest offenbleiben, ist es sogar eher unwahrscheinlich, daß Paulus überhaupt die Notwendigkeit empfand, für die nach seinem Tod bzw. nach der eventuell gewaltsamen Beendigung seines Wirkens fortdauernde Existenz seiner Gemeinde organisatorische Maßnahmen zu treffen, etwa dadurch, daß er seine engsten Mitarbeiter beauftragte, in den Regionen seines Missionsgebietes die von ihm wahrgenommene Lehr- und Leitungsvollmacht auszuüben.

7. *Die nachpaulinische Entwicklung ekklesialer Funktionen*

Wie ging es nach dem Tod des Apostels wie auch des Petrus um die Mitte der sechziger Jahre dann weiter? In der Folgezeit, also nach 70 n. Chr. stand ohnehin das paulinische Missionsgebiet im Vordergrund. Hier ist eine ganze Reihe Faktoren zu nennen, die sich auswirken mußten. An erster Stelle der Ausfall der Autorität des apostolischen Gründers und Vaters der Gemeinden, damit der Ausfall seines belehrenden und regulierenden Wortes. Die Gemeinden mußten selbst mit alten und neuen Schwierigkeiten fertig werden. Mit der fortschreitenden Entspannung der Naherwartung und mit einem gewissen zahlenmäßigen Anwachsen der Gemeinden ging allem Anschein nach auch ein Erlahmen des Eifers und der charismatischen Lebendigkeit Hand in Hand. Die Bewältigung von Gegenwartsaufgaben, das Funktionieren der gemeindlichen Lebensvollzüge, die Beantwortung neuer Fragen und Zweifel, die Abwehr individualistischer Tendenzen und vor allem häretischer Gefährdungen, vorab gnostischer Art, forderten eine zunehmende Stabilisierung und Institutionalisierung der für das Leben und den Bestand der Gemeinden unerläßlichen Lehr- und Leitungsfunktionen. Dabei ist in Anschlag zu bringen, daß die paulinische Gemeindekonzeption für die zunehmende Gewichtung dieser Charismen nicht nur offen war, sondern auch schon Ansätze dazu lieferte (s. o. 5 c). Obwohl der Apostel mit seinen autoritativ belehrenden und wegweisenden Stellungnahmen stets die ganze Gemeinde anspricht, will er mit diesen sicher im besonderen auch die Verkündigungs- und Leitungsfunktionen ausübenden Gemeindeglieder stützen und aktivieren, auch wenn er dies nicht ausdrücklich sagt. Er bräuchte sonst „im Herrn Vorstehende" nicht eigens hervorzuheben und diesen gegenüber Unterordnung zu verlangen (s. o. 5 d). Wir sind schwerlich zur Behauptung berechtigt, daß Paulus einen Prozeß, der sich in einer fortdauernden Zeit von Welt und Kirche zur aktualisierenden Bewahrung des apostolischen Evangeliums und zur Existenzsicherung seiner Gemeinden als notwendig erwies, prinzipiell als illegitim betrachtet hätte. Es sei darum versucht, die wesentlichsten, noch erkennbaren Schritte zu skizzieren.

a) In der nachpaulinischen Generation wirkt die Lehre von der charismatischen Begabung aller Getauften noch sichtlich nach, wie der etwa um 80 geschriebene Eph-Brief zeigt. Nachdem der Verfasser die Einheit der Kirche betont und theologisch begründet hat, liegt ihm daran, daß diese Einheit zugleich in der Vielgestalt individueller Aktivitäten zum Ausdruck kommen muß: „jeder einzelne Teil" des Leibes kann und soll nach dem ihm geschenkten „Maß" zum Wachstum des Leibes Christi beitragen (4, 16). Die hauptsächlichsten Unterschiede zu den paulinischen Charismenlisten sind auf den ersten Blick ersichtlich. Die in 3, 5 als Offenbarungsempfänger der Anfangszeit gekennzeichneten „Apostel und Propheten" werden, wie schon an früherer Stelle festgestellt, als Fundament bezeichnet, auf dem die Kirche aufgebaut ist (2, 20). Sie sind somit als Größen der Vergangenheit verstanden, auf die der Verfasser zurückblickt. Außer Aposteln und Propheten werden sodann in 4,11 als vom erhöhten Christus gegebene Funktionsträger nur drei ausdrücklich genannt, nämlich die an bestimmte Personen gebundenen Dienste der Evangelisten, der Hirten und Lehrer. Die unter einem Artikel zusammengefaßten, also eng zusammengehörenden Hirten und Lehrer sind in den Einzelgemeinden tätig. Ihnen kam sicher im besonderen auch die Aufgabe zu, die Gläubigen für eine je eigenverantwortliche „Dienstleistung zum Aufbau des Leibes Christi" instand zu setzen und sie vor Unsicherheit, Irrtum und Verderbnis zu bewahren (4,12–14). In den Gemeinden, an die sich das Rundschreiben des Eph-Briefes richtet, werden „Hirten" und „Lehrer" offensichtlich als die unentbehrlichsten Charismenträger vorausgesetzt, wobei den Hirten doch wohl die Leitung des Gottesdienstes und des Vorsitzes bei der zentralen Mahlfeier zukam, was freilich auch hier nicht ausdrücklich gesagt wird. Mit den „Evangelisten" sind höchstwahrscheinlich nicht ortsgebundene Missionare gemeint. Bei den drei zuletzt genannten Größen von „Nachfolgeämtern" der zuvor als Offenbarungsempfänger und Fundament bezeichneten „Apostel und Propheten" zu sprechen, ist freilich zumindest mißverständlich, obwohl jene diesen zeitlich nachfolgen. Denn nichts berechtigt uns zur Annahme, der Verfasser habe in jenen drei Größen von den Aposteln, speziell von dem hier maßgebenden Apostel Paulus, beauftragte Funktionsträger erblickt. Dazu steht bereits in gewisser Spannung, daß zuvor zusammen mit den Aposteln auch die urchristlichen Propheten genannt wurden (2,20; 3,5). In bezug auf Herkunft und Legitimität sieht der Verfasser die drei der Gegenwart angehörenden Funktionsträger auf gleicher Stufe mit „den Aposteln und den Propheten", da er sie alle als vom erhöhten Christus „gegeben" sein läßt.

b) Wie der Vergleich des Eph-Briefes mit ungefähr gleichzeitigen Schriften vom Ende der nachapostolischen Generation im ganzen noch erkennen läßt, hatte die Entwicklung zu unterschiedlichen Ämterstrukturen und -bezeichnungen in den

Ortsgemeinden der einzelnen Regionen geführt. Gemeinsam ist indes allen der Charakter eines pluralen Führungsgremiums. Das gilt eben auch von dem aus der Urgemeinde bzw. aus dem Judenchristentum stammenden Institut eines Kollegiums von Presbytern (= Ältesten), das in das paulinische und überhaupt außerpalästinische Missionsgebiet eindrang und sich in der zweiten Generation weithin als Regelform des Gemeindeamtes durchsetzte, wie auch Jak 5, 14 bezeugt. Der 1. Petr-Brief nimmt sehr wohl noch die gut paulinische Mahnung auf, die Gläubigen sollen als gute Verwalter der vielfältigen Gnade Gottes, jeder mit dem ihm geschenkten Charisma, einander dienen (4, 10f.), wobei indes nur mehr zwei konkrete charismatische Funktionen genannt werden. Ansonsten setzt der Verfasser in den angeschriebenen Gemeinden ein Presbyterkollegium voraus (5, 1 ff). Gegenüber der im Eph-Brief bezeugten Entwicklung markiert dieses ein neu ansetzendes Gemeindekonzept, das schon von seiner Herkunft her auf die Institutionalisierung gemeindlicher Funktionen, somit auf Amtsträger, in einem freilich spezifischen geistlichen Sinn, angelegt ist. Unser Brief erlaubt zwar kaum, die Kompetenzen der Presbyter im einzelnen zu bestimmen. Doch empfiehlt bereits das Bild vom Weiden der Herde keine restriktive Auslegung, so daß mit gutem Gewissen von Gemeindeleitern im umfassenden Sinne zu sprechen ist. Es läßt sich freilich nicht begründen, der Verfasser des 1 Petr habe das Presbyteramt geradezu als Übernahme und Fortsetzung der Vollmacht des Apostels Petrus qualifiziert. Am ehesten ist auch hier eine christologische Begründung der Wirksamkeit und Verantwortung des Presbyteramtes herauszulesen: daß die Presbyter nämlich als Delegaten des Oberhirten, des Chefhirten Jesus Christus, ihr Amt ausüben und als solche Christus verantwortlich sind.

c) Die Apostelgeschichte läßt Paulus vor seiner Abfahrt nach Rom in Milet die Presbyter von Ephesus, die zugleich als Vertreter der Presbyterkollegien aller kleinasiatischen Gemeinden zu verstehen sind, um sich versammeln und sie für die Bewahrung der Gemeinden im wahren apostolischen Glauben verantwortlich machen (Apg 20, 17–35). Nach dem Beispiel des Apostels sollen sie ihr Amt führen: „Gebt acht auf euch und auf die ganze Herde, in der euch der Heilige Geist zu Episkopen [= Aufseher] bestellt hat, damit ihr als Hirten für die Kirche Gottes sorgt, die er sich durch das Blut seines eigenen Sohnes erworben hat" (20, 28). Die von Paulus selbst verfaßten Briefe verraten bekanntlich nichts von „Presbytern" in seinen Gemeinden. Daß in diesen, somit auch in Ephesus als mehrjährigem Wirkungsort des Apostels, zur Zeit der Abfassung der Apostelgeschichte Presbyterkollegien existieren, hatte der Verfasser schon an früherer Stelle damit erklärt, daß Paulus und Barnabas auf der sogenannten ersten Missionsreise „in jeder Gemeinde durch Handauflegung Presbyter bestellten" (14, 23). An unserer Stelle läßt er Paulus freilich nicht auf die Einsetzung der Presbyter durch ihn (und Barnabas), sondern auf die Bestellung durch den Heiligen Geist abheben. Im Unterschied zum 1. Petr-Brief bezeugt die Abschiedsrede das schon erfolgte Zusammenwachsen des judenchristlichen Presbyterinstituts und der aus heidenchristlicher Tradition stammenden Bezeichnung „Episkopen". Gegenüber Phil 1, 1 ist die Funktion der Episkopen hier eindeutig gekennzeichnet. Nach unbestrittener Auffassung überragt dieselbe jedenfalls die Funktion der Phil 1, 1 genannten Episkopen, da sie jetzt als für Lehre und Leitung der Gemeinde verantwortliches Kollegium geschildert werden. Erstmals wird hier den Gemeindeleitern ausdrücklich die Aufgabe zugeschrieben, die apostolische Tradition wachsam zu wahren, gegenüber den von außen (20, 29) wie von innen (20, 30) eindringenden Irrlehrern.

8. Die in den Pastoralbriefen bezeugte Ämterstruktur

Einen weiteren Schritt der in den neutestamentlichen Schriften sichtbaren Entwicklung bezeugen die aus der Paulusschule stammenden Pastoralbriefe (um 100/110). Ihr uns unbekannter Verfasser läßt Paulus Timotheus (in Ephesus) und Titus (auf Kreta) damit beauftragen, für eine Kirchenordnung in den Gemeinden zu sorgen, welche die Identität des apostolisch verkündeten Glaubens und Lebens gegenüber Irrlehrern sicherstellen soll. Zu dieser Kirchenordnung gehört die Bestellung von Funktionsträgern in den einzelnen Gemeinden. Als solche werden genannt: „der episkopos", „die Presbyter" und, als von diesen deutlich unterscheidbare Gruppe, „die Diakone". Außerdem existiert ein Stand oder Amt von „Witwen" (1 Tim 5,3–16), dem nicht alle Witwen einer Gemeinde angehören.

a) Bis heute ist es nicht gelungen, sich über das genaue Ämterverständnis der Pastoralbriefe zu einigen. Übereinstimmung besteht in folgenden Punkten. Zunächst hinsichtlich der Existenz eines geschlossenen Kollegiums der Presbyter. Sodann ist über Apg 20 hinaus eine spezifische Form der Einsetzung des Amtsträgers vorausgesetzt. Nachdem der zu Ordinierende durch prophetische Zurufe aus der Gemeinde empfohlen wurde (vgl. u. Kap. VI 16), erfolgt die Amtsübertragung durch den alten jüdischen Bevollmächtigungsritus der Handauflegung seitens des Ältestenkollegiums, die als Vermittlung des speziellen Amtscharismas an den Ordinierten verstanden ist. „Dieser Akt der Ordination gibt dem kirchlichen Amt seinen Charakter und seine Legitimation; denn hiermit wird sichtbar, daß bei aller institutioneller Ordnung und bei einer durch die Gemeinde bzw. deren Vertreter im Presbyterium vollzogenen Wahl und Einsetzung die eigentliche Beauftragung durch den Herrn und seine Geistesgabe erfolgt."[31] Des weiteren ist dieses Amt nachdrücklich als Lehramt gekennzeichnet. Schließlich ist unbestritten von „episkopē", also von der „Aufseherfunktion", als einer erstrebenswerten Aufgabe die Rede (1 Tim 3,1). Die „episkopē" ist somit als eine wiederzubesetzende Funktion, damit eindeutig als festes „Amt" verstanden.

b) Umstritten ist hingegen bereits, wem nach Auffassung des oder der Verfasser der Pastoralbriefe das Aufseher- = Episkopenamt zukommt. Während ausdrücklich von „den Presbytern" die Rede ist, begegnet die Funktionsbezeichnung „der episkopos", die in katholischen Übersetzungen wie auch der

Einheitsübersetzung mit „der Bischof", in evangelischen meist mit „der Gemeindeleiter" wiedergegeben wird, nur in der Einzahl, nämlich als Subjekt der beiden sogenannten „Bischofsspiegel" (1 Tim 3,2–7; Tit 1,7–9). Das beweist indes nicht schon, daß die Pastoralbriefe nur mehr *einen* Episkopen in einer Gemeinde kennen. Denn als Subjekt der Episkopenspiegel kann „der episkopos" ebenso generisch gemeint sein wie das ebenfalls singularische „der presbyteros" in dem Tit 1,6 unmittelbar voraufgehenden „Presbyterspiegel". Dieser zählt ja die Eigenschaften auf, die zweifellos alle Mitglieder des Presbyterkollegiums auszeichnen sollen. Bis heute werden, ebenfalls quer durch die Konfessionen, vor allem drei Positionen vertreten: 1) Die Pastoralbriefe gebrauchen den Ausdruck „episkopos" als schon geläufige Funktionsbezeichnung für die Presbyter. Diese sind somit allesamt Episkopen; das ergebe sich besonders aus Tit 1,6f, wo die Amtsbezeichnung „presbyteros" und „episkopos" nebeneinander gebraucht werden, „ohne daß durch die unterschiedliche Benennung auch schon verschiedene, voneinander abgehobene Ämter erkennbar werden, wie dies zweifellos in den Ignatiusbriefen der Fall ist"[32]. 2) Nur ein Teil der Presbyter sind Episkopen = Aufseher, worauf 1 Tim 5,17 hinweise: „Die gut vorstehenden Presbyter sollen doppelter Ehre wert erachtet werden". 3) Schließlich als dritte Möglichkeit, die auch evangelischerseits befürwortet wurde: Die Pastoralbriefe kennen einen episkopos als primus inter pares, als Ersten unter den gleichgestellten Presbytern. Während der episkopos für diese Auffassung noch ganz in das Kollegium der Ältesten eingebettet ist, möchte z.B. H. von Lips in seiner sehr eingehenden Untersuchung zum Verständnis der Ordination in den Pastoralbriefen den episkopos noch um ein Grad höher einstufen.Vor allem unter Berufung auf 1 Tim 5,19f, wo eine den Presbytern gegenüberstehende Gemeindeinstanz vorausgesetzt sei, welche die in Tit 1,9 ausdrücklich dem episkopos zugeschriebene Funktion des „Zurechtweisens" ausübt, formuliert er: „Im episkopos ist ein Amtsträger zu sehen, der zwar dem Personenkreis der Presbyter angehört, aber in gewissen Funktionen auch das Presbyterium zum Gegenüber hat. Den episkopos als Leiter des Presbyteriums zu sehen, ist angesichts dieses Tatbestandes das Naheliegendste ... Daß dabei dem *einen* episkopos offensichtlich die Hauptverantwortung zukommt, zeigt sicher eine deutliche Tendenz zur monarchischen Führung der Gemeinde."[33]

c) In einer Reihe von Punkten ist in der „Ämterfrage" Übereinstimmung zwischen den Konfessionen erreicht. Die historische Befragung des Neuen Testaments kann sehr wohl die unerläßliche Bindung jeder Art von Amt und Dienst an die Verkündigung und Bewahrung des normativen apostolischen Evangeliums, also die Forderung der Nachfolge (= Sukzession) hinsichtlich der apostolischen Lehre, feststellen. Diese Überzeugung hat in den beiden nachapostolischen Generationen ja auch zur Abfassung von Briefen unter dem Namen der Apostel Paulus und Petrus geführt. Die Exegese kann aber nicht eine einheitliche, allgemein praktizierte Ämterstruktur als Ergebnis der in den neutestamentlichen Schriften faßbaren Entwicklung konstatieren, auch wenn wir für die Entstehungszeit dieser Schriften (bis ca. 120/130) dogmatisch das Wirken des Heiligen Geistes in Anschlag bringen. Tatsache ist sodann, daß die um 110 n. Chr. entstandenen Briefe des Ignatius (an kleinasiatische Gemeinden), der alleiniger episkopos von Antiochia war, erstmals eindeutig von einem einzigen episkopos einer Ortsgemeinde sprechen, dem die beiden Gremien der Presbyter und der Diakone unterstehen. Der Gedanke einer Legitimierung des Episkopenamtes durch die apostolische Amtsnachfolge taucht bei Ignatius noch nicht auf. Wie sodann weitestgehend anerkannt, stellt Ignatius, der in seinem Brief nach Rom einen episkopos nicht erwähnt, mit der dreigestuften Ämterordnung eine ideale Forderung auf, beschreibt also nicht einen in allen angeschriebenen Gemeinden schon bestehenden Zustand. Obwohl Ignatius in seinem Brief an die Gemeinde von Smyrna nachdrücklich von dem episkopos, den Presbytern und den Diakonen sprach, erwähnt Polykarp von Smyrna in seinem später (gegen 120) an die Gemeinde von

Philippi gerichteten Brief wohl Presbyter und Diakone, nicht aber Episkopen bzw. den episkopos. Desgleichen ist unbestritten, daß sich diese Ämterstruktur im zweiten Jahrhundert aber nicht nur im syrisch-kleinasiatischen Raum durchgesetzt hat.

9. Strittige Punkte der Ämterfrage

Unterschiedliche Meinungen entzünden sich hingegen an der Frage nach der Verbindlichkeit der zum episkopalen Lehr- und Leitungsamt führenden Entwicklung, wobei verständlicherweise vor allem den Pastoralbriefen eine Schlüsselrolle zufällt.

a) Was diese Entwicklung betrifft, fehlt es auch evangelischerseits keineswegs an sehr positiven Stimmen. Wir können F. Hahn zufolge nicht ohne weiteres daran vorübergehen, daß „die Väter der Kirche in ihrem Glauben und in ihrem Gewissen sich für die nach ihrer Meinung beste Lösung der konkreten Gestaltung des Amtes entschieden haben, auch wenn noch so viele Fehlwege und eigenmächtige menschliche Entscheidungen damit verbunden gewesen sind“ [34]. Und zur gegenseitigen Bindung von Tradition und Geist durch die Ordination des zur Wahrung der apostolischen Lehre verpflichteten Amtsträgers in den Pastoralbriefen erklärt er: „Dieser Schritt war in der nachapostolischen Zeit sachlich notwendig und bleibt, sofern man sich in der Kirche um ein institutionell geordnetes Amt bemüht, unaufgebbar.“ [35] Unter Hinweis auf den von den Reformatoren immer wieder betonten „consensus quinquesaecularis“ stellt er ausdrücklich fest, „daß es eine legitime Traditionsentfaltung über das Neue Testament hinaus geben kann“ [36]. Bezüglich der heiklen Frage, inwieweit die faktische „Entwicklung in der Ausbildung kirchlicher Ämter als eine notwendige und unumkehrbare angesehen werden muß“, votiert er freilich: „Der Charakter der späteren Ämter zeichnet sich in den Pastoralbriefen lediglich in seiner Grundgestalt ab, aber eine Festlegung hinsichtlich der Ausgestaltung ist noch keineswegs erfolgt. Die Pastoralbriefe lassen deshalb eine Weiterentwicklung in vielerlei Hinsicht zu."[37] Zumal im Hinblick auf die immer noch sehr kontroverse exegetische Beurteilung des Verhältnisses von „episkopos" bzw. Episkopen und „Presbytern" (s. o. 8 b) kann man diese Auffassung nicht bestreiten.

b) Der zweite Streitpunkt betrifft die Frage der personalen apostolischen Amtsnachfolge. Die Pastoralbriefe stellen zweifellos eine Traditionslinie von Paulus über die beiden Apostelschüler zu den einzusetzenden bzw. existenten Amtsträgern her. Kontrovers, und zwar wiederum quer durch die Konfessionen, wird aber die Frage beantwortet, inwieweit sich damit der Sukzessionsgedanke verbindet. Dieser Umstand resultiert im Grunde daraus, daß sich die Texte dazu nicht explizit äußern. Man muß zugestehen, daß eine übergeordnete Zuständlichkeit der beiden Paulusschüler über die örtlichen Gemeindeleiter, etwa als „Regionalepiskopen", noch nicht ins Blickfeld der Verfasser tritt, da jene lediglich die paulinische Überlieferung vermitteln und Anweisungen des Apostels im Blick auf die Gemeindeordnung ausführen sollen. Was die Ordination betrifft, sind die beiden Apostelschüler „nicht vermittelnde Glieder der Sukzessionskette ..."[38], jedenfalls nicht eindeutig. Die Pastoralbriefe lassen Timotheus einmal durch das Presbyterium (1 Tim 4,14) und einmal durch Paulus (2 Tim 1,6) ordiniert sein. Trotzdem haben die beiden Apostelschüler als Zwischenglieder eine wesentliche Funktion. Mit neueren katholischen Exegeten wie N. Brox, O. Knoch, G. Lohfink, F. Prast sind deshalb auch mehrere reformatorische der begründeten Auffassung, daß der Sukzessionsgedanke faktisch vorhanden ist, zumindest im Ansatz, daß man aber noch nicht von einem reflektierten Sukzessionsprinzip sprechen kann[39]. Sofern dieser Sachverhalt anerkannt und dazu die oben (8 b) genannte optimalste Position – daß die Pastoralbriefe nämlich sogar schon einen episkopos als hauptverantwortlichen Vorsitzenden der Gemeindeältesten kennen würden – vorausgesetzt wird, ist von einer deutlichen Tendenz der Pastoralbriefe zur nachfolgenden Ausbildung des episkopalen Lehr- und Leitungsamtes zu sprechen. Ehrlicherweise kann man aber eine hier sich meldende Einschränkung nicht verschweigen. Selbst bei Anerkennung dieser deutlichen Tendenz ist damit für unsere reformatorischen Gesprächspartner die Verbindlichkeitsfrage noch nicht im positiven Sinne gelöst. Unter Berufung auf das Auslegungsprinzip des „Kanon im Kanon" wird der kaum bestreitbare pseudepigraphische Charakter der Pastoralbriefe, also deren fiktive Briefsituation, geltend gemacht: Der Apostel Paulus war weder der Verfasser der Schreiben noch waren die Apostelschüler Timotheus und Titus die historischen Adressaten und Empfänger derselben, weshalb der vorausgesetzte Schriftansatz keinesfalls apostolisch verbürgt ist.

c) Nun ist heute auch reformatorischerseits weithin anerkannt, daß man nicht einfach von einer „Selbstdurchsetzung" des neutestamentlichen Kanons sprechen kann, daß dessen Abgrenzung im vierten Jahrhundert vielmehr erst durch Entscheid des Bischofamtes zum Abschluß gebracht wurde. Deshalb konnte die katholische Theologie schon immer argumentieren, wer den Schriftkanon als verbindlich annehme, nehme und müsse damit auch das altkirchliche Bischofsamt mit seiner Entscheidungsvollmacht annehmen.

Dieses Argument hat H. Schürmann in seinem originellen und mutigen Diskussionsbeitrag „Auf der Suche nach dem Evangelisch-Katholischen", mit dem auch er freilich „weniger Behauptungen als Fragen für das gemeinsame Überlegen in den Raum stellen" will[40], weitergeführt. Ausgehend von der Feststellung, es lasse sich „trotz aller Hinweise kein unanfechtbar geschichtlicher Beweis erbringen, daß der Monepiskopat der alten Kirche von Anfang an in geradliniger Sukzession durch Handauflegung bis auf die Urapostel oder Paulus zurückgeführt werden kann"[41], meint er: Bis zum Abschluß des biblischen, speziell neutestamentlichen Kanons im vierten Jahrhundert (= dem Zeitpunkt der „gewordenen" Kirche) befand sich die Kirche „noch im unfertigen Zustand ..., der theologisch als Offenbarungsgeschehen verstanden werden muß"; die Kirche war „als werdende Kirche noch Offenbarungsempfängerin". Die Kirche hat zu ihrer „wesenhaften Identität" gefunden, „wenn sie die Fähigkeit und die Organe hat, die kanonischen Schriften ‚amtlich' mit Verbindlichkeit festzustellen und sie letztverbindlich auf das Evangelium hin auszulegen". „Der Kanon der Neutestamentlichen Schriften bezeugt durch sein Dasein ein Amt mit irreversibler Entscheidungsvollmacht", eben „ein zu gesamtkirchlich verbindlichen Lehrentscheidungen" befugtes „episkopales" Amt [42]. Dabei bezeichnet freilich auch H. Schürmann das *„kritische Neben- und Miteinander von freien und amtlichen Diensten* in den urkirchlichen Gemeinden" als „ein maßgeblich verpflichtendes Ordnungsprinzip für die Kirche aller Zeiten" [43]. Bei diesem Diskussionsmodell wird die Frage, ob die Pastoralbriefe schon den Monepiskopos und das personale Sukzessionsprinzip kennen, ekklesiologisch völlig unerheblich; ebenso etwa auch der Umstand, daß für ungefähr gleichzeitige Schriften wie den 1. Clemensbrief, der um 96 im Auftrag der römischen Gemeinde an die von Korinth geschrieben wurde, und für die Ignatiusbriefe ein eindeutiges Interesse am Sukzessionsprinzip bestritten wird [44]. Als Zielergebnis des bis zum Ende des vierten Jahrhunderts sich erstreckenden Offenbarungsempfangs ist ein mit irreversibler Entscheidungsvollmacht ausgestattetes Bischofsamt ja auf die höchstmögliche Weise legitimiert.

Der logische Zwang, mit der Existenz eines verbindlichen neutestamentlichen Kanons auch die Verbindlichkeit der Lehrvollmacht des Bischofsamtes anzuerkennen, steht und fällt freilich bereits mit der Gültigkeit der Prämisse, nämlich mit der Beurteilung der Kanonisierung. Auch für reformatorische Theologen, für die „keine ernsthafte Möglichkeit besteht, die Entscheidung der alten Kirche über den Umfang des Kanons durch Ausscheidung einzelner Schriften zu verbessern", ist dieser Kanon keine „dogmatische" Größe. Es sei mir erlaubt, des weiteren das durchaus repräsentative Urteil in W. G. Kümmels „Einleitung in das Neue Testament" [45] hier zu wiederholen: „die altkirchliche Abgrenzung des Kanons, die sich ja auch in manchen Teilen der Kirche nur zögernd durchgesetzt hat und deren Anerkennung in der Alten Kirche keine Frage der Rechtgläubigkeit war", könne „nicht als unbedingt verpflichtend angesehen werden"; u. a. deshalb nicht, weil die im vierten Jahrhundert „in der Hauptsache mit der Frage der Apostolizität getroffenen endgültigen Entscheidungen der Alten Kirche über die Kanonsgrenze grundsätzlich überprüfbar" seien und „das Kriterium der Apostolizität" sich als „historisch und dogmatisch unbrauchbar" erwiesen habe [46]. Im Hinblick auf die vorgegebene Problematik [47] darf die von H. Schürmann gewünschte Erarbeitung eines ökumenischen Dokuments über „Mitte und Umfang des Kanons" [48] gewiß als echtes Desiderat gelten.

10. Die verbleibende schwierige Aufgabe

Daß es ein kirchliches Verkündigungs- und Leitungsamt geben muß, das auf das normative apostolische Evangelium verpflichtet ist [49], ist auch für Lutheraner und die meisten außerkatholischen kirchlichen Gemeinschaften eine bare Selbstverständlichkeit. Strittig ist sein Verbindlichkeitscharakter, nämlich der Anspruch auf die apostolische Amtssukzession und der auf dieser basierende Anspruch verbindlicher Lehrvollmacht des gesamten episkopalen Kollegiums.

Abschließend soll ein ökumenisch unermüdlich engagierter Fachkollege das Wort haben. Erst jüngst ermutigte F. Hahn wieder zur Hoffnung, daß „der bereits bestehende und sich als wirksam erweisende Grundkonsens voll in Erscheinung treten und Einheit und Kirchengemeinschaft ermöglichen" werde [50]. Wie soll es aber zu dieser vollen Kirchengemeinschaft kommen? In einem Beitrag von 1983 verweist F. Hahn abschließend auf zwei grundlegende Beobachtungen, die vom Neuen Testament her in der gegenwärtigen Diskussion richtungweisend sein sollten, und er fährt fort: „Von hier aus stellt sich dann erneut die Frage, ob wir nur auf eine gegenseitige Anerkennung unserer bestehenden Ämter zugehen sollen oder ob nicht doch eine veränderte, gemeinsam anzustrebende Ordnung unseres kirchlichen Amtes Ziel sein müßte"[51]. Diese Frage ist bezeichnend genug für die Schwierigkeit, sich auf Verständnis und Ausübung des kirchlichen Lehr- und Leitungsamtes zu einigen. Der schon weit gediehene ökumenische Konsens darf uns beglücken und ermutigen. Eine volle Lösung der uns aufgegebenen Problematik läßt sich, wenn überhaupt, nur von größten gemeinsamen geduldigen Anstrengungen und unserem ebenso gemeinsamen inständigen Beten erhoffen.

VI.

Frauen und ekklesiale Funktionen

Schriftlichen Quellen, zumal solchen einer längst vergangenen Welt- und Menschheitssituation, lassen sich in dem Maße Auskünfte abgewinnen, als sie mit den uns verfügbaren geschichtswissenschaftlichen Methoden befragt werden. Die Geschichte der Schrifterklärung liefert den schlagenden Beweis, wie sehr der Wandel der Gesamtsituation in Welt und Kirche, der Fortschritt profanwissenschaftlicher Erkenntnisse, philosophische und weltanschauliche Strömungen sowie aktuelle Problemstellungen und Erfahrungen auch die Befragung der biblischen Texte bedingen. Die Frage nach der ekklesialen Stellung und Rolle der Frau ist in der neutestamentlichen Exegese zwar nicht neu. In einer Situation, die die Gleichstellung der Frau auf allen Ebenen fordert und anerkennt, wird diese Frage aber unweigerlich mit plakativem Nachdruck gestellt, wie auch das Postulat einer „Feministischen Theologie" belegt.

Dürfen bestimmte, ja gar alle kirchlichen Ämter nur einem Geschlecht, nämlich dem männlichen, reserviert werden? Für die katholische Theologie und Kirche enthält diese Frage naturgemäß besondere Brisanz. Was läßt sich aus den neutestamentlichen Schriften an sicheren, wahrscheinlichen oder doch möglichen Antworten historisch erheben? Die ekklesiologische Relevanz (die Bedeutung für eine Theologie der Kirche) dieser Auskünfte steht außer Zweifel, wenn anders die kanonische Schrift „norma normans non normanda" ist und bleibt: normierende Norm, die nicht normiert werden darf.

1. *Jesus und die Frauen*

Am Anfang der Entwicklung steht die überraschend neue Umgangsweise Jesu mit Frauen in der Öffentlichkeit Israels. Sie mußte von den damaligen Schriftgelehrten und Auslegern des Gotteswillen als geradezu skandalös empfunden werden. Der Grund für diese überraschende Zuwendung in einer patriarchalischen Gesellschaftsordnung war ausgesprochen neu. Jesu Heilsangebot galt unterschiedslos allen Israeliten, deshalb auch allen gesellschaftlich oder psychologisch Zurückgesetzten. Und zu diesen gehörten in den Tagen Jesu auch die Frauen. Diese waren sicher eher bereit, sich der Botschaft von der vergebungswilligen Liebe Gottes zu öffnen als Männer vom Schlage jenes Pharisäers aus dem bekannten Gleichnis, der im Tempel umgekehrt dem lieben Gott eine Rechnung aufmacht. Wir hörten schon, daß Jesus denn auch Frauen in seiner persönlichen Gefolgschaft hatte, die auch in der Passion und in den Ostererzählungen eine beträchtliche Rolle spielen. In dem großen informativen Sammelband „Die Frau im Urchristentum"[1] folgert J. Blank, der Verfasser des ersten Beitrags: „Frauen in den Jesusüberlieferungen", wohl mit Recht: „Alle diese Frauen ... haben von Anfang an entscheidend dazu beigetragen, daß das Christentum sich nicht als reine ‚Männerreligion' etablierte."[2]

2. *Zwölf Männer als engste Gefolgsleute Jesu*

Ist die Option für die Männerhierarchie aber nicht schon damit gefallen, daß Jesus in den Kreis der Zwölf keine einzige Frau, sondern nur Männer aufnahm? Hat Jesus nicht schon damit die entscheidende Weiche für die spätere „Männerherrschaft" gestellt? Mit einem „Ja" muß man hier vorsichtig sein, sobald man den Grund für die Konstituierung dieses Zwölferkreises beachtet. Ihr ideeller Hintergrund war ja die jüdische Erwartung, in der kommenden Heilszeit würde das Zwölfstämmevolk Israel wiederhergestellt werden. Ich erinnere daran: Durch die Zwölfzahl der ihn ständig umgebenden und sich zu ihm bekennenden Gefolgsleute wollte Jesus zeichenhaft zum Ausdruck bringen, daß er auch angesichts ihm widerfahrenden Widerspruchs und mangelnder Glaubensbereitschaft sein Heilsangebot, das endzeitliche Israel zu bereiten, aufrechterhält (s. o. Kap. V, 3g). Mit der zeichenhaften Zwölfergruppe zielt Jesus auf die einmalige konkrete Situation seines missionarischen Werbens um den Glauben Israels. Daraus auf eine Zurücksetzung der Frau schließen zu wollen, wäre völlig unberechtigt. Die Namen der zwölf Stämme waren nun einmal die Namen der zwölf Söhne Jakobs. Der von Jesus intendierte Sinn und Zweck der Zeichenhandlung konnte in der israelitischen Öffentlichkeit nur erkannt werden und einleuchten, wenn der Zwölferkreis ausschließlich Männer umfaßte.

Dieser Aspekt ist auch im Hinblick auf den Umstand zu beachten, daß Jesus das letzte Mahl mit eben diesen Zwölf bzw. eventuell Elf – die Teilnahme oder Nichtteilnahme des Judas läßt sich nicht sicher klären – gehalten hat. An ein Abschiedsmahl Jesu mit einer größeren Zahl seiner auch Frauen umfassenden Anhänger, die sich mit ihm zum Paschafest in Jerusalem aufhielten, war schon wegen der äußerst kritischen Situation jenes Abends nicht zu denken. Davon abgesehen, repräsentierte die Zwölfergruppe ohnehin das ganze zu berufende und zu erlösende Gottesvolk. Es ist übrigens peinlich genug: ausgerechnet diese bevorzugten Männer flohen bei der Verhaftung Jesu, während Frauen Manns genug waren, auch dem Gekreuzigten nahe zu bleiben (Mk 15, 40f).

3. Wer leitete die Eucharistiefeier?

Aber eben doch nur Männer als Adressaten des Abendmahlhandelns Jesu! Das ist gewiß Grund genug, schon hier die gegenwärtig wohl brisanteste Teilfrage anzuschneiden. Wie stand es mit der Leitung der nachösterlichen Mahlfeier, die ja von Anfang an nicht bloß Wiederholung des Abschiedsmahles Jesu war, sondern die Gemeinschaft mit dem aus dem Tod erhöhten, real-präsenten Herrn erfahren ließ? Diese Frage, wird mancher geltend machen wollen, hat ja Jesus selbst entschieden, als er beim letzten Mahl zu den Jüngern sagte: „Dies tut zu meinem Gedächtnis." Damit hat er doch nur Männer, nachösterlich gesprochen, „Apostel" mit dem zu wiederholenden Vollzug des Abendmahls beauftragt. Ganz so einfach kann man sich die Sache indes nicht machen.

a) Zunächst riskiert diese Argumentation einen überlieferungsgeschichtlichen Kurzschluß. Wir hörten bereits von der Existenz zweier Überlieferungsstränge von der Einsetzung der Eucharistie (s. o. Kap. II, 7 b). Obwohl der markinische Berichtstyp, den auch das Mt-Evangelium aufnimmt (26, 26–29), Jesus die Zwölf als unmittelbare Adressaten des Abendmahlhandelns und -redens Jesu im Blick haben und behalten läßt, kennt er keinen Wiederholungs- und Gedächtnisbefehl, im Unterschied zum sogenannten antiochenischen Berichtstyp, für den beide Zeugen dieses Auftragswort zum Brotritus (1 Kor 11, 24 b; Lk 22, 19 c) belegen, Paulus – mit der von ihm eingeschobenen Erweiterung: „sooft ihr trinket" – auch zum Becherritus (11, 25 c). Aus einsichtigen Gründen hat Lukas auf die Wiederholung des Gedächtnisbefehls zum Becherritus verzichtet. Ohne hier auf Einzelbegründungen eingehen zu können, sind doch unmittelbar einschlägige Momente zu nennen. Nach geradezu einmütiger Auffassung läßt sich diese Divergenz zwischen den beiden Berichtstypen weit eher als nachösterliche Hinzufügung jenes Interpretaments denn als Auslassung eines von Jesus selbst stammenden Auftragswortes durch die markinische Überlieferungsform verständlich machen. Die zweimalige Hinzufügung des ein gut altbiblisches Motiv verwendenden Gedächtnisbefehls dürfte sich am ungezwungensten aus der anfänglichen Praxis der Mahlfeier erklären, als die Brothandlung und die Becherhandlung – wie im Abendmahlssaal selbst – noch durch ein reguläres Mahl voneinander getrennt waren. Die Gedächtnisbefehle wurden hinzugefügt, nicht nur um die – im markinischen Überlieferungsstrang selbstverständlich auch vorausgesetzte – nachösterliche Wiederholung des Abendmahls mit dem jetzt erhöhten Herrn als der Intention Jesu entsprechend zu verdeutlichen, sondern vor allem auch, um die beiden Riten als das eigentliche Vermächtnis des in den Tod gehenden Herrn, nämlich als die Sühnewirkung seines Sterbens vergegenwärtigende und vermittelnde Akte, kurz gesagt: als die „eucharistischen" Akte aus dem Gesamtmahl hervorzuheben.

Dazu kommt ein zweiter Umstand. Im Unterschied zum späteren Verfasser des Lk-Evangeliums, der den antiochenischen Berichtstyp mit dem seiner Mk-Vorlage kombinierte (Lk 22, 19–20), ist Paulus insofern ein eindeutigerer Zeuge, als er solche Angaben und Formulierungen, die sich nur auf die einstigen Abendmahlsjünger beziehen lassen, vermeidet. Wir lesen bei ihm deshalb weder das „er gab es – bzw. ihn – ihnen" (Mk 14, 22a.23a) noch das „und sie tranken daraus alle" (Mk 14, 23a). Wie längst erkannt, will der antiochenische Berichtstyp Jesus direkt die nachösterlich das Herrenmahl Feiernden anreden lassen. Und das bedeutet eben, daß sich der Wiederholungs- und Gedächtnisbefehl von seinem Ursprung her nicht an die Abendmahlsjünger, sondern an die je zur Feier des Herrenmahls versammelten Gemeinden richtete. Insofern erlaubt das pluralische Auftragswort „Dies tut zu meinem Gedächtnis" weder den Schluß, Jesus selbst habe speziell die anwesenden elf Männer mit der Wiederholung des Abschiedsmahles beauftragt, noch läßt sich ihm eine Auskunft über den oder die Offizianten der nachösterlichen Herrenmahlfeier entnehmen.

b) Kamen als solche grundsätzlich nur von den Zwölf und anderen Aposteln (etwa durch Handauflegung) beauftragte Männer in Betracht? Aus dem Neuen Testament läßt sich dafür kein positiver Beleg erbringen. R. E. Brown, S. S., einer der führenden katholischen Exegeten Nordamerikas, meint dazu feststellen zu müssen: Zum ersten: „... I know of no instance of ordination for the purpose of enabling people to administer sacraments. Second, we know of an apostolic foundation of relatively few communities (chiefly the Pauline); e. g., there is no evidence that apostles founded the churches in Samaria, in Antioch, or in Rome. Can we then realistically assume that there were present in every community, even those of non-apostolic foundation, celebrants of the Eucharist ordained by the apostles?"[3]

c) Kann man sich aber nicht doch mit der Annahme zufriedengeben: daß nur von einem Apostel beauftragte Männer die „Kultanamnese", d.h. den die Mahlfeier begleitenden Einsetzungsbericht, sprechen dürfen, werde im Neuen Testament nirgends gesagt, weil es sich von selbst verstand? Gegenüber dieser äußerst optimistischen Annahme gebietet der Kontext des paulinischen Einsetzungsberichts entschieden Vorsicht. Träfe jene Annahme zu, wäre entschieden zu erwarten, daß der Apostel den von ihm beauftragten Mann für den würdigen Vollzug der Herrenmahlfeier verantwortlich macht. Aus dem elften Kapitel des ersten Korintherbriefes geht aber nun einmal nicht im geringsten hervor, wer in Korinth, beispielsweise auch nach dem Weggang des Apostels, die Mahlfeier leitete, eben auch nicht, ob es ein Mann war oder eine Frau, oder gar mehrere Personen. Die Frage muß völlig offen bleiben. Der Apostel wendet sich nicht an eine konkrete Person, Mann oder Frau; er spricht hier auch nicht etwa von „eurem Vorsteher" bzw. „Vorstehenden", um diese für die Abschaffung eines gröblichen Mißstandes bei der Herrenmahlfeier verantwortlich zu machen. Wie auch bei den übrigen Beanstandungen desselben Briefes spricht er die ganze Gemeinde auf ihre Verantwortung als Glieder des Leibes Christi an.

d) Wie sodann auch katholische Exegeten längst beobachteten, wurden ekklesiale Funktionen, das „Amt" in der Kirche, soweit die neutestamentlichen Schriften es ersehen lassen, noch nicht von der Eucharistiefeier her begründet. Wir hörten schon in früherem Zusammenhang, daß die Vokabel „Presbyter" (= Älteste) im Neuen Testament noch nicht den Ordo der „Priester", im Unterschied zum „Volk" (= laos), zu den „Laien" bezeichnet (s. o. Kap. II, 11). Neutestamentliche Spätschriften verwenden zwar sehr wohl auch die für Israel zentrale Bezeichnung des im Tempelkult dienenden „Priesters", jedoch nicht für den Leiter der Eucharistiefeier. Vor allem der nachpaulinische Hebräerbrief schildert Christus in antitypischem Sinn als den einzigartigen und wahren „Hohenpriester" und bringt damit zum Ausdruck, daß das alttestamentlich-jüdische wie auch das heidnisch-hellenistische Priestertum durch das erlösende Handeln Christi aufgehoben ist. Sodann wird der Begriff „Priester" und „Priesterschaft" zur Bezeichnung des allgemeinen Priestertums aller Glaubenden verwendet (vgl. 1 Petr 2, 5.9; Offb 1,6; 5,10; 20,6).

e) Soweit die nachapostolischen Schriften Funktionsträger in den Gemeinden nennen, legt sich freilich die Annahme nahe, daß in der zweiten und dritten Generation Männer dem Gottesdienst vorstanden, obwohl – was immer wieder hinzugefügt werden muß – weder den „Hirten" des Epheserbriefes noch den „Presbyterkollegien" des ersten Petrusbriefes und der Apostelgeschichte (Kapitel 20), noch den „Episkopen" der Pastoralbriefe der Vorsitz bei der Eucharistie ausdrücklich zugeschrieben wird. Der Bischof Ignatius (um 110), der sich für unser Wissen als erster eindeutig für *einen* episkopos in den einzelnen Ortsgemeinden einsetzt (s. o. Kap. V, 8 c), schreibt diesem den Vorsitz bei der Eucharistie zu, ohne dafür speziell die Bezeichnung „Priester" zu verwenden. In seinem Brief an die Gemeinde von Smyrna erklärt er: „Nur die Herrenmahlfeier soll für zuverlässig gelten, die unter dem Bischof, oder wem er es anvertraut, stattfindet" (8, 1). Dazu gibt der schon zitierte R. E. Brown zu bedenken: Ist die Betonung, daß nur der Bischof oder ein von ihm Beauftragter die Eucharistie zelebrieren kann, nicht verständlicher, wenn er [Ignatius] eine unlängst eingeführte Regel verteidigt, als wenn er sich für eine dreivierteljahrhundert alte, allgemein anerkannte Praxis einsetzt? Eine in der apostolischen Zeit feststehende Regel hätte kaum des von ihm verliehenen Nachdrucks bedurft[4].

Hinsichtlich der Frage nach ekklesialen Funktionen der Frau, speziell auch im Hinblick auf die Herrenmahlfeier, versuchen wir deshalb nach weiteren Anhaltspunkten Ausschau zu halten.

4. Die Anrede „Brüder"

Vorweg ist indes einem falschen Eindruck entgegenzutreten, den die vor allem in den Paulusbriefen, aber auch in der Apg und in anderen Schriften, geläufige, oft auch als Anrede begegnende Bezeichnung „Brüder" erwecken kann und sogar muß. Das maskuline Substantiv „adelphoi" konnte schon im Profangriechischen im übertragenen Sinne gebraucht werden, z. B. als Bezeichnung der Volksgenossen oder der Mitglieder einer religiösen Genossenschaft. Die im Alten Testament belegte Verwendung im Sinne von „Glaubensgenossen" wurde im Urchristentum aufgenommen, weshalb „adelphoi" im Neuen Testament an vielen Stellen, vor allem in der Anrede, die „Mitchristen", also Brüder und Schwestern meint. Dasselbe gilt von den kollektiven Selbstbezeichnungen „Heilige" und „Erwählte", die grammatisch ebenfalls maskulin sind. An den weitaus meisten Stellen, an denen im Neuen Testament „adelphoi" steht, sind Männer und Frauen, also „Brüder" und „Schwestern" gemeint. Wenn Paulus beispielsweise zum Abschluß des 1 Kor schreibt: „Es grüßen euch alle ‚adelphoi'" (16, 20), lassen selbstverständlich alle Christen der Gemeinde, Frauen wie Männer, grüßen. Im gleichen Brief wurden zudem einige Frauen namentlich hervorgehoben; dem zitierten Vers geht sogar unmittelbar noch eine spezielle Großbestellung vorauf: „Aquila und Priska und ihre Hausgemeinde senden euch viele Grüße im Herrn" (16, 19b). Desgleichen sind in einer Reihe von Stellen mit dem männlichen Substantiv „Jünger" Männer und Frauen gemeint (z. B. Apg 4, 13; 21, 4f).

Die heutigen Gebrauchsbibeln beider Konfessionen belassen es mit Recht bei der Wiedergabe „Brüder". Nicht nur deshalb, weil man sich an einigen Stellen streiten kann, ob das Wort nur Brüder oder auch Brüder und Schwestern meint. Wie sich aus dem Kontext ergibt, bezeichnet es an einigen Stellen auch den „Nächsten", aber auch die Volks- und Stammesgenossen. Schließlich bezeichnet es auch leibliche Brüder und kann es sogar für „Geschwister" stehen.[5] Wenn der Lektor im Gottesdienst Hemmung hat und auch haben darf, die Anrede „Brüder" als „Brüder und Schwestern" zu verdeutlichen, sollte wenigstens der Prediger beiläufig auf den ausgeprägten neutestamentlichen Sprachgebrauch hinweisen. Es wäre somit verfehlt, aus dem stereotypen „Brüder" eine Abwertung der Christinnen heraushören zu wollen. Das verbietet nicht nur die große Zahl namentlich genannter Frauen – allein die Grußliste von Röm 16 nennt so gut wie sicher sogar zehn Frauennamen –, sondern auch die Frauen zugeschriebene Stellung und Aktivität.

5. *Eine prinzipielle Auskunft des Apostels Paulus*

Auszugehen ist von unmittelbaren Zeugnissen der apostolischen Generation. Wir kennen bereits das charismatische Gemeindeprinzip, das der Apostel Paulus auch für die nicht von ihm gegründete römische Gemeinde, somit als vollgültige Gemeindestruktur voraussetzt (s. o. Kap. V, 5). Eine prinzipielle Auskunft über die Rolle der Frau in der gottesdienstlichen Versammlung verdanken wir dem Umstand, daß der Apostel Paulus zur Nachricht von einem als Verstoß gegen einen allgemeinen Brauch gewerteten Verhalten korinthischer Frauen Stellung nehmen mußte. Das gewichtige Wort des Apostels begegnet innerhalb des argumentativ freilich nicht recht durchsichtigen, ja geradezu gequält wirkenden Abschnittes 1 Kor 11,2–16. Bis heute ist strittig, was hier eigentlich zur Diskussion steht. Geht es um die „Verschleierung", die Kopfbedeckung der Frauen[6] oder um ihre wohlgeordnete Haartracht, nämlich mit hochgesteckten Zöpfen statt mit gelösten Haaren, sowie um das Tragen von zu langem Haar bei den Männern[7]. „Den Korinthern ist es in Anbetracht ihrer enthusiastischen Frömmigkeit durchaus zuzutrauen, daß sie das emanzipatorische Programm von Gal 3,28 (‚nicht mehr männlich noch weiblich') zu verwirklichen suchten, indem sie damit begannen, beim Gottesdienst geschlechtsspezifisches äußeres Brauchtum über Bord zu werfen. Paulus plädiert dagegen für die Beibehaltung der bewährten Sitte", wenn auch „immer sehr vorsichtig"[8].

Von Gewicht in den Ausführungen des Apostels, die wegen eines zeitbedingten Brauchs für uns befremdlich wirken, ist einzig der sehr prinzipielle Sachverhalt: eine Frau kann im Gottesdienst genauso wie ein Mann aufstehen, beten und prophetisch reden (11,4f), ohne daß etwa eine inhaltliche Einschränkung laut würde. Das kann uns nicht verwundern. Denn für den Apostel bleibt es dabei: Derselbe Geist teilt einem jeden eine besondere Gabe zu, wie er will. Zur vollen Würdigung der Feststellung des Apostels ist der hohe Rang prophetischen Redens zu bedenken. In der Vielfalt persönlicher Begabungen kommt diesem Charisma sogar eine erstrangige Bedeutung zu. Paulus rechnet die Prophetie zu den für das Leben der Gemeinde konstitutiven Geistesgaben: „So hat Gott in der Kirche eingesetzt erstens Apostel, zweitens Propheten, drittens Lehrer" (1 Kor 12.28). Prophetisches Reden dient nach Paulus der Mahnung, Tröstung, Stärkung und Belehrung der Gemeinde. Es ist der Sache nach somit auch Verkündigung und Auslegung der Christusbotschaft.

6. Frauen als „Mitarbeiterinnen" des Apostels Paulus

Es bedarf nicht vieler Einzelbelege, daß Frauen und Ehepaare eine beträchtliche Rolle im Dienst missionarischer Verkündigung, die ja Evangeliumsverkündigung bedeutet, gespielt haben. Zu ihnen zählen auch solche, die nach unserer Kenntnis zunächst unabhängig von Paulus zum Christusglauben kamen und missioniert haben. So die beiden judenchristlichen Ehepaare Andronikus und Junia (s. u.), Aquila und Priska. Gewiß nicht aus purer Höflichkeit wird Priska sogar meist an erster Stelle genannt (Röm 16,3; Apg 18,18; 2 Tim 2,9). Sie scheint in der Missionsarbeit wichtiger gewesen zu sein als ihr Gatte, der möglicherweise auch stärker durch sein Zeltmachergeschäft gebunden war. Durch das Judenedikt des Kaisers Klaudius (um 49) aus Rom vertrieben, kam dieses allem nach wohlhabendere Ehepaar nach Korinth. Sein Haus, in dem der Völkermissionar nach seiner Ankunft in Korinth Unterkunft und Arbeit als Zeltmacher fand, war auch die Stätte, wo sich die von Paulus für den Christusglauben Gewonnenen als erste Hausgemeinde Korinths zusammenfanden. Später reisten die Eheleute zusammen mit dem Apostel nach Ephesus, wo sich in ihrem Haus ebenfalls eine Hausgemeinde versammelte.

Durch ihren wagemutigen Einsatz haben Priska und Aquila offenbar viel für das gemeinsame Werk der Mission geleistet, so daß Paulus später schreiben kann, alle heidenchristlichen Gemeinden seien ihnen Dank schuldig (Röm 16,4). Er bezeichnet die beiden ausdrücklich als seine „Mitarbeiter in Christus Jesus" (Röm 16,3). Mit dem ehrenden Titel „synergoi", der ja original-paulinische Bezeichnung für seine männlichen „Mitarbeiter" ist – eben auch für ständige Mitarbeiter wie die Apostelschüler Timotheus, Titus, Epaphroditus – wird somit auch eine missionarisch höchst aktive Ehefrau bedacht. Es muß sich freilich keineswegs immer um eine Ehefrau handeln. Mit einem nicht weniger besagenden Ausdruck wird dieselbe Anerkennung auch an Stellen ausgesprochen, wo nur Frauen genannt sind. Phil 4,2 f rühmt Paulus Evodia und Syntyche als seine „Mitkämpferinnen für das Evangelium". Im schon zitierten Schlußkapitel Röm 16 wird das Wirken von Frauen sogar noch mehr hervorgehoben als das der Männer. So rühmt der Apostel das große „Sich-Bemühen" – wiederum eine typisch paulinische Qualifizierung des missionarischen Einsatzes – einer Maria, Tryphäna, Tryphosa und Persis, die wohl eine Sklavin oder Freigelassene war (Röm 16,6.12).

7. *Die Hausgemeinden und ein Fall von Textkritik*

Von nicht leicht zu überschätzender Bedeutung für unsere Frage ist sodann, daß die Christen der ersten Generationen für ihre gottesdienstlichen Zusammenkünfte auf Privathäuser angewiesen waren, die wir uns im Besitz von wohlhabenderen Christen zu denken haben. Die Quartiere der einfachen Bevölkerung waren damals zu wenig geräumig, um auch nur ganz wenige Personen zusätzlich aufnehmen zu können. Zumal im Hinblick auf die Verbindung von Sättigungsmahl und eucharistischer Feier stellt sich die Frage nach der Rolle der Hausfrauen von selbst. Dies erst recht für die, wenigstens vereinzelt, ausdrücklich bezeugten Fälle von offenbar selbständigen Frauen, in deren Haus sich eine Hausgemeinde versammelte. Zu nennen ist die Purpurhändlerin Lydia in Philippi (Apg 16,14f.40) – ein typisches Beispiel der ansteigenden gesellschaftlichen Frauenemanzipation in der hellenistischen Mittelmeerwelt – sowie Nympha in Laodizea, die mit „der Gemeinde in ihrem Haus" Grüße erhält (Kol 4,15).

Ausgerechnet dieser völlig eindeutige Beleg für gottesdienstliche Zusammenkünfte im Haus einer Frau ist in das Feuer der Textkritik geraten und bis heute noch nicht ganz aus der Schußlinie gekommen. Die Originale der neutestamentlichen Schriften und auch ihre ersten Abschriften, die zweifellos in der kursiven Gebrauchsschrift mit *Minuskeln* geschrieben und mit *Akzenten* versehen waren, sind schon früh verlorengegangen. Der Hauptgrund für den frühen Verlust der Originale lag im Schreibmaterial: der Papyrus, auf den nach damaligem Brauch Bücher und Schriften geschrieben waren, wurde durch den Gebrauch bald brüchig und war deshalb wenig dauerhaft. Abschriften neutestamentlicher Bücher auf dem dauerhaften, aber teuren Pergament sind uns erst ab Mitte und Ende des vierten Jahrhunderts erhalten. Diese waren aber in „Majuskeln", also in großen griechischen Buchstaben und daher ohne Akzente geschrieben; im Unterschied zu den jüngeren „Minuskel"-Handschriften, die sich wiederum der geläufigen Kursive, also der Kleinschrift, bedienten und somit Akzente setzten.

Ist nun Vers 4, 15 des Kolosserbriefes im Griechischen zu lesen „Nýmphan" (attisch: Nýmphā́), dem die Lesart „die Gemeinde in *ihrem* Haus" entspricht (so der aus dem vierten Jahrhundert stammende Codex B = Vaticanus und weitere Textzeugen)? Dann ist eine Frau gemeint. Oder ist der Akzent, nämlich ein Zirkumflex, auf das Alpha = a zu setzen und dementsprechend „in *seinem* Haus" zu lesen (so jüngere Textzeugen)? Da der Name in diesem Fall mit „Nymphās" zu übersetzen ist, was eine Kurzform für „Nymphodoros" ist, handelt es sich um einen Mann.

Höchstwahrscheinlich ist nur der Frauenname zu lesen. Daß in späterer Zeit, als sich Abschreiber von Handschriften eine Frau nicht mehr als für eine ganze Gemeinde verantwortlich vorstellen konnten, aus „Nýmpha" ein Mann gemacht wurde, ist weit besser erklärbar als der umgekehrte Vorgang. Wie „Die Gute Nachricht" und die revidierte Lutherbibel läßt auch die „Einheitsübersetzung" sicher zutreffend eine Frau grüßen, merkt jedoch, wie übrigens auch die ältere „Züricher Bibel", in einer Fußnote an, daß andere Textzeugen „Nymphās" lesen.

Wenn Frauen als Haushaltsvorstand in ihrem Haus eine kleine Gemeinde beherbergten, läßt sich die Folgerung nicht leicht abweisen, daß sie diese auch leiteten und der Herrenmahlfeier vorstanden. „Sie werden" – so hat auch A. Weiser in seinem Beitrag zum Sammelband „Die Frau im Urchristentum" votiert – „wohl auch ganz selbstverständlich die Gottesdienste geleitet haben durch Gebet, Verkündigung, Prophetie und weitere Funktionen der liturgischen Feier. Im Blick auf die Hausgemeinden wird nirgendwo im Neuen Testament ein Unterschied zwischen den Rollen der Frauen und Männer artikuliert ..." (174).

8. Phoebe von Kenchreä

Nicht übergangen werden darf ein Beleg für eine außerliturgische Funktion einer Frau. Im Grußkapitel seines Briefes an die Römer empfiehlt Paulus an erster Stelle „unsere Schwester Phoebe, die ‚diákonos' der Gemeinde von Kenchreä ist", und die er im folgenden Vers als „prostátis" bezeichnet (16, 1 f). Diese Angabe stellt uns vor terminologische Fragen. Wird dieser in der Hafenstadt von Korinth tätigen Frau, die wahrscheinlich die Überbringerin des Römerbriefes ist, einfach das Charisma „dienenden" Wirkens bestätigt, oder ist mit „diakonos" eine amtsähnliche Funktion gemeint? Für letzteren Sinn spricht die Bezeichnung „prostatis". Dieses nur hier im Neuen Testament begegnende Femininum zu „prostátäs (= Vorsteher, Beschützer) hat wie dieses Maskulinum amtlichen Klang: Beschützerin, Helferin, Beistand. Die Deutung des weiblichen „diakonos" auf die Funktion der Gemeindevorsteherin scheidet aus, da Paulus nicht gut meinen kann, Phoebe sei für ihn „zur Vorsteherin geworden". Deshalb wird dieser Frau sicher zutreffend eine amtsähnliche Funktion zur Hilfeleistung und Unterstützung von Fremden und Mittellosen zugeschrieben – eine Funktion, die sich freilich mit der Rechtsbeistand leistenden römischen „patrona" nicht ganz decken dürfte.

9. Junia oder Junias?

Weit gewichtiger, aber auch mehr umstritten ist eine in der Grußliste Röm 16 ebenso einmalige Aussage. Es ist der einzige Fall im Neuen Testament, daß einer Frau – nach heutiger Erkenntnis so gut wie sicher – der Aposteltitel zugebilligt wird. Die Grußbitte von Röm 16,7 lautet: „Grüßt Andronikus und Junian, meine Volksgenossen und meine Mitgefangenen, die hervorragend sind unter den Aposteln, die sogar vor mir Christen wurden" (wörtlicher: „in Christus wurden"). Diese Grußbitte konfrontiert uns mit einem doppelten Problem. Zunächst wiederum mit einem textkritischen Streitpunkt. Verbirgt sich hinter dem Eigennamen „Junian" eine Frau oder ein Mann? Ist der in den älteren Majuskelhandschriften ohne Akzent geschriebene Akkusativ mit dem Akzent auf dem Jota = i, somit als „Junían" zu lesen, handelt es sich um eine Frau namens „Junía". Wird hingegen der Akzent, nämlich ein Zirkumflex, auf das Alpha = a gesetzt, wäre der Akkusativ als „Juniãs" aufzulösen, was als Kurzname für den häufigen lateinischen Männernamen „Junianus" beansprucht wird. Dieser Lesung stehen aber mehrere Gründe entgegen. Bis ins Mittelalter hinein sah man ganz selbstverständlich in Junia die Frau des Andronikus. Das änderte sich schlagartig erst seit dem dreizehnten Jahrhundert; „und seit Luthers Übersetzung, der sich an die des Faber Stapulensis gehalten hat, ist in der protestantischen wie in der katholischen Exegese mit wenigen vereinzelten Ausnahmen ein männlicher Name ‚Junias' gelesen worden ..."[9] Wie neuere Untersuchungen bestätigen, ist sodann die Erklärung, Juniãs sei griechische Kurzform des lateinischen Junianus oder auch Junianius, philologisch höchst unwahrscheinlich. Dazu kommt, daß der männliche Kurzname „Junias" für die gesamte Antike (in Literatur, Namenslisten, Papyri, Inschriften) nirgendwo belegt ist, während „Junía" ein häufiger Frauenname war. Die selbstverständliche Lesung von „Junian" als Frauenname durch die griechischen Kirchenväter ist eben auch deshalb so beweiskräftig, weil diese ja auch wußten, welche „Vornamen" es zu ihrer Zeit gab. Kein Wunder, daß sich schon der führende katholische Exeget zu Anfang unseres Jahrhundertes, der französische Dominikaner M.-J. Lagrange, als guter Kenner der Väterexegese für den Frauennamen Junía entschieden hat. Entgegen den neuen deutschen Übersetzungen für den kirchlichen Gebrauch (einschließlich der „Neuen Jerusalemer Bibel"), die merkwürdigerweise nicht einmal in einer Fußnote „Junía" als mindestens ebenso mögliche Variante notieren, plädieren fachwissenschaftliche Arbeiten und Kommentare für „Junía" als originale Leseart. „Difficile est, satiram non scribere"; es falle einem schwer, zu der bis heute fortlebenden Geschlechtsumwandlung keine Satire zu schreiben, meint G. Lohfink etwas spitz in seinem Beitrag zum bekannten Sammelband „Die Frau im Urchristentum" (329).

10. Eine Frau als „Apostel"

Die Entscheidung für Junia bedeutet naturgemäß, daß Paulus auch eine Frau, so gut wie sicher die Ehefrau des Andronikus, zu den „Aposteln" zählt. Damit stellt sich ein terminologisches Problem, das für unsere Frage von eminenter Bedeutung ist. Wäre der Apostolat des Ehepaares im Verständnis Pauli durch den Auferstandenen selbst begründet und legitimiert, bliebe nur die Konsequenz, daß das Ehepaar und damit auch Junia über dieselbe apostolische Lehr- und Leitungsvollmacht verfügt wie Paulus selbst. Würde dieser formulieren: „die vor mir Apostel waren", müßte das dahin verstanden werden, daß der Apostolat des Ehepaares wie der seinige durch eine Christophanie legitimiert ist. Das wäre ebenfalls klar, wenn er die beiden als „berufene" Apostel bezeichnen würde, wie Paulus mit Blick auf sich selbst gern betont; oder auch, wenn er schreiben würde: „die hervorragen unter den berufenen Aposteln".

Bei näherem Zusehen stellen sich noch weitere echte Fragen. Einer beliebten Auskunft zufolge zählte das Ehepaar zu „allen Aposteln", denen nach 1 Kor 15,7 eine Erscheinung des Herrn zuteil wurde. Wir begegneten bereits der Problematik, die dieser rätselhaften Angabe anhaftet (s. o. Kap. I, 6), angefangen mit der auffallenden Einordnung nach der sicher nicht apostolatbegründenden Erscheinung vor „mehr als fünfhundert Brüdern", bei denen es sich vermutlich um Männer und Frauen in Galiläa handelte. Noch auffallender ist die Vorstellung eines der Zahl nach feststehenden und identifizierten Personenkreises. Bei der Annahme, unsere Angabe wolle von Haus aus eine „allen Aposteln" wirklich zuteil gewordene Erscheinung behaupten, wäre es zumindest verwunderlich, daß diese feststehende und bekannte Gesamtheit der Apostel sonst nirgendwo ausdrücklich erwähnt wird, geschweige denn in der ersten Generation in Erscheinung tritt. Insofern ist die Frage nicht unbegreiflich, ob im vorliegenden Fall der Überzeugung Ausdruck verliehen wurde, daß der in der ersten Generation offenbar beträchtliche Kreis judenchristlicher Missionare und Missionarinnen auch im Auftrag des auferstandenen Herrn wirkt.

Wie dem auch sei, kannte die Frühzeit allem nach einen zweischichtigen Apostelbegriff. Neben dem begrenzten Kreis von Personen, die ihren Apostolat auf eine Christophanie zurückführen, kennt Paulus von Antiochia her „Apostel" auch als geistbegabte Wandermissionare [10], die als Gemeindegründer besondere Autorität genossen. Auf dem Hintergrund dieses weiter gefaßten Apostelbegriffs hebt er eben sich selbst hervor als „berufenen" Apostel (Röm 1, 1; 1 Kor 1, 1; Gal 1, 15) oder auch als „ausgesondert" zum Dienst seines Apostolates (Röm 1, 1; Gal 1, 15). Wie 1 Kor 9, 5; 12, 28; 2 Kor 11, 13 (vgl. Barnabas und Paulus in Apg 14, 4.14) scheint Paulus denn auch an unserer Stelle (Röm 16, 7) „unter ‚Apostel' Wandermissionare zu verstehen" [11]. Die griechischen Namen des missionierenden Ehepaares und seine spätere enge Zusammenarbeit mit Paulus legen die Annahme nahe, daß sie zum Kreis der judenchristlichen „Hellenisten" zählten, die zu den ersten gehört haben könnten, die sich in Syrien um die Heidenmission bemühten. An der Hervorhebung, die beiden Eheleute würden einen hervorragenden Platz unter den Aposteln einnehmen, könnte Paulus im Blick auf die römische Gemeinde gelegen sein. Auch so angesehene judenchristliche Missionare gehören zu seinen Mitarbeitern in der Heidenmission. Auch bei diesem funktionalen Verständnis des Aposteltitels dürfte dieser für Paulus freilich nicht nur die Befugnis zur Evangeliumsverkündigung, sondern auch Leitungsbefugnis in den zu gründenden Gemeinden einschließen.

11. Ein Widerspruch im ersten Korintherbrief?

Wie ging es aber weiter in der nachapostolischen Generation? Hat Paulus das gleiche Recht von Mann und Frau, im Gottesdienst verkündigend aufzutreten, gar selbst nicht durchgehalten? Diese Frage wird durch den Vergleich der Verse vom gleichberechtigten Beten und prophetischen Reden in 1 Kor 11,4 f mit den späteren Versen 1 Kor 14,33 b–36 herausgefordert. Diese Gemeinderegel gebietet nämlich den Frauen sehr massiv, in der gottesdienstlichen Versammlung zu schweigen, und nicht zu reden. Nun kann sich Paulus in ein und demselben Brief unmöglich in dieser Weise widersprechen. Wie heute aufgrund überzeugender Argumente anerkannt ist, handelt es sich bei diesem Abschnitt 14,33 b–36 um eine Gemeinderegel, die eingefügt wurde, als um die Jahrhundertwende mehrere an die korinthische Gemeinde gerichtete Briefe zu unseren beiden kanonischen Briefen zusammengearbeitet wurden. Unser 2 Kor ist bekanntlich sogar aus drei Teilbriefen zusammengesetzt. Ob der spätere Einschub der Verse 14,33 b–36 von 1 Tim 2,11 f inspiriert ist, wie überwiegend angenommen wird, kann offenbleiben. Er bezeugt der Sache nach jedenfalls eine gewandelte Position, die auch in den ungefähr gleichzeitigen nachpaulinischen Pastoralbriefen (um 100–120) begegnet und ebenfalls mit einer sehr anfechtbaren Begründung gestützt wird, nämlich mit einer Berufung auf die Schrift, die sich an einer frühjüdischen Auslegung orientiert.

12. Neue Töne zum gottesdienstlichen Verhalten

Der uns nicht bekannte Verfasser der Pastoralbriefe äußert sich noch etwas schärfer als der Interpolator von 1 Kor 14. Seine einschlägigen Verse werden deshalb in manchen Blättern nur zu gern als Beleg für die typische Zurücksetzung der Frau durch den Frauenhasser Paulus beschworen! Den am meisten anstößigen Versen im ersten Timotheusbrief (2,11–15) geht eine Anweisung über das Beten der Männer und das Verhalten der Frauen beim Gottesdienst voraus, die wir uns zuerst ansehen müssen: „Ich will also, daß die Männer allerorten beten, indem sie heilige Hände emporheben, fern von Zorn und Streit. Ebenso sollen die Frauen sich mit würdiger Kleidung in Schamhaftigkeit und Sittsamkeit schmücken, nicht mit künstlichem Haarputz, goldenem Zierat und Perlen oder kostspieligen Kleidern, sondern – wie es sich für Frauen schickt, die sich zur Gottesfurcht bekennen – mit guten Werken" (2,8–10).

Diese Mahnung spricht eine konkrete Situation an, die es zu verstehen gilt. Zu ihr gehören einmal schon die gottesdienstlichen Zusammenkünfte in einem wohlhabenderen Privathaus, das eine größere Zahl von Christen aufnehmen konnte, zumal für die mit dem Liebesmahl verbundene eucharistische Feier. Wir dürfen noch nicht einen den späteren Gotteshäusern vergleichbaren sakralen Raum voraussetzen, der als solcher schon eine gewisse Distanz wahren läßt. Eigens dem Gottesdienst vorbehaltene Häuser begegnen erst in einem späteren Stadium.

a) Zuerst bekommen die Männer ihre Anweisung. Als für sie typische Untugenden werden Zorn und streitsüchtige Auseinandersetzungen genannt. Davon sollen sie beim Beten frei sein. Nach allgemeiner antiker Sitte hob man beim Beten die Arme mit nach oben gekehrten Handflächen, um wie mit Schalen den göttlichen Segen empfangen zu können. Dieser äußere Gebetsgestus hat auch für den Verfasser der Pastoralbriefe nur Wert, wenn ihm eine reine Gesinnung entspricht. Nur der Beter, der frei ist von Haß und lieblosen Vorbehalten gegen den Nächsten, der selber zu vergeben bereit ist, darf von Gott Vergebung erbitten, wie schon Jesus selbst gelehrt hat. Diese Gebetsanweisung gilt betont allerorts, für alle gottesdienstlichen Zusammenkünfte. Sie hat allem Anschein nach zugleich das Eindringen von Irrlehrern im Blick. Diese Verführer schleichen sich in die Häuser bzw. auch in Frauenversammlungen ein, um besonders bei Frauen Gehör zu finden (2 Tim 3,6), was uns auch nachkanonische gnostische Schriften wie die Acta des Paulus und der Thekla bestätigen. Auch deshalb dürfen die Männer im Gottesdienst nicht fehlen.

b) Gegenüber der kurzen Anweisung für die Männer überrascht die Instruktion über Kleidung und Verhalten der Frauen im Gottesdienst durch ihre Ausführlichkeit und Begründung. Unvermittelt geht die Mahnung vom Beten der Männer zum Schmuck der Frau über. Damit will der Verfasser keineswegs der Frau jeden äußeren Schmuck verbieten, wohl aber auffällige Kleidung, mit der Frauen die Aufmerksamkeit auf sich ziehen, sogar die Begehrlichkeit des Mannes wecken können und damit sich selbst wie die Männer um die gebührende Andacht bringen. Desgleichen sollen sie überladenen Schmuck vermeiden, dem der Verfasser den nicht zu vernachlässigenden wahren Schmuck gegenüberstellt, der vor allem in Werken der Liebe besteht (1 Tim 5,16).

Überladener Schmuck mit Gold und Edelsteinen galt in der hellenistischen Welt im übrigen als Besonderheit der Hetäre und der Huren. Die Gegenüberstellung von äußerem Schmuck und schmückenden Tugenden war schon der jüdischen wie der kynisch-stoischen Sittenpredigt geläufig. Die Verwendung dieses paränetischen Gemeinplatzes ist hier aber sicher durch eine sehr konkrete soziale Situation herausgefordert. Zu den im Gottesdienst Versammelten zählen nun schon mehr gesellschaftlich höher und finanziell bessergestellte Frauen, sicher einschließlich der Frau des Hausherrn, nach wie vor aber auch Arme und Sklaven, die in ihrem Glauben doch bestärkt werden sollen. Der Verfasser will darum vor allem Spannungen vermieden haben, welche die innere und äußere Gemeinschaft gefährden. Gerade auch ärmere Frauen mußten sich durch die aufwendige Aufmachung von bessergestellten beschämt fühlen.

Die eigentlich kritischen Punkte folgen aber nun in den anschließenden Versen, die ich wiederum zitiere:
„(11) Die Frau soll ruhig (zuhörend) lernen in aller Unterordnung; (12) zu lehren aber erlaube ich der Frau nicht, auch nicht sich über den Mann zu stellen, sondern in Stillschweigen zu verharren. (13) Denn Adam wurde zuerst geschaffen, dann erst Eva. (14) Und Adam wurde nicht verführt, sondern die Frau ließ sich verführen und geriet in die Übertretung; (15) sie wird aber gerettet durch Kindergebären, wenn sie in Glaube und Liebe und Heiligung verharren in Zucht". Diese Verse als Sonntagslesung mit anschließendem: „Wort des lebendigen Gottes". Das könnte heutzutage gewiß entzücken! Hier bedarf es in der Tat der exegetischen Frage nach der Situations- und Traditionsbedingtheit dieser Verse. In V. 11 steht also zunächst die Weisung, eine Frau soll ohne dazwischenzureden still zuhören und Belehrung empfangen; es folgt in V. 12 das regelrechte Lehrverbot und in den VV. 13–14 die Begründung der Unterordnung mittels einer jüdischen Adam/Eva-Exegese; abschließend wird in V. 15 die Heilsbedeutung der Mutterschaft der Frau betont. Nach gut begründeter Auslegung wendet sich der Verfasser hier gegen Einflüsse einer jüdischen Einschlag verratenden Gnosis, eventuell auch von heidnischen Mysterienkultvereinen, in denen Frauen als Priesterinnen fungierten. Daß der Frau das Lehren in der gottesdienstlichen Versammlung hier wie 1 Kor 14 nicht erlaubt wird, läßt zunächst darauf schließen, daß es damals unter den kleinasiatischen Gemeinden durchaus solche gab, in denen Frauen betont lehrend auftraten. Die konkrete Ursache für den scharfen Affront gegen die lehrende Frau liegt in der Praktizierung einer häretischen Denkweise, in der der Verfasser sicher mit gutem Grund eine ernste Gefahr erblickt. 2 Tim 2,17 heißt es sogar, die Irrlehre würde wie ein Krebsgeschwür um sich fressen. Ganze Familien würden durch sie ruiniert werden (Tit 1,11).

In gnostischen Kreisen wurden aus demselben Systemdenken zwei gegensätzliche Konsequenzen gezogen. Einmal Emanzipationstendenzen, gegen die sich unser Verfasser zuerst richtet.

a) Der Unterschied zwischen Mann und Frau galt als belanglos, weil er bloß der natürlichen Ordnung angehöre. Auf der Linie dieser gnostisch-enthusiastischen Emanzipation liegt u. a. auch die Spiritualisierung des christlichen Auferstehungsglaubens, nämlich die Behauptung, die endzeitliche Auferstehung sei schon erfolgt (2 Tim 2, 18; vgl. 4, 1.8; Tit 2, 11–14). In gnostischen Versammlungen hatten deshalb auch Frauen genauso wie Männer das Wort ergriffen. Gegen die Infizierung der gottesdienstlichen Praxis durch dieses gnostische Denken kämpft unser Autor. Das verrät er auch durch seine Begründung des Lehrverbotes mit dem Unterschied zwischen Mann und Frau in den nachfolgenden Versen 2, 13–14. Es geht ihm also letztlich um die Ablehnung einer häretischen Anthropologie. Außer der Situationsbedingtheit des Lehrverbots für Frauen sollte man übrigens auch die Hauptstoßrichtung im Auge behalten. Aufs Ganze gesehen richtet sich die Polemik der Pastoralbriefe weit mehr und schärfer gegen die gnostisch interpretierenden Irrlehrer selbst, bei denen vermutlich sogar überwiegend an Männer zu denken ist. Diese Irrlehrer gelten als die eigentlich Schuldigen, denen alles in der Ketzerpolemik der zweiten und dritten Generation bereits Übliche vorgeworfen und jede Lehrberechtigung abgesprochen wird. Gegen einzelne Irrlehrer wurde bereits disziplinarisch vorgegangen (1 Tim 1, 20). Allem Anschein nach waren es eben üble Erfahrungen mit für die Irrlehrer eingenommenen Frauen, die zum strikten „Lehrverbot" geführt haben.

b) Aus demselben Systemdenken wurden in gnostischen Kreisen, wie wir bereits wissen, aber auch direkt sexualfeindliche Konsequenzen gezogen, bis hin zur Ablehnung des ehelichen Verkehrs. Wie Bischof Irenäus von Lyon bezeugt, gab es Gnostiker, die das Heiraten verboten und behaupteten, Heiraten und Kinderzeugen sei vom Satan. Gegen diese „enkratitische“ Tendenz richten sich die Pastoralbriefe sogar überwiegend (1 Tim 4,3; 5,14; Tit 2,3f); so eben auch an unserer Stelle. Über der für uns zurecht befremdlichen Argumentation mit einer jüdisch-haggadischen Weiterbildung der alttestamentlichen Adam/Eva-Überlieferung dürfen wir deshalb nicht übersehen: indem der Verfasser hier der Ehe Heil stiftende Bedeutung zuschreibt, nimmt er die Ehe vor den gnostischen Irrlehrern, die in dieser ein Satanswerk sehen und Kindergebären als Fortpflanzung von Unglück und Elend beurteilen, nachdrücklich in Schutz. Man muß es dem Zwang zur entschiedenen Abwehr der gnostischen Anthropologie, nämlich ihrer ehefeindlichen Konsequenz, zugute halten, daß der Verfasser in unseren Versen (1 Tim 2,13–14) mit einem jüdischen Auslegungsmuster argumentiert, das sich nach damaligem jüdischem Auslegungsbrauch um ein intentionsgerechtes Verständnis des Genesistextes nicht kümmert. Wer die Zeit- und Situationsbedingtheit seiner Ausführungen nicht kennt, hat natürlich ein leichtes Spiel, das Neue Testament als hoffnungslos überholt lächerlich zu machen.

15. Ein erstes Ergebnis

Ich versuche, die Bilanz zu ziehen. Dabei muß ich im Interesse unserer speziellen Thematik noch auf die Frage eingehen, inwieweit sich Anhaltspunkte für das Phänomen weiblicher „Propheten“ in der nachapostolischen Zeit erheben lassen.

a) Von der apostolischen Generation, vor allem von Paulus her gesehen, ist die Frau eindeutig zu missionarischer Verkündigung der Christusbotschaft wie zu verkündigendem Reden im Gottesdienst befugt. Im Hinblick auf den hausgemeindlichen Rahmen der gottesdienstlichen Versammlung läßt sich ihre Berechtigung, auch das Herrenmahl zu leiten, zumindest nicht ausschließen. Es fehlt auch nicht an einem Beispiel für eine amtsähnliche Beistandsfunktion einer Frau. Geradezu verbieten müßte sich jede Einschränkung der Lehr- und Leitungsbefugnis der Frau für den Fall, daß die Junia von Röm 16,7 mit ihrem Mann zu den Aposteln zählt, die als solche durch eine Christuserscheinung legitimiert waren. Das ist freilich nicht nur nicht sicher, sondern eher unwahrscheinlich.

b) Demgegenüber stellt sich die nachpaulinische und insgesamt auch nachapostolische Situation um die Jahrhundertwende anders dar. Betrachtet man die Weisung von 1 Tim 4, 11f und der möglicherweise davon abhängigen Interpolation 1 Kor 14,33b–36 für sich, muß das gottesdienstliche Lehrverbot für Frauen stärkstens relativiert werden. Ja, es könnte als überholt abgetan werden, weil es durch eine zeitbedingte häretisch-infizierte Praxis bedingt ist. Man mag es bedauern, daß der Verfasser der Pastoralbriefe die Auseinandersetzung mit dieser Praxis nicht führt oder nicht zu führen vermochte, ohne das Recht der Frau, im Gottesdienst verkündigend aufzutreten, preiszugeben. Man kann es also bedauern, daß er dieses Recht der Frau nicht mit der genuin paulinischen Begründung aufrechterhält.

Mit solchem Bedauern ist es in diesem Fall aber leider nicht getan. Das Argument, daß das Lehrverbot wegen seiner offensichtlichen Situationsbedingtheit nicht als grundsätzlich, für alle Zeiten bindende Entscheidung gelten kann, verliert insofern an Gewicht, als mit dem in den Pastoralbriefen bezeugten Stand der Ämterentwicklung möglicherweise die Entscheidung für Männer als Inhaber der Lehr- und Leitungsfunktion gefallen ist; genauer ist zu sagen: für nur einige Männer, eben für die mit der Lehr- und Leitungsfunktion beauftragten „Episkopen" und „Presbyter" (s. o. Kap. V, 8). Diesen stehen jetzt ja nicht nur die zu bekämpfenden Irrlehrer, sondern auch alle rechtgläubigen Gemeindeglieder gegenüber, Männer wie Frauen. Die gottesdienstliche Anweisung für die Männer insgesamt sprach denn auch nur von deren „Beten".

16. Ein „pneumatisches" Defizit der Pastoralbriefe

Es bleibt immerhin beachtenswert, daß die Pastoralbriefe trotz der betonten Bindung der Lehr- und Leitungsbefugnis an institutionalisierte Amtsträger prophetisches Reden im Gottesdienst nirgendwo verbieten. Sie bezeugen sogar ausdrücklich das pneumatische Mitwirken der Gemeindeglieder bei der Auswahl der Amtsträger (1 Tim 1,18; 4,14). Die „Prophetie", von der hier die Rede ist, meint allem nach den aussondernden Zuruf, mit dem die Gläubigen einer Gemeinde ihre Überzeugung von der Eignung des zu Ordinierenden und wohl auch Gebetswünsche für seine Bewährung in der Amtsführung zum Ausdruck brachten. Davon abgesehen, werden das Charisma prophetischen Redens und andere Charismen freilich nicht erwähnt, so daß man nicht nur im Rückblick auf die charismatische Vielfalt und Dynamik der paulinischen Gemeinden, sondern auch im Blick auf andere neutestamentliche Spätschriften von einem „pneumatischen" Defizit der Pastoralbriefe sprechen kann. Man darf dasselbe sicher in erster Linie aus der sehr kritischen Abwehrsituation erklären.

Angesichts der Bedrohung durch Irrlehrer, für die das Streben nach Neuem kennzeichnend ist (2 Tim 4,3; Tit 1,10), sieht sich unser Repräsentant der antignostischen Front genötigt, die apostolische Lehrüberlieferung, das vom Apostel „anvertraute Gut" – eben das „Depositum fidei" – als die allein wahre und deshalb unveränderbare Heilsbotschaft zu verteidigen. Gegenüber gnostischen Pneumatikern, die sich für ihr Verständnis der Heilsökonomie auf den Besitz der „Erkenntnis" (= Gnosis) beriefen (1 Tim 6,20; Tit 1,16), wobei sie sich für ihren Geistbesitz höchstwahrscheinlich auch auf Paulus beriefen, erblickt der Verfasser in den der normativen apostolischen Verkündigung verpflichteten Amtsträgern die berufene Instanz, dank ihres Amtscharismas für die unverfälschte Weitergabe „der gesunden (d.h. rechten) Lehre" zu sorgen, weshalb das Lehren die wichtigste Aufgabe der Amtsträger ist (1 Tim 4,11; 6,2; 2 Tim 2,2). Es ist zumindest nicht unverständlich, daß in einer solchen Situation generelles pneumatisches Reden von Gemeindegliedern nicht gefragt ist.

17. Die Stimme anderer Spätschriften

So unbestreitbar das geistgewirkte prophetische Reden von Gemeindegliedern in den Pastoralbriefen hinter dem Amtscharisma zurücktritt, spielt jene Geistesgabe in anderen neutestamentlichen Spätschriften indes noch eine beachtliche Rolle. Unsicher ist, inwieweit man dafür auch einige der zahlreichen Belege der Apostelgeschichte in Anspruch nehmen kann. Eindeutig werden die vier Töchter des Philippus als prophetisch begabt bezeichnet (21,9). Bereits die häufigen Warnungen vor christlichen „Pseudopropheten" = „Lügenpropheten" (Mt 7,15.22f; Mk 13,22par; 1 Joh 4,1f; vgl. auch 2 Petr 2,1, wo die bekämpften gnostischen Irrlehrer als Nachfolger der alttestamentlichen Pseudopropheten mit „Pseudolehrer" tituliert werden) lassen auf eine beträchtliche Zahl von anerkannten ortsansässigen und wandernden Propheten schließen, speziell im syrischen und kleinasiatischen Raum. Es wäre sonst zu erwarten, daß man zur Bekämpfung der Lügenpropheten, anstatt nach Kriterien zu ihrer Entlarvung zu suchen (überliefertes Christusbekenntnis, Lebenswandel, Uneigennützigkeit), das Phänomen geistinspirierter Verkündigung als solches kurzerhand negiert hätte. Davon kann aber keine Rede sein.

a) Das wohl zwischen 80 und 90 n. Chr. verfaßte Matthäusevangelium, das als maßgebliche Funktionsträger christliche Schriftgelehrte (= Lehrer) voraussetzt, hebt die göttliche Sendung der seiner Gegenwart zugehörigen Propheten hervor (23,34). Wer einen Propheten gastlich und gläubig aufnimmt, wird dafür belohnt werden (10,41). Nun betont gerade auch das Matthäusevangelium den bruderschaftlichen Charakter der Gemeinde: „denn nur einer ist euer Meister, ihr alle aber [Männer und Frauen] seid Brüder" (23,8). Wir sind deshalb kaum berechtigt, in den „Propheten" nur Männer zu erblikken.

b) Das ist auch im Hinblick auf den am ehesten zwischen 100 und 110 zu datierenden ersten Johannesbrief zu bedenken. Sein aus dem „johanneischen" Kreis stammender Verfasser stellt den die Inkarnation des Christus und Gottessohnes bestreitenden „Pseudopropheten" (= Lügenpropheten) zwar weder „Propheten" noch andere für die Gemeinden verantwortliche Verkündiger entgegen. Das spricht aber schon deshalb nicht gegen die Existenz von Propheten und Prophetinnen, weil der Verfasser an keiner Stelle gemeindliche Funktionsträger anspricht, obwohl solche existiert haben dürften. Aufgrund des Geistbesitzes mutet er der Gemeinde als ganzer zu, anhand des überlieferten Christusbekenntnisses die Geister zu prüfen, ob sie aus Gott sind (4, 1 ff). Er bestreitet lediglich, dies freilich höchst nachdrücklich, daß die aus der Gemeinde selbst hervorgegangenen Verführer nicht *wirkliche* Propheten sind, daß der Geist *Gottes* nicht aus ihnen spricht; keineswegs aber, daß es wirkliche, geistbegabte Propheten gibt und geben darf.

c) Der gegen Ende des ersten Jahrhunderts unter seinem eigenen Namen Johannes schreibende Verfasser der Apokalypse adressiert seine prophetische Mahn- und Trostschrift an sieben kleinasiatische Gemeinden im Hinterland von Ephesus, die zugleich die ganze Kirche repräsentieren sollen. Dieser Johannes, der unbestreitbar eine in den angeschriebenen Gemeinden anerkannte Lehrautorität war, führt sich selbst als „Prophet" ein. Er zählt vermutlich zu den palästinisch-judenchristlichen Propheten, die nach 70 n. Chr. in Kleinasien eingewandert zu sein scheinen. In denselben kleinasiatischen Gemeinden, in denen die Pastoralbriefe Timotheus für die rechte Ämterordnung sorgen lassen, setzt der als Prophet einen besonderen Rang einnehmende Johannes jedenfalls weitere „Propheten" voraus, die offensichtlich eine hervorragende Stellung in den Gemeinden einnehmen. Sie werden als besondere Gruppe aus der Schar der „Heiligen" (= der Gemeindeglieder insgesamt) hervorgehoben (11,18; 16,6; 18,24). Ihre Bedeutung als charismatischer Verkünder der Christusbotschaft erhellt nicht zuletzt aus der Reihung: „die Heiligen und die Apostel und die Propheten" (18,20). „Für den Verfasser haben die Propheten die entscheidende geistliche Aufgabe und Funktion. Das gilt unabhängig von der Frage, wieweit sich daneben eine anderartige Gemeindeverfassung bereits entwickelt hat."[12] Daß zu den Propheten auch Frauen zählen, wird nirgends ausdrücklich gesagt, läßt sich aber keinesfalls ausschließen. Der Fall „Isebel" in Thyatira spricht entschieden mehr für als gegen die Existenz von Prophetinnen. Johannes denkt nicht daran, dieser Isebel durch die Berufung auf ein prinzipielles gottesdienstliches Lehrverbot für Frauen das Handwerk zu legen. Er beanstandet nicht im geringsten, daß in einer Gemeinde eine Prophetin wirkt, wohl aber, daß sie, gleich der alttestamentlichen Isebel, die Gemeindeglieder verführt. Deshalb heißt es von ihr: „Die sich Prophetin nennt, mit ihrem Lehren aber meine Knechte irreführt" (2,20), nämlich zum Abfall verführt.

18. Prophetinnen in außerkanonischen Schriften

Erwähnung verdient die schwer datierbare, aber wohl am Anfang des zweiten Jahrhunderts n. Chr. entstandene „Lehre der zwölf Apostel", die freilich keine Aufnahme in den neutestamentlichen Kanon fand. Diese Apostellehre kennt auch sehr wohl die Misere von falschen Propheten; trotzdem bekundet sie eine sehr hohe Wertschätzung des wahren Propheten. An dem Wort, das ihm der Geist eingibt, soll nicht gekrittelt werden (11,7). Die erstrangige Bedeutung der Propheten verrät sich besonders in dem Hinweis, die von der Ortsgemeinde zu wählenden „Episkopen und Diakone" würden der Gemeinde „den Dienst von Propheten und Lehrern" leisten (15,1). Es geht sicher zu weit, wenn die Exegetin E. Schüßler-Fiorenza hier und in anderen Schriften kurzerhand von „Prophetinnen und Lehrerinnen" spricht. Es wäre aber ebenso willkürlich, die „Propheten" auf Männer einschränken zu wollen. In seinem „Dialog mit Tryphon" stellt der Philosoph und Märtyrer Justin um die Mitte des zweiten Jahrhunderts in Rom fest: „Bei uns kann man Frauen und Männer sehen, welche vom Geiste Gottes Charismen empfangen haben" (88, 1). Und den sogenannten „Alogern", die das Charisma der Prophetie verwarfen, hält Bischof Irenäus von Lyon (um 200) den ersten Korintherbrief des Apostels Paulus entgegen. Hier spreche er „ausführlich von den prophetischen Gnadengaben", die „Männer und Frauen" ausübten (Gegen die Häresien III, 11, 9).

19. Eine bischöfliche Warnung

Neben dem allmählichen Rückgang der pneumatischen Kräfte war das verderbliche Treiben, durch das Pseudopropheten das Ansehen und die Autorität wahrer Propheten untergruben, wohl der Hauptgrund, daß diese in der Folgezeit immer stärker zurücktraten und das prophetische Reden mit der Ablehnung des häretischen Montanismus in der Kirche faktisch zu Ende ging. In dem vorhin zitierten Zusammenhang warnt aber noch der Bischof Irenäus davor, durch den Kampf gegen die falschen Propheten auch die wahre Prophetie aus der Kirche zu verdrängen.

Daß sich das charismatisch-prophetische Reden im neutestamentlichen Gesamtzeugnis als anerkannte Form der Christusverkündigung durchielt, läßt sich kaum als nur aktzidentelles, beiläufiges Geschehen abtun. Dieser Sachverhalt kann für die weitere Diskussion zumindest insofern bedeutsam werden, als die bisherigen obrigkeitlichen Verlautbarungen der katholischen Kirche Frauen vom Diakonat nicht ausgeschlossen haben; die Tür für die Berechtigung von Frauen zur Wortverkündigung im Gottesdienst ist somit offengehalten.

20. *Frauen als Zelebranten der Eucharistie?*

Was die spezielle Frage betrifft, ob Frauen als Zelebranten der Eucharistie fungieren können, wird dogmatischerseits vor allem der Einwand gemacht, die Frau als Frau vermöge nicht „in persona Christi" zu handeln, der eben Mann gewesen ist. Der Priester vollzieht die Eucharistie ja aufgrund des ihm im Weihesakrament verliehenen Amtscharismas. „Ist aber" – so fragte jüngst der Regensburger Dogmatiker W. Beinert – „damit notwendig verbunden, daß er – um des sakramentalen Zeichens willen – auch die äußere Gestalt Jesu haben muß, wie sie am signifikantesten sicher im Geschlecht zum Ausdruck kommt? Das kann schwerlich zwingend gezeigt werden", meint dieser Dogmatiker[13]. Damit berühre ich die dogmatische Fragestellung, deren Beantwortung meine Fähigkeit und Kompetenz entschieden überschreiten würde. Meine Aufgabe konnte es nur sein, die Probleme, aber auch die Möglichkeiten anzuvisieren, die sich von den neutestamentlichen und auch frühchristlichen Quellen her ergeben.

21. *Ökumenische Kommissionen und kirchenamtliche Entscheidungen*

Abschließend erlaube ich mir aber doch einen Hinweis auf eine nicht zu unterschätzende Realität, die wir bei unserer Thematik wie überhaupt bei der ökumenischen Amtsdiskussion sehr nüchtern in Rechnung stellen müssen. Ökumenische Kommissionen unserer Tage, in denen unter anderen Fachleuten Exegeten, Systematiker und Kirchengeschichtler zusammenarbeiten, mögen in Fragen des Amtes einschließlich der Eucharistiefeier zu einem teils vollen Konsens kommen oder bei Anerkennung bestehender Differenzen doch Annäherungsschritte vorschlagen. Nehmen wir z.B. das sogenannte Lima-Papier von 1982: „Taufe, Eucharistie und Amt. Konvergenzerklärungen der Kommission für Glauben und Kirchenverfassung des ökumenischen Rates der Kirchen". Auch einige katholische Theologen haben an dem Text dieser Konvergenzerklärungen mitgearbeitet. Die Existenz eines solchen Papieres bedeutet aber noch lange nicht seine effektive Realisierung. Sofort gab es kritische Bedenken auch von Fachtheologen der christlichen Konfessionen, sehr betont auch von reformatorischer Seite[14]. Diese wirken gegenüber einer gegenseitigen kirchenobrigkeitlichen Anerkennung ohnehin retardierend, weil sie zu weiterer gründlicher Prüfung herausfordern.

Für die ohnehin stark „demokratisch" ausgerichteten Reformationskirchen stellt sich weiterhin die Frage, ob auch ihre Gläubigen, etwa die dem lutherischen Amtsverständnis verpflichteten Gemeinden und ihre Synoden, jene Konvergenzerklärungen akzeptieren. Für den Papst und das Bischofskollegium stellt sich dieselbe Frage der Anerkennung, die aufgrund des zum Teil dogmatisch definierten hierarchischen Ämterverständnisses der katholischen Kirche wahrhaftig nicht weniger von prinzipiellem Belang ist. Selbst notwendige praktische Änderungen, die die Glaubenssubstanz nicht im geringsten tangieren, aber doch einem geradezu revolutionären Eingriff gleichkommen, wirken sich erfahrungsgemäß nicht ohne weiteres nur positiv aus, wie sogar die Liturgiereform demonstriert hat. Es gilt zur Zeit nicht einmal als erwiesen, daß die Frauenschaft der katholischen Kirche ganz überwiegend den Standpunkt ausgesprochener Feministinnen teilt, die teilweise militant auf den Diakonat und das Priestertum der Frau als erste Schritte drängen, lieber heute als morgen. „Jedes Ding hat zwei Seiten" und: „Gut Ding will Weile haben". Das Recht und die Pflicht, auch dies mitzubedenken, wird man gerade auch einer Weltkirche wie der katholischen, die bei generellen prinzipiellen Entscheidungen auch die höchst unterschiedlichen Voraussetzungen der in ihr vertretenen Kulturen mit zu berücksichtigen hat, wohl oder übel zubilligen müssen.

VII.

Kirche und Welt in der apostolischen und nachapostolischen Zeit

Die Welt, in der das Christentum schon in neutestamentlicher Zeit zur Völkerreligion wurde, war, politisch gesehen, das um das Mittelmeer sich konzentrierende Imperium Romanum; geistig gesehen, die weitgehend einheitlich ausgerichtete Kultur des sogenannten „Hellenismus". Diese Welt bot ebenso positive wie negative Voraussetzungen für die christliche Mission, die zunächst, wenigstens ausschnittweise, beleuchtet werden sollen.

1. Äußere positive Voraussetzungen der Glaubensverbreitung

An äußeren positiven Voraussetzungen sind an erster Stelle zu nennen eine einheitliche Sprache, die zunehmende Vereinheitlichung des Rechtes sowie relativ gute Verkehrsmöglichkeiten. Die griechische Umgangssprache, die sogenannte „Koinē", hatte Ost und West miteinander verbunden. Wie an alle von ihm gegründeten Gemeinden konnte Paulus, der selbst zweisprachig war, auch an die Christen Roms in griechischer Sprache schreiben. Das Christentum hätte seinen raschen Siegeszug sodann nicht antreten können ohne den damaligen Weltverkehr. Ein System zwar schmaler, aber unverwüstlicher Straßen durchzog das Kaiserreich. Auf diesen Straßen bewegten sich vor allem Einheiten der römischen Legionen, Beamte, die nach Ost und West versetzt wurden und seit Kaiser Augustus mit der kaiserlichen Staatspost fuhren, syrische und jüdische Kaufleute, die im Westen ihre Niederlassungen hatten, Touristen, die historische und mythologische Sehenswürdigkeiten aufsuchen wollten, aber auch Missionare der verschiedenen Kulte und popularphilosophische Wanderprediger. Wie diese wanderte auch der Apostel Jesu Christi „per pedes Apostolorum" mit wenig konfortablem Reisegepäck auf den Römerstraßen. So missionierte er u. a. entlang der berühmten Via Egnatia, die von Dyrrhachium durch Mazedonien und Thrakien nach Byzanz führte. Lager und Verpflegung in den Wegherbergen waren gewiß nicht üppig. Nicht umsonst findet sich im Neuen Testament die Mahnung „Herbergt gut" (Röm 12,13; Hebr 13,2). Obwohl Militärposten für die relative Sicherheit der großen Militärstraßen sorgten, war das „Reisen" nicht ungefährlich. Paulus berichtet Selbsterlebtes, wenn er von Gefahren durch angeschwollene Flüsse, Gefahren in der Wüste, Gefahren durch Räuber spricht (2 Kor 11,26). Die Schiffahrt ruhte von Mitte November bis etwa Mitte März, war aber auch in der übrigen Zeit nicht ohne schwere Gefahren. Die alten Römer benutzten deshalb selbst für eine Reise von Rom in das ägyptische Alexandrien lieber den ungleich weiteren Landweg. Bis zum 2. Korintherbrief hatte Paulus bereits dreimal Schiffbruch erlitten und dabei einmal einen Tag und eine Nacht auf dem Meer getrieben (2 Kor 11,25). Das lebensbedrohende Schicksal des Schiffbruchs blieb ihm bekanntlich auch nicht erspart, als er als Gefangener nach Rom transportiert wurde (Apg 27).

2. *Das sogenannte Weltbürgertumsbewußtsein*

Nicht nur die Sprache und der Verkehr, auch die Zeitstimmung war weltweit geworden. Mit der Friedens- und Glücksstimmung der augusteischen und nachaugusteischen Zeit verband sich ein ausgesprochenes Weltbürgertumsbewußtsein. Alle Angehörigen der verschiedenen Nationen haben die gleiche menschliche Natur, den gleichen göttlichen Geist (nous) und stehen deshalb unter der gleichen ethischen Forderung „naturgemäßen Lebens", wie besonders die stoische Zeitphilosophie proklamierte. Dieser „Kosmopolitismus" hat sich ethisch freilich nicht im entfernten durchgesetzt. Der Römer haßte vielfach den Ägypter und Griechen; die Griechen fühlten sich wiederum erhaben über die Römer; und sie alle verachteten die übrigen Völker als kulturlos, als „Barbaren". Diese Situation spricht der Völkerapostel an, wenn er Röm 1,14 schreibt: „Hellenen wie Barbaren, Gebildeten wie Ungebildeten bin ich verpflichtet". Dem kosmopolitischen Ideal wollten die neuen Glaubensboten aber sehr wohl zur Verwirklichung verhelfen, nämlich auf der neuen Ebene der Christusgemeinschaft. Für den nach Christus erneuerten Menschen „gilt nicht mehr Grieche und Jude, nicht Beschnittener und Unbeschnittener, nicht Barbar, Skythe, Knecht, Freier, sondern alles und in allem Christus" (Kol 3,11; vgl. 1 Kor 12,13).

3. Popularphilosophische Wanderprediger und christliche Missionare

Die Verbreitung einer Art Gemeinphilosophie des Hellenismus war vor allem das Anliegen kynisch-stoischer Wanderprediger. Sie wollten die Menschen zu einem affektlosen und damit wahrhaft glücklichen Leben erziehen. Überall, auf dem Markt und auf den Straßen der Städte traten diese Wanderlehrer auf, um als Gottesherolde, die ein entbehrungsreiches Wanderleben auf sich nehmen, die einzelnen anzusprechen und ihnen klarzumachen: wahre innere Freiheit kann der Mensch nur gewinnen, wenn er sich durch nichts Äußeres, sei es Schönheit, Besitz und Ansehen, oder durch Schicksalsschläge wie Armut, Leid, Krankheit und Tod affizieren läßt.

a) Als Wanderprediger wird bisweilen auch Paulus gezeichnet, wenn auch nicht in der betont weltverachtenden Art des Kynikers. Auch das Belehrungsverfahren des Apostels zeigt Verwandtschaft mit dem des popularphilosophischen Zwiegesprächs (Diatribē). Auch Paulus spricht in seinen Briefen gelegentlich den anwesend gedachten Gesprächspartner an, mit Fragen und Antworten (z.B. 1 Kor 15,35f; Röm 2,1–5.17ff;

6, 1–3.15 ff; 7, 7 a; 9, 19 f; 11, 17 f u. ö.) Wie jene Wanderprediger liebt auch er die sprichwortartige Prägnanz des Ausdrucks, die Argumentation aus der Natur der Dinge. Er verwendet Bilder und Gleichnisse, wie sie auch sonst geläufig waren, aus dem Leben der Großstadt, aus der Arena, aus dem Soldatenstand, aus dem Bank- und Geschäftswesen oder auch vom Künstler. Häufig verwendet er in seinen Briefen das popularphilosophisch geläufige Lehrmittel der Tugend- und Lasterkataloge, deren Begrifflichkeit freilich stärker der jüdisch-hellenistischen Tradition verpflichtet ist und sich vor allem in den Tugendkatalogen grundlegend von den popularphilosophischen Parallelen unterscheidet. So ist das von ihm als Inbegriff der sittlichen Lebensführung verwendete Substantiv „agapē" = „Liebe" den profanen Katalogen fremd. Völlig undenkbar ist in solchen das Wort „tapeinophrosynē" = „Niedrigkeit" im Sinne von „Demut" (so auch in den Tugendkatalogen Kol 3, 12; Eph 4, 2). Das Wort wird in der Profangräzität „nur pejorativ gebraucht, weil der grundsätzliche Verzicht auf Selbstbehauptung der hellenistisch-römischen Welt fremd ist, ja bei den Stoikern zu den Lastern zählt"[1]. Als besonders charakteristisch seien nur die drei einleitenden Begriffe des Tugendkatalogs Gal 5, 22 genannt. Als „die Frucht des Geistes", d. h. der in der Taufe geschenkten neuen Lebenskraft, nennt Paulus an erster Stelle: „Liebe, Freude, Friede". Durch diese Grundbefindlichkeiten christlicher Existenz wird das Ideal des autarken Weisen schlechthin aus den Angeln gehoben. Paulus kann in einer Abschlußmahnung, in der er durchaus wohlklingende Begriffe populärer Moralphilosophie aufreiht, auch den typisch griechischen Begriff für „Tugend" = „aretē" (Vorzüglichkeit, Tüchtigkeit) gebrauchen. „Was immer wahr, was ehrbar, was recht, was immer rein, was angenehm, was löblich, was irgend Tugend ist und Lob, das erwägt!" (Phil 4, 8). „Das erwägt!" Der Kontext duldet freilich keinen Zweifel, daß die Adressaten von ihrem Christusglauben her bewerten und praktizieren sollen, was ihre Umwelt als sittlich Gutes kennt und preist (vgl. auch 1 Thess 5, 21). Noch in einem Tugendkatalog der jüngsten neutestamentlichen Schrift (2 Petr 1,5–7), in dem „aretē" an erster Stelle genannt ist, wird sie als Auswirkung des „Glaubens", der ja die Grundkraft des neuen Lebens ist, verstanden. Obwohl die Tugendkette noch weitere gut hellenistische Begriffe wie „Erkenntnis" (gnōsis), „Selbstbeherrschung" (enkrateia), „Frömmigkeit" (eusebeia) nennt, gipfelt auch sie in „der Liebe" als der Summe christlicher Lebensführung.

b) In der nachapostolischen Generation bedient sich die Unterweisung auch anderer verfügbarer Schemata. So besonders der patriarchalischem Denken verpflichteten „Haustafeln" (Kol 3,18 – 4,1; Eph 5,22 – 6,9; vgl. 1 Petr 2,18 – 3,7), deren überwiegend jüdisch-hellenistisch vermittelte Vorlagen bald mehr, bald weniger mit christlichen Motiven angereichert wurden[2]; ferner sogenannter „Ständetafeln", die vor allem nach dem Beispiel des Regentenspiegels mit formelhaftem Begriffsmaterial erforderliche Voraussetzungen und Qualitäten auflisten. Hervorgehoben seien die Pflichtenlehren für Episkopen (1 Tim 3,2–7; Tit 1,7–9), für Diakone (3,8–12) und für Presbyter (Tit 1,5–6) in den Pastoralbriefen. Auch für diese Spätschriften erhält das Christsein „die eigentliche Vitalität und Motivation" nach wie vor aus der Christuspredigt. Es äußert sich aber doch „auf eine Weise, die es in die Nähe ‚vernünftigen' und bürgerlich vorbildlichen Verhaltens rückt"[3]. Das Christentum beginnt, sich mehr und mehr in dieser Welt einzurichten.

4. Der Rechtsschutz der jüdischen Religion

Eine weit wesentlichere Voraussetzung für die rasche Ausbreitung des Christusglaubens war sodann das Judentum; in einer doppelten Hinsicht, darf man sagen. Das Judentum dieser Zeit war selbst eine Art Missionsreligion und so stark verbreitet, daß Juden fast 7 Prozent der Reichsbevölkerung ausmachten. Dazu kam die rechtliche Ausnahmestellung der jüdischen Religion, die auch nach dem jüdisch-römischen Krieg, wohl bis zu den Judenaufständen in Trajanischer Zeit (115/116 n. Chr.), weiterbestand. Seit Cäsar und Augustus bestand ein Vereinsverbot für neue Gemeinschaften. Ausgenommen waren die Bekenner der jüdischen Religion. Im Rahmen ihrer Synagogen durften sie eine eigene Rechtsprechung ausüben, gemeinsame Mahlzeiten feiern und waren sie auch vom Kaiserkult dispensiert. Die römischen Behörden betrachteten die Christen, Heidenchristen wie Judenchristen, lange als Auslandsjuden bzw. auch als eine jüdische Sondergruppe. So lehnte der Prokonsul Gallio in Korinth 52 n. Chr. ein amtliches Eingreifen zugunsten der gegen Paulus demonstrierenden Juden Korinths ab, weil es sich für ihn um eine interne jüdische Rechtsfrage handelte (Apg 18, 15).

Dieser Rechtsschutz der jüdischen Religion erlaubte es einem Missionar wie Paulus, mit der Christusverkündigung jeweils in der jüdischen Synagoge zu beginnen. Außer gebürtigen Juden konnte er hier ja auch manche ehemalige Heiden, die zum Judentum übergetreten waren (= „Proselyten"), und, in größerer Zahl, sogenannte „Gottesfürchtige", die nicht zur Beschneidung und zur vollen Gesetzesbeobachtung verpflichtet waren, ansprechen und teilweise für den Christusglauben gewinnen.

5. *Unvermeidliche Spannungen und Konflikte*

Durch diese Missionspraxis wurde freilich auch meist ein Konflikt heraufbeschworen. Der Apostel des Messias Jesus legte die Heilsprophetie der Schrift Israels ja anders aus, als die meisten seiner jüdischen Hörer nachzuvollziehen vermochten. Nicht zuletzt mußte er als lästiger Konkurrent empfunden werden, weshalb er jeweils schon bald auf die Synagoge verzichten mußte. Fünfmal erlitt er sogar die synagogale Strafe der 39 Schläge (2 Kor 11, 24). Aus der Thematik „Kirche und Welt" lassen sich deshalb die zunehmenden Spannungen und Konflikte zwischen Christen und Juden ehrlicherweise nicht ausblenden. Schon in seinem ersten uns erhaltenen Brief attackiert Paulus Juden auffallend scharf, weil sie die Gemeinden in Judäa verfolgen (1 Thess 2,14–16). Er wendet sich selbstverständlich keineswegs gegen Juden, weil sie Juden sind, sondern „obwohl sie Juden sind. Er macht Front gegen solche, denen Gottes Zuwendung in besonderer Weise galt und die doch gerade in Geschichte und Gegenwart sich gegen Gottes Weg mit seinem Volk und der Welt gewandt haben und wenden."[4] Die Feindseligkeiten verstärkten sich besonders nach der Katastrophe des Jahres 70, der Zerstörung des Tempels durch die Römer. Mit ihren zahlreichen Hinweisen auf jüdische Anschuldigungen gegen die Christen gibt die Apostelgeschichte sicher auch Erfahrungen der eigenen Zeit wieder. Das Matthäusevangelium stellt sich sichtlich der Auseinandersetzung mit dem sich verstärkenden Nachkriegspharisäismus. Und das Johannesevangelium bezeugt die Ausstoßung von Christen aus der Synagoge (9,22; 12,42; 16,2). Eigentlicher Grund für die Verleumdung der Christen, die beispielsweise im Sendschreiben an die Gemeinde von Smyrna den Juden vorgeworfen wird, war der verlästerte Christusglaube. Jüdischerseits wurde allem nach versucht, die heidnische Bevölkerung und die Behörden zu rechtlichen Maßnahmen gegen die Christen aufzubringen, weshalb der judenchristliche Verfasser der Apokalypse den Denunzianten den Ehrennamen „Juden" abspricht und sie als „die Synagoge Satans" apostrophiert (Offb 2,9f). Eher noch schärfer spricht das Johannesevangelium den Juden die Abrahams- und Gotteskindschaft ab, weil sie „den Teufel zum Vater" hätten (Joh 8,39–44). Diese Spitzenaussagen antijüdischer Polemik in neutestamentlichen Spätschriften (vgl. auch Mt 22,7; Apg 28,25–22) bezeugen den gegen Ende des Jahrhunderts vollzogenen Bruch zwischen Christentum und Judentum, das seinerseits (um 90) durch die Einfügung der Verfluchung der Häretiker in das Achtzehnbitten-Gebet auch die Christen, vorab die Judenchristen, verdammt hatte.

6. Die „Heilande" der römisch-hellenistischen Welt und die Christusbotschaft

Die Verkünder der Christusbotschaft sahen sich sodann einer vielfältigen heidnischen Religiosität gegenüber.

a) Neben den althergebrachten Göttern der Mittelmeerwelt, die zum Teil in den sogenannten Mysterienkulten neue Funktionen als „Heilande" gefunden hatten, gab es den Glauben an Heilgötter wie den berühmten Asklepios, bei dessen Tempeln Kranke aller Art wunderbare Heilung suchten, sowie den Glauben an den als Manifestation göttlicher Macht empfundenen Herrscher. Die römischen Kaiser beanspruchten zunächst, mit Ausnahme von Caligula, noch keine göttliche Verehrung zu ihren Lebzeiten. Sie bezeichneten sich auch nicht selbst als „göttlich" (divus), als Gott, Sohn Gottes oder auch als „Herr und Gott", wie es gegen Ende des Jahrhunderts Kaiser Domitian (81–96 n. Chr.) tat. Das römische Friedensideal, das vor allem das augusteische Zeitalter geprägt hatte, war aber stark mit der vom griechischen Heroenglauben inspirierten Auffassung verknüpft, daß sich im „pacator orbis", nämlich in dem den Erdkreis zum Frieden zwingenden Kaiser, göttliche Macht manifestiere. Vor allem in der östlichen Reichshälfte, wo man den erfolgreichen Herrscher von jeher als Retter pries, wurde der regierende Kaiser als „der Retter" (= „sotēr") der ganzen Welt, als Weltheiland gefeiert. Schon unter Augustus und Tiberius sind in Pergamon und Smyrna Provinztempel zu Ehren der Göttin „Roma" und des „Divus Augustus" entstanden. Der mit den kaiserlichen Legionen erkämpfte und zu sichernde Friede war für diese „politische Theologie" eins mit der „sotēria" = „der Errettung", „dem Heil" der Welt schlechthin. Die kleinasiatischen Städte, die ja auch ein Hauptschauplatz Paulinischer Mission waren, wetteiferten geradezu miteinander in der Ausübung des Kaiserkults als Zeichen ihrer politischen Loyalität. Von dort breitete sich die Verehrung des Kaisers als des göttlichen Kyrios im ganzen Römischen Reich aus. Auch die „Eingeweihten" von Mysterienreligionsgemeinschaften redeten ihre Kultgottheit an mit „Kyrie" = Herr oder „Kyria" = Herrin.

b) Vor Hörern heidnischer Herkunft mußten die Christusboten deshalb den Glauben an „viele sogenannte Götter und Herren" verwerfen und betonen: es gibt „nur einen Gott, den Vater," und nur einen, der „der Herr ist: Jesus Christus" (1 Kor 8,5f), diesen göttlichen Kyrios, „vor dem jedes Knie der Himmlischen und Irdischen und Unterirdischen sich beuge" (Phil 2,10f). Die Überzeugung des Apostels Paulus, für Christi „Namen Gehorsam des Glaubens bewirken (zu müssen) unter allen Heiden" (Röm 1,5), folgte aus dem Glauben an den göttlichen Kyrios Jesus Christus, der alle Mächte dieser Welt und des ganzen Kosmos besiegt hat und dessen Sieg nun in der ganzen Ökumene proklamiert werden muß. An dieser Stelle ist ein Blick auf die Geschichte christologischer Titel zu werfen. Die schon urgemeindliche Sendungsbezeichnung „Gesalbter", griechisch „Christos", besagte griechisch sprechenden Heiden nicht viel; sie war ja auch schon in vorpaulinischer Zeit zum Eigennamen geworden. Statt mit „Jesus ist der Messias (= der Christus)" wurde das Bekenntnis hier zusammengefaßt in dem Satz: „Jesus (Christus) ist der Kyrios (= der Herr)" (Röm 10,9; Phil 2,11). Der ebenso urgemeindliche Titel „der Sohn des Menschen" als überwörtliche Übersetzung des aramäischen Originalausdrucks „bar nāschā" war mißverständlich und lebte deshalb faktisch nur in der Überlieferung von Jesusworten weiter. Die göttliche Würde und Heilsbedeutung Jesu Christi ließ sich der hellenistischen Welt vor allem verständlich machen durch Titel wie „Kyrios" – gegenüber dem urgemeindlichen „Mar" = „Herr" nun freilich im vertieften Sinn des universalen göttlichen Herrn –, sodann „Sotēr" und „Sohn Gottes". Dieser Titel erlaubte vor allem die wesentliche Aussage, daß der bei Gott existierende Sohn Gottes Mensch geworden ist (vgl. z.B. Gal 4,4). Aussagen wie diese und vor allem auch das Bekenntnis zum göttlichen Herrn Jesus als „dem Kyrios des Friedens" (2 Thess 3,16) erhielten in der hellenistischen Welt zwangsläufig einen aktuellen antithetischen Klang gegenüber allen Göttern und göttlich verehrten Größen wie eben auch gegenüber dem Kaiser. Mit demselben Begriff „parousia“ = „Ankunft“, mit dem der offizielle Besuch des Kaisers oder auch der eines seiner hohen Würdenträger in einer Provinzstadt bezeichnet wurde, wird seit dem ältesten Brief Pauli von der erwarteten „Ankunft unseres Kyrios Jesus“ gesprochen (3, 13 u. ö). Ganz unüberhörbar klingt diese Antithese in den späteren Pastoralbriefen durch. In keinem anderen als in „dem Retter“ (= Sotēr) Christus ist „die Güte und die Menschenfreundlichkeit Gottes“ erschienen (Tit 3, 4). Eigenschaften, die besonders an Kaisern und hellenistischen Herrschern gerühmt wurden, werden auf Christus übertragen. Er ist „unser Retter“, der „den Tod entmachtet hat, Leben und Unvergänglichkeit aber ans Licht gebracht hat durch das Evangelium“ (2 Tim 1, 10). Durch diese die Wirkmacht der als „Retter“ gepriesenen Herrscher und Heilgötter übersteigende Machttat hat sich Christus als der wahre „Heiland“ erwiesen. Die Christen warten nicht auf „das Erscheinen“ (epiphaneia) des Kaisers in einer Stadt, sondern auf das „Erscheinen der Herrlichkeit des großen Gottes und unseres Retters Christus Jesus“ (Tit 2, 13). Als Beisassen und Fremdlinge in dieser Welt erblicken die Christen ihr politisches Anwesen, ihre Bürgerschaft (politeuma) in den Himmeln, von wo sie auch „als Retter den Herrn Jesus Christus erwarten“ (Phil 3, 22), wie schon Paulus formulierte.

7. *Die Auseinandersetzung mit dem Glauben an Schicksalsmächte*

Stärker als der traditionelle Götterglaube bewegte die Menschen der hellenistischen Welt der Glaube an geheimnisvolle kosmische Mächte, vor allem in der Gestirnwelt. Diese würden, so meinten manche, den Lebenslauf und das Geschick eines jeden, Krankheit und schwere Schicksalsschläge bestimmen. Durch magische Praktiken und allerlei Vorsichtsmaßnahmen suchte man sich ängstlich vor den übermächtigen Gewalten zu schützen. Diese den Kosmos durchwaltenden Mächte, die ja auch in der jüdischen Apokalyptik, vor allem in Verbindung mit der Engellehre, eine Rolle spielen, sind überwiegend gemeint, wenn in den neutestamentlichen Briefen von „Mächten", „Gewalten", „Herrschaftsbereichen", „Herrschaften", „Thronen" die Rede ist. Deshalb versichert Paulus auch im Römerbrief: wie alle Arten von Leiden vermögen auch diese Mächte es nicht, uns zu „trennen von der Liebe Gottes, die in Christus Jesus, unserem Herrn (für uns wirksam geworden ist)" (Röm 8,35–39). Diese kosmischen Mächte hat auch der Philipperhymnus mit im Blick mit jener Dreiheit, die sich dem erhöhten Herrn, der ihre Herrschaft zerbrach, beugen muß (2,10f). An die Stelle der die Welt versklavenden Mächte ist der gottgleiche Herr als neuer und wahrer Kosmokrator getreten. Es fehlte nicht an christlichen Gruppen, die meinten, damit die Seele aufsteigen und an der göttlichen Fülle Anteil, das Heil erlangen kann, müsse man auch die die oberen Sphären beherrschenden Welt- und Engelmächte verehren. Ihnen gegenüber mußte warnend und tröstend versichert werden, daß diese angeblichen Elementarmächte durch Christus, in dem „allein wirklich die ganze Fülle Gottes wohnt", abgetan sind (Kol 2,8–15; Eph 1,20f)[5]. Die „Gewalten" und „Mächte" sind wie die „Engel" dem erhöhten Herrn unterworfen (1 Petr 3,22).

8. Die in den Mysterienkulten bekundete Erlösungssehnsucht

Die in den hellenistischen Städten weitergepflogene Götterverehrung in den öffentlichen Tempelkulten wie auch der als bürgerliche Pflichtübung verstandene Herrscherkult konnten der persönlichen Erlösungssehnsucht immer weniger genügen. Das bestätigen insonderheit die vielen Mysterienreligionen, die ein typisches Produkt des „Synkretismus", d.i. des religiösen Mischungsprozesses, der Spätantike waren.

a) Griechischen Ursprungs waren die berühmten Mysterien von Eleusis. Vor allem auch orientalische Kulte hatten sich sodann zu Mysterienreligionen entwickelt und waren immer stärker nach dem Westen vorgedrungen. Ein bezeichnender Ausdruck der tiefen Sehnsucht nach Befreiung von den bösen Schicksalsmächten und der Erlösung aus Leiden und Tod ist schon der Umstand, daß man sich in mehrere Kultgemeinschaften zugleich einweihen lassen konnte. Um möglichst sicher zu gehen, wollte man sich beispielsweise auch durch die Teilnahme am Kult des Mithras oder des Osiris, des Serapis und der Isis oder der Kybele und des Attis die „Rettung", das Heil (sotēria) sichern. „Mysterienkulte" heißen diese vielgestaltigen Religionsformen, weil ihre Mitglieder, die sich übrigens unterschiedslos aus allen Geschlechtern und Ständen zusammensetzten, Uneingeweihten gegenüber zu strengem Stillschweigen über die jeweilige Kulthandlung verpflichtet waren. Bei aller Verschiedenheit der einzelnen Kultmythen und der praktizierten Kulthandlungen knüpften diese Kulte an die allgemein-menschlichen und erdgegebenen Lebensvorgänge an. Das Vegetationserlebnis, die Elementargewalt des Geschlechtslebens und der Wechsel von Geburt und Tod kommen immer wieder zum Durchbruch, bisweilen sogar in rohen symbolischen Formen. Allen Kulten liegt derselbe Gedanke zugrunde: Im kultischen Drama erhält der Eingeweihte Anteil am Geschick der Gottheit und wird er mit göttlicher Lebenskraft erfüllt. In der Ekstase wird er jetzt schon vorübergehend in die Gottheit verwandelt, was seine Unsterblichkeit garantiert. Die hier gemeinte „Unsterblichkeit" (aphtharsia) war übrigens nicht gleichbedeutend mit dem Glauben, der Myste werde nach seinem Tod in unsterblicher Leibhaftigkeit auferstehen. Eindeutig ist der Ausdruck „Auferstehung" erst dort bezeugt, wo die alten Kirchenschriftsteller Christus den Mysteriengottheiten gegenüberstellten.

b) Man muß sowohl von einer positiven wie einer negativen Einflußnahme der weitverbreiteten Kultvorstellungen auf das frühe Christentum sprechen. Das in der alten Welt weitverbreitete Bild vom Anlegen eines Gewandes „wurde vor allem in den Mysterienreligionen zur Deutung des mit der Initiation bewirkten Geschehens verwendet. Durch die Überkleidung mit dem Gewand strömt göttliche Lebensmacht über, die der Myste an sich als physisch-substantielle Veränderung erfährt."[6] Darauf dürfte Paulus Bezug nehmen, wenn er Gal 3,27 schreibt: „Denn ihr alle, die ihr auf Christus getauft seid, habt Christus angezogen." Die in der Taufe geschenkte übernatürliche Lebenskraft, das „Pneuma", ist aber weder als magisch wirkende Kraftsubstanz noch als unverlierbarer Heilsbesitz verstanden. Der Getaufte „ist vielmehr in den Herrschaftsbereich Christi hineingestellt und darum zum Wandel im neuen Leben gerufen. Daher muß der Satz von Gal 3,27 mit der Aufforderung von Röm 13,14 zusammengesehen werden: ‚Zieht den Herrn Jesus Christus an'"[7]. Während das in der Taufe erfolgte „Anziehen" des Herrn Jesus Christus als Eingliederung in seinen „Leib" Befähigung und höchste Verpflichtung zu gemeinschaftlichem Verhalten impliziert, wird durch die Kulthandlung der Mysterien keine außerhalb des Kultaktes bestehende Lebensgemeinschaft begründet. Die Heilsbedeutung der Taufe wurde sodann schon in den vorpaulinischen hellenistischen Gemeinden als ein Mitsterben mit Christus bezeichnet (Röm 6,3f; vgl. Kol 2,20). Diese Formlierung läßt sich schwerlich ohne Anlehnung an die in verschiedenen Formen bezeugte Vorstellung, daß der Eingeweihte durch bestimmte Riten am Schicksal der sterbenden und wieder zum Leben kommenden Kultgottheit Anteil erhält, erklären. Aus dem Taufritus selbst war der Gedanke der Schicksalsgemeinschaft mit Christus ja nicht abzulesen. Wiederum handelt es sich freilich nur um die Verwendung einer verfügbaren Vorstellung für ein total anders verstandenes Heilsgeschehen, das nichts mit einer mythischen Gottheit zu tun hat, sondern im erlösenden Sterben und Auferstehen Jesu Christi begründet ist. Den Mysterienreligionen war ja auch der Gedanke an ein entsühnendes Sterben der Kultgottheit selbstverständlich völlig fremd. Durch die Verwendung jener Vorstellung wollte die

Verkündigung zu verstehen geben: erst die Taufe auf Christus vermittelt, was die Mysterienkulte nicht zu bewirken vermögen.

Wie schon angedeutet, konnten junge Gemeinden versucht sein, sich in Analogie zu den Kultvereinen zu verstehen und das Heil individualistisch zu interpretieren. So trafen wir bei der Gruppenbildung in Korinth auf die Meinung, der Getaufte stehe mit der Person des Täufers in einer festen, für sein Leben bedeutungsvollen Beziehung. In der gleichen Gemeinde war auch die von Mysterienkulten inspirierte Ansicht aufgekommen, die Taufe habe dem Christen eine unverlierbare Lebenskraft vermittelt, die ihn gegen einen möglichen Verlust des schon geschenkten Heils schütze. Die Ausführungen 1 Kor 11,27–34 scheinen sodann auch ein magisches Verständnis der Eucharistie seitens pneumatischer Individualisten im Blick zu haben. In dem schon erwähnten Kapitel 6 des Römerbriefes setzt sich der Apostel zugleich mit einem magischen Verständnis des Taufempfangs auseinander. Im Gegensatz zu einer enthusiastischen Bewertung der Taufe, die diese als Unterpfand bereits geschehener Auferstehung versteht, betont Paulus unsere noch ausstehende Auferweckung und die Forderung, sich „als solche anzusehen, die für die Sünde tot sind, aber für Gott leben in Christus Jesus, unserem Herrn" (Röm 6,11).

9. Das Welt- und Erlösungsverständnis der „Gnosis"

Noch größere Bedeutung als die Mysterienkulte gewann nach und nach eine aus sehr unterschiedlichen (iranischen, ägyptischen, alttestamentlich-jüdischen, philosophischen) Quellen gespeiste weitverzweigte Erlösungsbewegung der Spätantike, die vor allem die Religion der aufgeklärteren Schichten des Hellenismus wurde und auch auf die Mysterienkulte eingewirkt hat.

a) „Gnōsis" = „Erkenntnis" heißt dieser schon vorchristliche Entwurf eines Welt- und Selbstverständnisses, weil der

Mensch ihm zufolge nur durch die Erkenntnis seines ursprünglichen Wesens zum Lebensziel seines „Ich", nämlich zur Rückkehr in die göttliche Lichtsphäre, kommen kann. Grundlegend für gnostisches Denken war der radikale Dualismus zwischen dieser wesenhaften bösen materiellen Welt und der oberen göttlichen Lichtsphäre. Aus dieser sind Teile in die unteren Bereiche herabgesunken und werden nun im materiellen Diesseits, das von der Finsternis beherrscht ist, gefangengehalten. Die Welt kann somit nicht als Schöpfung Gottes gelten. Die Gnosis fordert deshalb Entweltlichung. Diese kann sich sowohl als strenge Askese und Weltverachtung, aber auch als höchst freiheitliche, „libertinistische" Lebensführung auswirken, weil Genüsse der materiellen Welt dem eigentlichen Ich, dem im Menschen schlummernden Lichtteil, nichts anhaben können. Erlösung kann es nur dadurch geben, daß das eigentliche Selbst des Menschen, das ein Teil der oberen Lichtsphäre ist, in diese wieder aufsteigt. „Während in der Weihe, die die Mysterienreligionen vollziehen, dem Menschen vergottende Kraft widerfährt, die ihm Unsterblichkeit vermittelt, bedeutet die Wiedergeburt nach gnostischem Verständnis Wiederherstellung des ursprünglichen Zustandes. Es wird dem Menschen also nicht wie in den Mysterien eine Heilsgabe zuteil, die ihm etwas grundsätzlich Neues übereignet, sondern er wird zurückgeführt zu dem, was er ursprünglich war und was in Verborgenheit auch immer in ihm fortbestanden hat. Damit das geschehen kann, muß der Mensch aus Schlaf und Trunkenheit wachgerüttelt werden und muß er sich darüber klar werden, daß die Welt ihm fremd ist. Diese Erkenntnis kommt dem Menschen durch den Ruf zu, der ihn als göttliche Offenbarung trifft."[8]

b) Umstritten ist bis heute die Frage, ob die vor- und außerchristliche Gnosis schon einen aus der göttlichen Lichtsphäre herabkommenden Gesandten kannte, der durch die Überbringung des offenbarenden Rufes die Menschen zur Erkenntnis ihres Woher und Wohin bringt und als Prototyp des erlösungsbedürftigen Menschen wieder aufsteigt in die obere Welt.

Diese Frage mußte schon deshalb interessieren, weil die Vorstellung vom Abstieg und Wiederaufstieg des Erlösers, die besonders für die Christologie des Johannesevangeliums kennzeichnend ist, im Judentum nicht nachweisbar ist. Den älteren synoptischen Evangelien zufolge sprach Jesus sehr wohl von seiner göttlichen Sendung. Er beanspruchte für sich eine Gottunmittelbarkeit absoluter Art. Er sagte aber nicht, er sei vom Himmel herabgekommen, was sinnvollerweise auch nicht zu erwarten ist. Die Vorstellung von einem personalen Offenbarer und Erlöser, die für die später ausgebildeten christlich-gnostischen Systeme selbstverständlich ist, läßt sich für die vorchristliche Gnosis literarisch nicht belegen. Sie ist höchst wahrscheinlich erst der Christusoffenbarung verdankt [9].

c) Weil es nur sehr wenige literarische Zeugnisse vorchristlicher Gnosis gibt und man für die Rekonstruktion ihrer Entwicklung stark auf nachneutestamentliches Quellenmaterial angewiesen ist, wird die Frage „Gnosis und anfängliches Christentum" noch sehr kontrovers beantwortet [10]. Das ist beispielsweise auch bei dem schon genannten vorpaulinischen Christushymnus Phil 2,6–11 der Fall, der möglicherweise die älteste uns bekannte Aussage von der Präexistenz und Menschwerdung Christi ist. Soweit mit der Existenz einer gnostischen Offenbarer- und Erlösergestalt gerechnet und diese zur Erklärung des Hymnus in Betracht gezogen wird, kommen sehr unterschiedliche Wertungen zu Wort. So votiert beispielsweise W. G. Kümmel, die hellenistische Christenheit müsse „die Vorstellung vom himmlischen Gesandten als Ausdrucksform für ihren Glauben an die rettende Wirksamkeit Gottes in Jesus Christus schon in vorpaulinischer Zeit aufgenommen und mit der hellenistisch-jüdischen Weisheitsspekulation verbunden haben. Mit der Aufnahme dieser Vorstellungen schufen sich die hellenistischen Christen die Möglichkeit, die Heilstat Gottes in Christus wirklich als Heilstat *Gottes* in Christus zu beschreiben, und die großen urchristlichen Theologen zeigen deutlich die Einwirkung dieser hellenistischen Vorstellung (besonders Paulus, die Verfasser der Johannesschriften, des Hebräerbriefs und des Epheserbriefs)."[11] Andere Autoren, die zugleich das gut biblisch-jüdische Schema von der Erniedrigung und Erhöhung des Gerechten als eine strukturbildende Hintergrundvorstellung des Christusliedes heranziehen, heben in erster Linie auf den unbestreitbar wesentlichen Unterschied ab: Die Erscheinung des Offenbarers erfüllte sich unserem Hymnus zufolge „in einem konkreten menschlichen Leben", in einem individuellen Einzelschicksal. „Für den christlichen Dichter ist der Präexistente nicht Prototyp des erlösungsbedürftigen Menschen, weder salvator salvatus [= erlöster Erlöser] noch salvandus [= ein zu erlösender]." Das sei „ein ernst zu nehmendes Argument gegen die Anlehnung an die Anthroposvorstellung"[12].

d) Insgesamt gilt es indes als sicher, daß gnostische bzw. jüdisch-gnostische Vorstellungselemente schon in neutestamentlicher Zeit wirksam geworden sind. Mit gnostischen Denkansätzen mußte sich Paulus möglicherweise schon im 1. Kor-Brief auseinandersetzen (s. o. Kap. IV, 4 b; 5). Die späteren Pastoralbriefe sprechen sodann ausdrücklich von „Irrlehrern" in den Gemeinden. Sie richten sich gegen Vertreter einer zum Teil auch judenchristlich bestimmten Gnosis, die sich für ihre „falschen Lehren" auf „die sogenannte Erkenntnis" berufen (1 Tim 6, 20), durch die sie in die Geheimnisse der oberen Welt eindringen würden. Aufgrund ihrer Materiefeindlichkeit verwerfen diese Irrlehrer die Ehe und bestimmte Speisen (1 Tim 4, 3). Sie behaupten, ihre Auferstehung sei bereits geschehen (2 Tim 2, 18) und verführen zu gnostisch inspirierten Praktiken im Gottesdienst (s. o. Kap. VI 14). Gnostischen Libertinismus vertreten wohl auch jene Irrlehrer, denen der Judasbrief vorwirft, sie würden durch Unzucht ihr Fleisch beflecken, über alles, was sie nicht kennen, lästern und nach ihrem gottlosen sinnlichen Begehren wandeln (Jud 8.10.18); sie wollen „Pneumatiker" sein, seien aber in Wirklichkeit „Psychiker" (19), weshalb die Adressaten zum Kampf „für den überlieferten Glauben, der den Heiligen ein für allemal anvertraut ist", aufgefordert werden (3 b). Auch die Verspottung des Glaubens an die Parusie Christi durch die im 2. Petr-Brief bekämpften libertinistischen Irrlehrer könnte letztlich in gnostischem Denken begründet sein, das eine noch ausstehende Auferstehung wie auch ein über endgültiges Heil und Unheil entscheidendes Endgericht nicht anerkennen will. Das ist der Standpunkt der Gnostiker des zweiten Jahrhunderts n. Chr., die die Parusie Christi bekämpften und spiritualisierend umdeuteten. Gegen die Verfälschung des christlichen Freiheitsverständnisses durch gnostischen Litertinismus mußte schon zuvor der Verfasser der Apokalypse angehen. Die verabscheute Lehre der „Nikolaiten" (2, 6.16) war der Sache nach wohl identisch mit der als „Lehre Bileams" (2, 14) geächteten Irrlehre der Prophetin „Isebel" (2, 20–23). Ihre Parteigänger, die „die Tiefen des Satans" erkannt haben wollen und deshalb Kompromisse mit der Denk- und Lebensweise der heidnischen Umwelt schlossen, propagierten allem nach die Auffassung, die Huldigung vor dem Bild des Kaisers sei eine weltliche konventionelle Geste, die das eigentliche „Ich" des Christen nicht berühre.

e) Gegen die gnostische Bestreitung der Erschaffung der vorfindlichen Welt durch Gott sowie der wahren Menschwerdung Christi setzen sich vor allem die johanneischen Schriften zur Wehr. Alles ist durch „den Logos" (das personale Wort Gottes) geschaffen worden; und dieses Wort „ist Fleisch geworden und hat unter uns gewohnt ..." (Joh 1, 1–3.14). „Finsternis" ist diese Welt also nicht deshalb, weil aus der göttlichen Lichtsphäre Lichtfunken in die Materie herabgesunken seien und in dieser festgehalten würden, sondern weil die von Sünde und Unglaube bestimmte Menschenwelt „das wahre Licht", das in Christus in die Welt kam, nicht erkannte und nicht angenommen hat (1, 4–6.9–11). Das Johannesevangelium scheint z. T. bewußt vorchristliche gnostische Sprache aufgenommen zu haben, um sie in betont antignostischem Sinne zu verwenden und dadurch zu unterstreichen, daß Jesus Chrsitus der einzig wahre Offenbarer und Heilbringer ist. Dem 1. Joh-Brief zufolge war die Gnosis sichtlich zu einer Bewegung herangewachsen, die eine starke und gefährliche Lebenskraft entfaltete. Die als „Antichristen" bezeichneten Irrlehrer, die bereits aus der Kirche ausgeschieden sind, treffen das Herzstück der Christologie. Sie nehmen einzigartige pneumatische Erfahrungen für sich in Anspruch. Sie sprechen zwar auch von Jesus als „dem Sohn Gottes"; sie bestreiten aber, daß er als „der Sohn Gottes" voll Mensch geworden ist (4,2), dessen Erdenwirken mit seiner Taufe begann und mit seinem Tode abschloß (5,6). Sie bestritten damit auch die sühnende Kraft des Kreuzestodes. Ihrer Behauptung, Jesus könne sich als der Sohn Gottes nicht mit der Materie verbunden und schon gar nicht den Kreuzestod erlitten haben, stellt der Verfasser betont antignostische Bekenntnisformulierungen entgegen: „Daran erkennt ihr den Geist Gottes: Jeder Geist, der bekennt, Jesus Christus ist im Fleisch gekommen, ist aus Gott. Und jeder Geist, der Jesus nicht bekennt, ist nicht aus Gott. Das ist der Geist des Antichrist, über den ihr gehört habt, daß er kommt. Jetzt schon ist er in der Welt" (4,2–3).

Die damalige Weltreligion der Gnosis war nach dem schon bald überwundenen „Judaismus" zweifellos die gefährlichste Bedrohung des Christusglaubens, der sich die Verkündigung vor allem in nachapostolischer Zeit erwehren mußte.

10. Die Einstellung gegenüber obrigkeitlichen Gewalten

Eine vordringliche Erscheinungsform auch der damaligen Welt waren obrigkeitliche Gewalten. Die Autoren der neutestamentlichen Zeit bewegten sich auch hier auf der Linie Jesu.

a) Ein unmittelbares Programm für die Gestaltung der innerstaatlichen wie auch der zwischenstaatlichen Ordnung ist aus dem Munde Jesu nicht zu erwarten. Einmal weil das eigentliche Gegenüber seiner Gottesreichbotschaft nicht die römische Oberherrschaft oder überhaupt obrigkeitliche Institutionen sind, sondern die Macht des Bösen in der Welt. Deshalb fordert Jesus den radikalen Kampf gegen die Sünde auf allen Ebenen. Die alternative Gesellschaft muß ihm zufolge „unten" beginnen: damit, daß jeder einzelne sich auf den von ihm verkündeten Heils- und Heiligkeitswillen Gottes einläßt. Deshalb erblickt er in der Forderung der Bezahlung der Kopfsteuer an den heidnischen Kaiser kein Hindernis für die ungleich größere und einzig entscheidende Forderung, auf das von ihm verkündete Heilsangebot Gottes einzugehen (Mk 12, 13–17). Aus dem Munde Jesu ist sodann keine Äußerung zu erwarten, die seiner Forderung sofortiger und bleibender Umkehr die Dringlichkeit genommen hätte. Das wäre aber der Fall gewesen, wenn er ein Programm der Weltregierung oder dergleichen entwickelt hätte. Im Horizont der Gottesreichverkündigung Jesu wie der urchristlichen Naherwartung können obrigkeitliche Gewalten wie alles Irdische freilich nur mehr vorübergehenden, provisorischen Charakter haben, nämlich für die Dauer der Weltzeit. Jesus hat sehr wohl den Mißbrauch der Macht durch Herrscher und Große dieser Welt verurteilt (Mk 10, 42 f), wobei er sicher auch Vertreter der römischen Oberherrschaft im Auge hatte. Von einer prinzipiellen Ablehnung derselben kann aber nicht die Rede sein, auch nicht angesichts seiner Verurteilung durch den römischen Statthalter. Es läßt sich nicht im geringsten begründen, Jesus habe für die Dauer dieses Äons die innerstaatliche Zwangs- und Strafgewalt als solche, die jüdische wie die römische, als dem Willen Gottes widersprechende, somit sündhafte Institution beurteilt. Trotz seiner Verschärfung des Gebotes „Du sollst nicht töten" und auch trotz seiner Kritik an jüdischer Gesetzesauslegung fehlt jeder Anhaltspunkt für die Annahme, Jesus habe das Jerusalemer Synedrium als oberste Instanz etwa je aufgefordert, auf die Bestrafung von Unrechttaten und auf gerichtliche Rechtnahme zu verzichten.

b) Die Instutionen obrigkeitlicher Macht, römische und jüdische, wurden auch in der Urkirche nicht prinzipiell in Frage gestellt. Die ausdrücklichste Stellungnahme zum staatlichen Gewaltmonopol findet sich in Pauli Brief an die römische Gemeinde (Röm 13, 1–7). Der Apostel legitimiert die Gehorsamspflicht gegenüber den römischen Behörden (Zahlung direkter und indirekter Steuern) sowie die staatliche Strafgewalt zum Schutz des Lebens und der Lebensrechte der einzelnen als göttliches Mandat, bekanntlich bis hin zur Verhängung der Todesstrafe. Die grundsätzliche Bedeutung dieser Aussage läßt sich schwerlich wegexegesieren [13], so sehr man sicher zugeben darf, daß Paulus das Gerichtsschwert nicht erwähnt hätte, wenn die Römer die Todesstrafe nicht gekannt hätten. Andererseits hätte er das Polizei- und Gerichtsschwert ja gar nicht zu erwähnen brauchen, so ihm in diesem Zusammenhang an der Ablehnung der Todesstrafe gelegen hätte. Daß die staatliche Obrigkeit, und zwar in diesem Fall eine heidnische, zur Abwehr des Bösen auch physische Gegengewalt anwendet, ist für den Apostel natürlich eine Folge faktischer Verbrechen, faktischen Sündigens, in sich selbst aber nicht Sünde, kein Akt sündhafter menschlicher Selbstbehauptung. Bei allem missionarischen Eros für das neue Ethos seines Herrn hat auch er die reale Situation einer sündverfallenen Menschheit seiner Tage nicht aus dem Auge verloren. Man würde die Intention des Apostels indes sicher überfordern mit der Behauptung, seiner Auffassung nach sei der römische Staat sogar zur Verhängung der gerichtlichen Todesstrafe verpflichtet. Und erst recht liegt es ihm fern, einem den innerstaatlichen Frieden verhindernden Mißbrauch obrigkeitlicher Gewalt das Wort zu reden, wie es für totalitäre Systeme und Diktaturen in aller Welt kennzeichnend ist. Obwohl Paulus selbst auch von Konfliktsituationen wußte, bringt er den Mißbrauch staatlicher Zwangsgewalt durch römische Vollzugsorgane nicht zur Sprache. Das werden wir in erster Linie der pragmatischen Zielsetzung seiner Mahnung an die Christen Roms zugute halten müssen. Dazu ist auch hier zu bedenken: Voll verständlich wird seine uneingeschränkte Gehorsamsforderung aus der nachfolgend bekundeten angespannten Naherwartung (13,11–14), was er ja auch mit Phil 3,20 bestätigt: „Unser (eigentliches) Staatswesen (Bürgerschaft) ist in den Himmeln, von dorther erwarten wir auch als Retter den Herrn Jesus Christus ..."

c) Etwas anders akzentuiert ist die Gehorsamsforderung

freilich in jüngeren Schriften wie dem 1. Petr-Brief, in denen sich Feindseligkeiten staatlicher Organe anzeigen. Aus der Verwendung des schon jüdischen Decknamens „Babylon" für Rom in 1 Petr 5, 13 ist doch wohl eine negative Wertung der Regierungshauptstadt herauszuhören. Von einer göttlichen Legitimation der staatlichen Autoritäten ist hier nicht die Rede, jedenfalls nicht ausdrücklich. Die Adressaten werden aufgefordert, „um des Herrn willen" sich jeder menschlichen Obrigkeit zu unterwerfen und den Repräsentanten des Staates Gehorsam und Ehrfurcht zu erweisen (1 Petr 2, 13–17; Tit 3, 1). Die Christen sollen beten „für alle Menschen, für die Herrscher und für alle, die Macht ausüben, damit wir in aller Frömmigkeit und Rechtschaffenheit ungestört und ruhig leben können" (1 Tim 2, 2).

Wo die Forderung der Obrigkeit dem Anspruch Gottes und Christi als des Herrn widerstreitet, ist freilich die Verweigerung des Gehorsams geboten (Apg 4, 19 f; 5, 29–32), ja passiver Widerstand bis zum Erleiden des Zeugentodes verlangt. So in der Situation der Apokalypse, die sich am Ende des ersten Jahrhunderts einer satanischen Pervertierung der Regierungsgewalt, nämlich durch die Forderung des Kaiserkults, gegenübersah und von ihrer aktuellen Zielsetzung her einen Ausspruch der grundsätzlichen Anerkennung der römischen Staatsmacht bzw. ihrer konkreten Behörden nicht erwarten läßt. Für das Neue Testament insgesamt „ist der Staat als solcher weder eine satanische noch eine göttliche Macht, und die Stellung des Christen zu ihm ist deshalb weder prinzipielle Illoyalität und Opposition noch grundsätzliche Sanktionierung und vorbehaltlose Unterwerfung."[14]

d) Erwähnenswert sind in diesem Zusammenhang zwei Beispiele für die Inanspruchnahme römischer Rechtsprechung. Um dem Jerusalemer Synedrium zu entgehen, legte Paulus als „römischer Bürger" vor dem Statthalter Festus Berufung an den Kaiser ein (Apg 25, 9–11). Damit akzeptierte er demonstrativ den römischen Rechtsschutz. Das Gegenbeispiel ist seine Stellungnahme zum Prozeßfall von 1 Kor 6, 1–8. In Korinth hatte ein Christ einen Mitchristen wegen des Streites um offenbar materielle Werte vor das weltliche, also heidnische Gericht gezogen, was Paulus verurteilt. Mißt Paulus also doch mit zweierlei Maß? Das kann man kaum behaupten. In seinem Fall stand seine Aufgabe und weitere Wirkmöglichkeit als apostolischer Christusbotschafter auf dem Spiel. Schon zuvor hatte er ja den Entschluß gefaßt, mit Hilfe der römischen Christengemeinde die Spanienmission in Angriff zu nehmen.

In Korinth stritt hingegen ein Christ um eine alltägliche Vermögens- oder Erbschaftsangelegenheit. Die Stellungnahme des Apostels verrät eine unleugbare Problematik. Die eigentlich ideal-christliche Lösung, auf die er eindeutig zusteuert, wäre für ihn der völlige Verzicht auf Rechtnahme, also lieber Unrecht zu leiden. Trotzdem läßt er der Gemeinde auch die Wahl, zur Beilegung des Rechtsstreites nach bereits jüdischer Praxis ein innergemeindliches Schiedsgericht entscheiden zu lassen. Er fordert somit keineswegs den prinzipiellen Verzicht auf Rechtnahme als einzige Möglichkeit der Konfliktlösung. Warum eigentlich? Warum verzichtet er auf die ausschließliche Forderung, lieber Unrecht zu erleiden und sich ausrauben zu lassen (6,7), obwohl er sich wahrhaftig nicht geniert, klare Entscheidungen zu treffen – gerade auch, wenn es darum geht, daß das Grundgebot der Liebe das gegenseitige Verhalten der Gemeindeglieder regeln soll? Weil er die Folgen im Auge hat, die das grundsätzliche Hingehenlassen von Unrechttaten für das weitere Zusammenleben der Gemeinde haben kann, daß es sich nämlich als Anreiz zur Prolongation von Unrecht auswirkt? Diese Erwägung läßt sich sogar am ehesten als eigentlicher Grund für das Zugeständnis eines Schiedsgerichts wahrscheinlich machen. Man mag hier fragen, ob der Apostel damit zugleich einen positiven Beleg dafür liefert, daß Jesu Höchstforderungen der Feindesliebe, konkret hier die Mahnung, auf die Zurückgabe des von einem anderen geforderten bzw. weggenommenen Gutes zu verzichten, auch urchristlich nicht als formal gesetzliche, in jeder Situation buchstäblich zu befolgende Verhaltensregel verstanden wurde. Die Bejahung dieser Folgerung hängt freilich ab von der nicht sicher zu beantwortenden Frage, ob und inwieweit Paulus diesbezügliche Einzelworte Jesu kannte. Dafür könnte immerhin die Maxime von Röm 12,21 sprechen: „Laß dich nicht vom Bösen besiegen, sondern besiege das Böse durch das Gute", was zweifellos Jesu eigener Maxime, den in der Welt herrschenden Gewaltautomatismus durch provozierendes liebevolles Entgegenkommen zu überwinden, entspricht. Wie dem auch sei, die Stellungnahme Pauli hatte ihr Wirkungsgeschichte. „Die Forderung einer innergemeindlichen Schiedsgerichtsbarkeit hat eine sehr starke Nachwirkung a conto der Sogwirkung der Macht des Reichtums und der Zivilisationsgüter da und dort gehabt, bis hin zur Ausbildung des kanonischen Rechts und der geistlichen Gerichtshöfe des Mittelalters, aber auch bis zur völligen Ablehnung der weltlichen Justiz in Freikirchen und Sekten"[15].

II. Politisches, insbesondere gesellschaftspolitisches Engagement der Christen?

Fast überflüssig ist die Frage nach einer politischen Betätigung der Christen. Diese Frage hat sich in neutestamentlicher Zeit noch nicht gestellt. Die ersten Christen sind der neueren Forschung zufolge zwar nicht nur in den unteren Bevölkerungsschichten der hellenistischen Städte zu lokalisieren. Sie stellten einen Querschnitt der Gesamtgesellschaft dar. Als typische Schichten können freie Handwerker und kleine Händler gelten, kaum aber Vertreter der imperialen Oberschicht. Selbst um die Jahrhundertwende machten die Christen noch kein ganzes Prozent der Reichsbevölkerung aus. Als verschwindende Minderheiten konnten die Christengemeinden nicht einmal auf das Leben und die Lokalpolitik ihrer Städte Einfluß gewinnen. Eher kam es mit der Zeit zu umgekehrter Einflußnahme. Christengemeinden konnten vom wirtschaftlichen Wohlstand einer Stadt profitieren und in ihrer materiellen Selbstzufriedenheit sich über ihren erbärmlichen religiösen Zustand hinwegtäuschen. Das muß der Verfasser der Apokalypse in schonungsloser Offenheit zum Beispiel der Christengemeinde der Stadt Laodizea vorwerfen, die mit ihrer Textilindustrie sowie ihrem Bank- und Geldwesen als eine der reichsten Städte der alten Welt galt. Das römische Kaiserreich war sodann alles andere als ein moderner demokratischer Rechtsstaat, der sich zum Grundsatz der Menschenrechte bekennt und seinen Bürgern eine Teilnahme am politischen Entscheidungsprozeß einräumt, von der ein Apostel Paulus und alle anderen neutestamentlichen Zeugen nicht einmal hätten träumen können.

Das ist auch zu bedenken gegenüber einem gern beklagten Defizit urchristlicher Ethik. Das Millionenheer von Sklaven und Sklavinnen war eine absolut existenzkonstitutive Einrichtung der mediterranen Welt. In Christus gibt es „nicht mehr Sklaven und Freie", hatte aber doch Paulus als christliches Manifest verkündet (Gal 3,28). Hätte sich ein so engagierter und unerschrockener Apostel Jesu Christi dann nicht doch in aller Öffentlichkeit für die Abschaffung des Sklavenstandes einsetzen müssen? Diese ebenso aussichtslose wie revolutionäre Forderung hätte jedenfalls das rasche Ende seines Auftrages als Heidenmissionar bedeutet. Es war nicht nur die völlige politische Ohnmacht und Aussichtslosigkeit, die diese gesellschaftspolitische Forderung des Apostels nicht erwarten läßt. Wieder einmal ist an seine lebhafte Hoffnung zu erinnern, Christus als der wahre Weltenherr werde bald zu Gericht und Heilsvollendung offenbar werden. In diesem Erwartungshorizont konnte die herrschende wirtschaftliche und gesellschaftliche Struktur der Umwelt nur mehr von sehr relativem Belang sein. Der Apostel hat deshalb auch hier unmittelbar die einzelnen Christengemeinden als den Ort und Raum im Blick, in denen die Christusgemeinschaft das neue Verhältnis von Freien und Sklaven bestimmen soll. Darum ging es Paulus schon 1 Kor 7,20–21 wie in seinem späteren, glücklicherweise uns erhaltenen kurzen Brief an eine Privatperson, nämlich an den Hausherrn Philemon.

Mit die peinlichste Manifestation der Staatsgewalt ist die militärische Gewaltanwendung, die Jesus und den neutestamentlichen Zeugen nicht nur aus der Geschichte Israels wohlbekannt war. Aufstände innerhalb des römischen Vielvölkerstaats und Kriege an den Grenzen des Reiches waren an der Tagesordnung. Zumal die Ostgrenze war fast ständig bedroht durch die gefährlichen Partherheere, wie auch unsere Apokalypse zu Ende des Jahrhunderts durchblicken läßt.

a) Insgesamt zeichnet das Neue Testament ein erstaunlich positives Bild vom Soldatenstand. Derselbe wird auch nicht andeutend als den Frieden störender oder verhindernder Faktor beurteilt. Dabei ist freilich auch zu berücksichtigen, daß der römische (Berufs-)Soldat Polizei- und Militärdienst in einer Person vereinigte. Die Rüstung des schwerbewaffneten Kriegers wird sogar als Bild für den Kampf des Christen gegen die Sünde verwendet. Weder im Falle des römischen Hauptmanns Kornelius noch sonstwo begegnet etwa die Forderung, nach Empfang der Taufe den Soldatenberuf aufzugeben. Aus alldem ist indes noch keine grundsätzliche Stellungnahme zur schrecklichen Menschheitsplage des Krieges abzuleiten, der freilich schon bei den damaligen primitiven Kampfmitteln auf die Schädigung und Vernichtung von Menschenleben angelegt war.

b) Von militärischer Gewaltanwendung und Kriegen ist im Neuen Testament mehrfach und fast verwirrend unterschiedlich die Rede. Man muß schon den einen und anderen Belegtext auf seine Aussageintention hin befragen, um nicht allzu kurzschlüssigen Folgerungen zu erliegen. Das ist auch deshalb angebracht, weil wir angesichts der furchtbaren militärischen Vernichtungspotentiale von heute auf das Wort „Krieg" nur äußerst allergisch reagieren können.

Fürs erste mag den Leser die Unbefangenheit überraschen, mit der in einigen Texten von Kriegführen gesprochen wird. So in Jesu Beispielerzählung von zwei kriegführenden Königen: „Wenn ein König gegen einen anderen in den Krieg zieht, setzt er sich dann nicht zuerst hin und überlegt, ob er sich mit seinen 10000 Mann dem entgegenstellen kann, der mit 20000 gegen ihn anrückt? Kann er es nicht, dann schickt er eine Gesandtschaft, solange der andere noch weit weg ist, und bittet um Frieden" (Lk 14,31 f). Die Situation ist klar. Das Gleichnis setzt den einen König als Aggressor voraus, der in das Reich des anderen eingefallen ist, um sich dessen Land und Leute zu bemächtigen. Es handelt sich also eindeutig um einen rechtswidrigen Angriff. Das Recht, in dieser Notsituation militärischen Widerstand zu leisten, steht für den angegriffenen König außer Frage. Wenn er auf Abwehr verzichtet und sich entschließt, mit dem Kriegsgegner Friedensbedingungen auszuhandeln, tut er das keineswegs, weil er sich zum Prinzip grundsätzlichen Gewaltverzichts bekennen würde. Er will den Angreifer ausschließlich deshalb um Frieden bitten, weil er wegen des ungleichen Kräfteverhältnisses keine Aussicht sieht, durch kriegerischen Einsatz das Unrecht abzuwehren. Das ist sichtlich die Argumentation des Gleichnisses, wie es dasteht: die Argumentation seiner „Bildhälfte", wie die Exegeten das nennen. Will Jesus dann also lehren: Einem rechtswidrig erfolgten Angriff darf mit kriegerischer Gegengewalt begegnet werden, wenn die sichere oder doch begründete Aussicht besteht, daß das angestrebte Ziel auch erreicht wird, daß nämlich durch das Übel Krieg nicht ein noch größeres Übel für Land und Leute heraufbeschworen wird? Diese prinzipielle Folgerung übersteigt bereits den Aussagewillen unserer Sätze, die ja, wohlgemerkt, ein Gleichnis sind. Mit dem Beispiel aus der Kriegführung will Jesus illustrieren, wie die Kinder dieser Welt in ihren existentiellen Belangen und Aufgaben überlegt zu entscheiden und zu handeln wissen, ohne auf die sittliche Beurteilung des Weltphänomens Kriegführung abzuzielen. Im Kontext seines Wirkens wollte Jesus sagen: Wer sich mir als Jünger anschließen will, muß sich gut überlegen, was er damit auf sich nimmt. Eine ausdrückliche Billigung des grundsätzlichen Rechts auf Selbstverteidigung gegenüber einem rechtswidrigen Angriff muß bereits als Überforderung des Aussagewillens des Gleichnisses gelten.

Ein völlig anders geartetes Beispiel ist die Vision der Apokalypse von der sogenannten „Messiasschlacht" (19, 11–21). Johannes veranschaulicht das Endgericht, das den sich selbst vergottenden Kaiser Domitian (= „das Tier") und die Akteure des Kaiserkults (= seinen „falschen Propheten") treffen wird, mittels des altbiblischen Bildes vom kriegführenden Jahwe. Das Bild vom „kriegführenden" Messias hat mit einem innergeschichtlichen materiellen Waffengang selbstverständlich so wenig zu tun wie etwa die nachfolgende Vision von dem über den Teufel als hintergründigen Verführer ergehenden Endgericht (20, 7–10). Sinn und Funktion dieser apokalyptischen Bildsprache wäre deshalb verkannt, wenn man aus der Vision von der „Messiasschlacht" die grundsätzliche Rechtfertigung militärischer Gewaltanwendung, etwa zur Erkämpfung der Religionsfreiheit, herauslesen wollte.

Das Neue Testament gibt aber auch zu verstehen, daß Kriege, wie sie damals geführt werden konnten, schreckliche lebensfeindliche Übel darstellen. Die jüdische Apokalyptik kannte den Gemeinplatz von den sogenannten messianischen „Wehen" (Geburtswehen), die dem Endgericht und damit dem Ende der Geschichte voraufgehen und dieses Ende anzeigen würden. Zu diesen moralische Übel und physische Katastrophen umfassenden „Wehen" zählten auch Aufstände und Kriege, Völkerkrieg und Bürgerkrieg. Diese apokalyptische Vorstellung kommt bereits in der sogenannten eschatologischen Rede Mk 13par und in der neutestamentlichen Apokalypse (besonders 6, 1–8) zur Verwendung. Wiederum kommt es auf die Funktion dieser Verwendung an. Im Hinblick auf die paränetische Ausrichtung kann von der Absicht, diese apokalyptische Vorstellung von den eschatologischen Wehen sozusagen zu dogmatisieren, nicht entfernt die Rede sein. Es wurde schon, freilich nicht von Exegeten, die Meinung geäußert, ein alles Bisherige überbietender Vernichtungskrieg ohnegleichen könne möglicherweise deshalb nicht verhindert werden, weil er das von Gott bestimmte Vorzeichen des bevorstehenden Weltgerichts sein könne. Das ist exegetisch nicht zu rechtfertigen. Ich kann nur betonen: daß es aufgrund des Weltplanes Gottes bis zur Parusie Christi, bis zur vollen Verwirklichung der Gottesherrschaft, von den Menschen gar nicht abwendbare Kriege in dieser Welt geben werde, ist eine neutestamentlich nicht zu begründende Behauptung.

Nicht übergehen kann ich die neutestamentlichen Reflexe eines konkreten Falles militärischer Gewaltanwendung, nämlich des jüdisch-römischen Krieges (66–70 n. Chr.). Das vordergründige geschichtliche Handeln – wer, wer allein oder wer mehr verursacht bzw. verschuldet hat, daß es zu diesem Krieg kam, ob der galiläische Aufstand der Zeloten oder die Römer und deren Statthalter – bleibt bezeichnenderweise außer acht. Der für Israel katastrophale Ausgang des Krieges wird nicht etwa wegen des jüdischen Aufstandes gegen Rom als über Israel ergehendes Strafgericht beurteilt, sondern wegen der Ablehnung des Heilsangebotes Jesu und der nachösterlichen Christusbotschaft durch Israel. Höchstwahrscheinlich stammt dieses im Lukas- und Matthäusevangelium begegnende Strafgerichtsurteil aus den Jahren und Jahrzehnten nach der jüdischen Niederlage des Jahres 70. Sicher gilt das von der matthäischen Neufassung des Gleichnisses vom Festmahl. Diese machte aus dem einladenden Privatmann (Lk 14, 15–24) einen König, der zum Hochzeitsmahl seines Sohnes einlädt (Mt 22, 1–14) und sein Heer ausschickt, um die Mörder seiner Diener töten und ihre Stadt – gemeint ist Jerusalem – in Schutt und Asche legen zu lassen (Mt 22, 7). Auch aus diesen Aussagen läßt sich selbstverständlich keine prinzipielle Stellungnahme zum Phänomen Krieg ableiten. Es handelt sich speziell beim Einschub Mt 22, 7 um ein massives Beispiel situationsbedingter Polemik und Apologetik der christlichen Minderheit im palästinanahen Raum, die auf einen groben Klotz einen ebenso groben Keil setzte. Auch dies darf nicht kommentarlos stehen bleiben. Nach gesamtbiblischer Glaubensüberzeugung kann Gott sehr wohl auch ganz und gar von Menschen zu verantwortende Unternehmungen, einschließlich ihrer Kriege, seinen Zielen dienstbar machen. Wir Menschen müssen uns aber davor hüten, nach dem Beispiel jener situationsbedingten Polemik im Einzelfall der Vorsehung Gottes in die Karten sehen zu wollen. Denn es ist ebenso gesamtbiblische Überzeugung, daß die Absicht und der Willensentschluß göttlichen Handelns menschlicher Verfügung absolut entzogen ist.

c) Ich muß es hier bei der Feststellung eines anderswo begründeten Gesamtergebnisses belassen. Das Thema „militärische Gewaltanwendung und Völkerfrieden" wurde von Jesus und den neutestamentlichen Zeugen als ethische Grundsatzfrage nicht aufgeworfen und reflektiert, was aus mehreren äußeren und inneren Gründen voll verständlich wird[16]. Das grundsätzliche moralische Recht, in einer sonst nicht abwendbaren Notsituation sich gegenüber einem von außen erfolgenden rechtswidrigen Angriff auf den Lebensraum und die Lebensrechte seiner Bewohner mit militärischer Gewalt zur Wehr zu setzen, wird im Neuen Testament einem Staatswesen somit weder zugesprochen noch abgesprochen. Was hier freilich doch angedeutet sei: Vom Standpunkt des Ethos Jesu und der neutestamentlichen Zeugen ist ein auf gewaltsame Eroberung und Unterjochung ausgerichtetes militärisches Unternehmen selbstverständlich ein schweres Unrecht, nämlich eine Sünde. Es ist nun einmal die brutale Realität einer noch von der Sünde beherrschten Menschenwelt, die die Grundsatzfrage nach der moralischen Erlaubtheit oder Unerlaubtheit militärischer Notwehr und Nothilfe herausfordert. Eine militärische Gewaltanwendung, die eindeutig als kollektive Notwehr, als Verteidigungskrieg zu gelten hätte, ist insofern Folge einer von einem Aggressor verursachten Sünde. Muß dann die Bereitstellung eines Verteidigungspotentials, durch das ein Staatswesen andere von einem in sich sündhaften Angriff auf den Lebensraum und die Lebensrechte seiner Bewohner abhalten will, auch schon in sich Sünde sein? Wer mit Röm 13, 1–7 das staatliche Gewaltmonopol als göttlich legitimierten Schutzdeich gegen mögliche Aggressionen innerstaatlicher

Unrechttäter anerkennt, wird sich die prinzipielle Bejahung dieser Frage gar nicht so leicht machen können. Sicher und selbstverständlich darf sich ein dem Neuen Testament verpflichteter Christ aber auch mit der negativen Beantwortung jener Frage nicht schon zufriedengeben. Dies schon gar nicht angesichts der katastrophalen Qualität heutiger Kriegführung, die durch den faktischen Einsatz verfügbarer Waffensysteme die Zweck-Mittel-Relation ohnehin ad absurdum führen würde. Jesus hat bereits eine zornige Aufwallung gegen den Nächsten, die das Lebensrecht des anderen bereits im Ansatz negiert, als Versündigung gegen das Gebot „Du sollst nicht töten" bezeichnet (Mt 5,21–22a), womit er selbstverständlich nicht sagen wollte, von jetzt an sei schon eine innere zornige Aufwallung mit der im alttestamentlichen Gesetz auf Totschlag und Mord belegten Todesstrafe zu ahnden. Obwohl diese Antithese der Bergpredigt nicht die staatliche und militärische Gewaltanwendung, sondern eindeutig den individuell-eigenmächtigen Angriff auf das Leben eines Mitmenschen im Blick hat, duldet das radikal ausgelegte Liebesgebot Jesu keinen Zweifel, daß Christen alles daransetzen müssen, um es nicht zur Notsituation militärischer Selbstverteidigung kommen zu lassen und darüber hinaus auf die endlich auch effektive Ächtung jeder kriegerischen Gewaltanwendung und Lebensvernichtung hinzuwirken.

d) An dahingehende Konsequenzen zu denken, konnte den neutestamentlichen Zeugen freilich noch nicht in den Sinn kommen, weil das eine fortdauernde Welt bewegende Problem des Krieges bzw. der Ablösung militärischer durch politisch-diplomatische Friedenssicherung nicht aufgeworfen wurde und eine Alternative zum bestehenden heidnischen römischen Kaiserreich nicht in ihrem Denk- und Vorstellungshorizont lag. Die Christen des Neuen Testaments setzen, wie W. Schmithals ungeschminkt, aber sachlich zutreffend formuliert, den „Römischen Frieden", der militärisch erzwungen wurde und militärisch gesichert wird, voraus, „ohne freilich diesen römischen Frieden und seine Bedingungen selbst zum Gegenstand der Reflexion zu machen"[17]. Deshalb ist auch die leitende Perspektive neutestamentlicher Friedensmodelle die innergemeindliche und innerkirchliche Perspektive, sogar in dem bekannten Abschnitt Eph 2,11–22, nicht aber der außergemeindliche Bereich. Schon der Apostel Paulus hatte bei der Mahnung, durch hingebende Liebe den Gewalt-Gegengewalt-Mechanismus zu überwinden (Röm 12,21), die zwischenmenschlichen Begegnungen und Beziehungen im Blick: „Wenn möglich, soweit es in eurer Macht steht, haltet mit allen Menschen Frieden" (12,18). Es ist und bleibt höchste Christenpflicht, den in allen Relationen dieser Welt stets gefährdeten Frieden zu schaffen und zu erhalten. Die paulinische Formulierung des Bedingungssatzes, der sehr realistisch auf die Begrenzung des gebotenen Beitrags der Christen zum allgemeinen Frieden hinweist, läßt freilich zugleich eine bleibende Problematik allen menschlichen Friedenshandelns durchblicken.

13. Trotz allem – keine Anzeichen von Zweifel und Resignation!

Mancher mag heute versucht sein, vor allem das Reflexionsdefizit der Kirche des Anfangs hinsichtlich der äußeren Ordnung der Welt, der gesellschaftlichen Strukturen und des Völkerfriedens als enttäuschendes Manko anzukreiden. Sicher zu Unrecht. Dieses Defizit erklärt sich in erster Linie aus der Zukunftsperspektive und aus der ausgesprochenen Minderheitssituation der kleinen und weitverstreuten Gemeinden, in etwa auch aus dem Segensgut der „pax romana", das der christlichen Mission und ihren Gemeindegründungen zugute kam. Dazu kam, daß die jungen Gemeinden meist mit sich selbst schon genug zu tun hatten, mit auftauchenden Problemen, Spannungen und Konflikten, mit der Einflußnahme von Denk- und Lebensweisen der jüdischen und noch mehr der heidnischen Umwelt – angefangen mit dem alltäglichen Kampf, den die Getauften als „neue Schöpfung" gegen sündhafte Gewohnheiten der Welt wie ihrer eigenen Vergangenheit zu führen hatten. Gegenüber der Versuchung zu Rückfällen mußte immer wieder der unwiderrufliche Bruch mit Lebenspraktiken der übermächtigen Umwelt angemahnt werden. Um ihre Identität zu wahren, mußte die Kirche des Anfangs sodann von der apostolischen Generation an gegen Verfälschungen der Heilsbotschaft und schließlich gegen regelrechte Irrlehren, die von Umweltvorstellungen inspiriert waren, angehen. Besonders die „Gnosis" folgte dem Urchristentum weit über die neutestamentliche Zeit hinaus wie ein böser Schatten. Als Fremdlinge in der Welt hatten die kleinen Gemeinden nicht zuletzt äußere Anfeindungen bis zu vereinzelten Verfolgungen zu bestehen.

Trotz aller Gefährdungen und Konflikte lassen die neutestamentlichen Zeugen aber nie Anzeichen von aufkommenden Zweifeln oder auch von wehmütiger Resignation erkennen. Die sieghafte Überzeugung des Glaubens an „unseren Herrn und Retter Jesus Christus" als des einzigen Heilswegs ist das alles bestimmende Leitmotiv, das sich bis zur jüngsten Schrift des Neuen Testamentes durchhält (2 Petr 3, 18). Dieser Glaube an die absolute Heilszukunft konnte auch durch eine laut werdende Verspottung des Parusieglaubens nicht erschüttert werden (2 Petr 3, 3 ff), weil die Erwartung des Offenbarwerdens Christi zu Gericht und Heilsvollendung auf dem Glauben an die Erhöhung Jesu zum gottgleichen Herrn, und nicht etwa auf seinerzeitigen Terminangaben Jesu, beruht. Die Kirche des Anfangs weiß um den Widerspruch des Unglaubens, auf den die Botschaft vom endgültigen Offenbarer und Mittler ewigen Lebens in einer der Sünde verhafteten Menschenwelt stößt, wie das Johannesevangelium thematisch darlegt. Aber auch durch diese Erfahrung ließ sie sich in ihrem Vertrauen auf die innergeschichtliche, weltüberwindende Durchsetzungskraft der Christusbotschaft keineswegs beirren, wie auf ihre Weise auch die Apostelgeschichte mit ihren Schlußworten besagt. Ihr Verfasser weiß um den längst erfolgten römischen Märtyrertod der beiden Hauptapostel Petrus und Paulus. Er berichtet aber nicht einmal die Hinrichtung des Paulus. Das persönliche Schicksal des Völkerapostels läßt er völlig zurücktreten hinter der Heilsbotschaft, die dieser Apg 28, 30 zufolge zwei volle Jahre in seiner römischen Mietwohnung verkündigen konnte. Nachdem der Verfasser in seinem Buch den Siegeslauf beschrieben hatte, den der Kyrios Jesus Christus durch seine in der Kraft des Geistes wirkenden Apostel von Jerusalem bis in die Hauptstadt der damaligen Welt angetreten hat, schließt er mit dem lapidaren Satz: „Er verkündete das Reich Gottes und trug die Lehre über den Herrn Jesus Christus vor, mit allem Freimut und ungehindert" (28, 31). *„Mit allem Freimut und ungehindert"!* Den starken, fast triumphalen Akzent, der in diesen ungewöhnlichen Schlußworten liegt, kann man nicht überhören. Das ist ein in die Zukunft weisendes Programm! Die Mission der Kirche Jesu Christi ist nicht aufzuhalten!

Anmerkungen

I. Der neue Anfang durch den erhöhten Herrn

[1] *L. Oberlinner,* Zwischen Kreuz und Parusie. Die eschatologische Qualität des Osterglaubens, in: ders. (Hgb.), Auferstehung Jesu – Auferstehung der Christen (QD 105), Freiburg i. Br. 1986, 81 f.
[2] Todeserwartung und Todesgewißheit Jesu. Zum Problem einer historischen Begründung (SBB 10), Stuttgart 1980, 166 f.
[3] Vgl. zu dieser Problematik besonders *L. Oberlinner,* Zwischen Kreuz (s. Anm. 1), 67–71.84–95.
[4] *H.-J. Klauck,* 1. Korintherbrief (Die Neue Echterbibel), Würzburg ²1987, 110.

II. Die Jerusalemer Urgemeinde

[1] *H. Conzelmann,* Geschichte des Urchristentums, Göttingen ⁵1983, 24.
[2] Vgl. zu dieser Problematik etwa meinen Beitrag: Bezeugt die Logienquelle die authentische Redeweise Jesu vom „Menschensohn"?, in: Offenbarungsgeschehen und Wirkungsgeschichte, Freiburg i. Br. 1985, 50–69.
[3] *J. Roloff,* Neues Testament, Neukirchen-Vluyn ⁴1985, 212.
[4] Vgl. den Exkurs „Besitz und Besitzverzicht" in: *G. Schneider,* Die Apostelgeschichte I (HThK V), Freiburg i. Br. 1980, 290–295.
[5] *G. Schneider,* Die Apostelgeschichte I (s. Anm. 4), 426.

III. Providentielle Schritte zur Völkerkirche

[1] *W. Schneemelcher,* Das Urchristentum (Urban-Taschenbücher 336), Stuttgart 1981, 160.
[2] Was heißt „Auslegung der Schrift"?, in: W. Joest, u. a., Was heißt Auslegung der Heiligen Schrift?, Regensburg 1966, 42.
[3] Vgl. bes. *L. Oberlinner,* Todeserwartung (s. Anm. I, 2), 125–127.
[4] *H. Conzelmann,* Geschichte des Urchristentums, Göttingen ⁵1983, 51.
[5] *T. Holtz,* Der antiochenische Zwischenfall (Galater 2, 11–14), in: NTS 32 (1986) 348 f.
[6] Vgl. zuletzt bes.: ebd. 349–351.

IV. Eine junge Großstadtgemeinde – ihr Leben und ihre Probleme

1 *R. Pesch,* Paulus ringt um die Lebensform der Kirche. Vier Briefe an die Gemeinde Gottes in Korinth. Paulus – neu gesehen (Herderbücherei 1291), Freiburg i. Br. 1986.
2 *H.-J. Klauck* in seiner Rezension: ThRv 83 (1987) 26.
3 *J. Schmid – A. Wikenhauser,* Einleitung in das Neue Testament, Freiburg i. Br. [6]1973, 427.
4 *H.-J. Klauck,* 1. Korintherbrief (Die Neue Echterbibel), Würzburg [2]1987, 22.
5 Ebd. 126.
6 *F. Lang,* Die Briefe an die Korinther (NTD 7), Göttingen 1986, 72.
7 *H.-J. Klauck,* 1. Korintherbrief (s. Anm. 4), 48f.
8 *R. Pesch,* Paulus ringt (s. Anm. 1), 158.
9 Das hat zuletzt vor allem *H. Merklein* gut begründet: „Es ist gut für den Menschen, eine Frau nicht anzufassen", in: J. Blank u. a., Die Frau im Urchristentum (QD 95), Freiburg i. Br. 1983, bes. 229–241.
10 *H.-J. Klauck,* 1. Korintherbrief (s. Anm. 4), 50.
11 Ebd. 55.
12 *R. Schnackenburg,* Die sittliche Botschaft des Neuen Testamentes I (HThK Supplementband 1), Freiburg i. Br. 1986, 208.
13 *H. Merklein,* „Es ist gut ..." (s. Anm. 9), 251.
14 *R. Pesch,* Paulus ringt (s. Anm. 1), 222.
15 Über Phänomen und Bedeutung der Glossolalie in der Religionsgeschichte und im Urchristentum informiert *G. Dautzenberg,* Art. Glossolalie, in: RAC XI, 225–246.
16 *R. Pesch,* Paulus ringt (s. Anm. 1), 230.
17 Zu dem „Einschub" 14,33b–36 vgl. u. Kap. VI.
18 *H.-J. Klauck,* 1. Korintherbrief (s. Anm. 4), 112.

V. Organisation und Ämter

1 Berufung, Amtsübertragung und Ordination im ältesten Christentum, in: *A. Ganoczy* u. a., Der Streit um das Amt in der Kirche, Regensburg 1983, 56.
2 In seinem Literaturbericht „Das Urchristentum. Die Ämter und das Amtsverständnis", in: ThR 52/2 (1987) 111–154, hat *W. G. Kümmel* inzwischen eine diakritische Besprechung auch dieser neueren Diskussion vorgelegt.
3 *F. Hahn* (s. Anm. 1), 44.
4 *R. Schnackenburg,* Matthäusevangelium I (Die Neue Echterbibel), Würzburg 1985, 152. Vgl. im selben Sinn: *J. Gnilka,* „Tu es, Petrus". Die Petrus-

Verheißung in Mt 16,17–19, in: MThZ 38, 1987, 3–17, bes. 8–15. Demgegenüber lassen sich die gegen die vorösterliche Herkunft der Verheißung sprechenden Argumente nicht in der von *G. Maier* versuchten Weise als subjektive Voreingenommenheit abtun: Die Kirche im Matthäusevangelium: Hermeneutische Analyse der gegenwärtigen Debatte über das Petruswort Mt 16,17–18, in: *C. P. Thiede* (Hrg.), Das Petrusbild in der neueren Forschung (TVG: Monographien), Wuppertal 1987, 171–191.

[5] Deutsche Übersetzung „Der Petrus der Bibel", Stuttgart 1976, 139.

[6] *J. Blank*, Der „eschatologische Ausblick" Mk 14,25 und seine Bedeutung, in: P.-G. Müller und W. Stenger, Kontinuität und Einheit (FS F. Mußner), Freiburg i. Br. 1981, 515.

[7] *R. Schnackenburg*, Matthäusevangelium II (s. Anm. 4), 186.

[8] Simon – Petrus. Geschichte und geschichtliche Bedeutung des ersten Jüngers Jesu Christi (Päpste und Papsttum 15), Stuttgart 1980, 28–34; *ders.*, Art. Kephas, in: EWNT II (1981), 721 f.

[9] *R. Schnackenburg*, Matthäusevangelium I (s. Anm. 4), 186.

[10] *R. Pesch*, Neutestamentliche Grundlagen des Petrusamtes, in: K. Lehmann, Das Petrusamt (Schriftenreihe der Katholischen Akademie der Erzdiözese Freiburg), Freiburg i. Br. 1982, 23.

[11] Vgl. dazu meine Studie: Das Problem der Herkunft „Mt 16,17–19", 109–127 mit einem „Nachtrag" zu den neuesten Hypothesen: 127–140, in: Offenbarungsgeschehen und Wirkungsgeschichte, Freiburg i. Br. 1985. Zwischenzeitlich machte *G. Lohfink* im neuen „Handbuch der Fundamentaltheologie" (Bd. 3, Freiburg i. Br. 1986) gegen die Echtheit von Mt 16,18b auch „die Beobachtung" geltend, „daß Petrus in der Jerusalemer Urgemeinde nicht als Felsenfundament, sondern als eine von drei Säulen am eschatologischen Tempel der Ekklesia galt (vgl. Gal 2,9)". Er meint deshalb unter Verweis auf G. Bornkamm und R. Pesch: „Möglicherweise ist die Mt 16,18 zugrunde liegende Tradition überhaupt erst im Zusammenhang mit dem antiochenischen Zwischenfall (Gal 2,11–13) entstanden": Jesus und die Kirche, a. a. O. 90.

[12] Näheres in meinem Aufsatz: Petrus und Paulus nach dem Zweiten Petrusbrief, jetzt in: ders., Offenbarungsgeschehen (s. Anm. 11), 280–294.

[13] F. Hahn, Berufung (s. Anm. 1), 45.

[14] *R. Pesch*, Neutestamentliche Grundlagen (s. Anm. 10), 35.

[15] *F. Hahn*, Berufung (s. Anm. 1), 45.

[16] *R. Schnackenburg*, Mätthäusevangelium I (s. Anm. 4), 153.

[17] Vgl. die Ausführungen *K. Kertelges* in seinem Beitrag „Die Wirklichkeit der Kirche im Neuen Testament" in dem schon zitierten (s. Anm. 11) neuen „Handbuch der Fundamentaltheologie" III, 115f.

[18] Vgl. dazu etwa *R. Pesch*, Simon – Petrus (s. Anm. 8), 163–170; *ders.*, Neutestamentliche Grundlagen (s. Anm. 10), 37–41. Näheres jetzt bei *P. Stockmeier*, Papsttum umd Petrus-Dienst in der frühen Kirche, in: MThZ 38 (1987) 19–29.

[19] *R. Schnackenburg*, Charisma und Amt in der gegenwärtigen neutesta-

mentlichen Forschung. Aspekte, Tendenzen und Fragestellungen aus römisch-katholischer Sicht, in: T. Rendtorff, Charisma und Institution, Gütersloh 1985, 355–359.

[20] *F. Hahn,* Berufung (s. Anm. 1), 48f. Dazu ausführlich *ders.,* Charisma und Amt, jetzt in: *ders.,* Exegetische Beiträge zum ökumenischen Gespräch (Gesammelte Aufsätze Bd. 1), Göttingen 1986, 201–231.

[21] Ebd. 50.

[22] *H.-J. Klauck,* 1. Korintherbrief (s. Anm. IV, 4), 93.

[23] Ebd. 92.

[24] *F. Hahn,* Sakramentales Leben und Amt. Bibeltheologische Grundlegung, in: Ökumenisches Forum 9, Graz 1986, 66.

[25] In meiner Untersuchung: Exegetische Reflexionen zur Apostolizität des Amtes und zur Amtssukzession, in: Offenbarungsgeschehen (s. Anm. 11), 234–239.

[26] *R. Schnackenburg,* Charisma (s. Anm. 19), 360.

[27] Ebd. 363.

[28] *H. Schürmann,* Die geistlichen Gnadengaben in den paulinischen Gemeinden, jetzt in: ders., Ursprung und Gestalt, Düsseldorf 1970, 252f.

[29] *W. G. Kümmel,* Das Urchristentum (s. Anm. 2), 133.

[30] Vgl. meinen Beitrag: Röm 13, 11–14 und die „Nah"-Erwartung, in: Offenbarungsgeschehen (s. Anm. 11) 191–204.

[31] *F. Hahn,* Berufung (s. Anm. 1), 54.

[32] So u.a. zuletzt auch *K. Kertelge,* Die Wirklichkeit (s. Anm. 17), 112.

[33] *H. v. Lips,* Glaube – Gemeinde – Amt (FRLANT 122), Göttingen 1979, 115f.

[34] *F. Hahn,* Die Einheit der Kirche und Kirchengemeinschaft in neutestamentlicher Sicht, jetzt in: ders., Exegetische Beiträge (s. Anm. 20), 157 Anm. 3.

[35] *F. Hahn,* Neutestamentliche Grundlagen für eine Lehre vom kirchlichen Amt, jetzt in: ders., Exegetische Beiträge (s. Anm. 20), 176.

[36] Ebd. 177.

[37] *F. Hahn,* Die Einheit (s. Anm. 34), 157 Anm. 3.

[38] *J. Roloff,* Art. Amt ..., in: TRE II, 526.

[39] Vgl. *H. v. Lips,* Glaube (s. Anm. 33), 271–278 (mit zahlreichen Literaturhinweisen).

[40] In: P. G. Müller – W. Stenger (Hrsg.), Kontinuität und Einheit (FS F. Mußner), Freiburg i. Br. 1981, 340–375; hier: 375.

[41] Ebd. 356 mit Anm. 63.

[42] Ebd. 371.373.360f.357 mit Anm. 67.

[43] Ebd. 372.371–374.

[44] *J. Roloff,* Art. Amt ..., in: TRE II, 527–530.

[45] Heidelberg 1983, 446–451.

[46] Ebd. 449f.

[47] Zur Gesamtproblematik vgl. meinen Nachtrag „Kanonisierung und episkopales Lehramt", in: Offenbarungsgeschehen (s. Anm. 11), 266–279, Aufgrund des Satzes „Ihrem wesenhaften Werdezustand ist sie [= die Kir-

che] aber entwachsen – dogmatisch gesprochen – nach Abschluß der eschatologischen Christusoffenbarung und deren Bezeugung in den Schriften des Neuen Testaments, geschichtlich feststellbar mit dem Vorhandensein aller Neutestamentlichen Schriften" ließ ich mich dazu verleiten, mehrfach von der bis zum Kanonabschluß reichenden „Christusoffenbarung" zu sprechen, wohingegen H. Schürmann brieflich auf die Feststellung Wert legt, daß er statt von „Christusoffenbarung" nur von „Offenbarung(sgeschehen, -sempfang)" u. ä. gesprochen habe. Ich bitte den lieben hochverdienten Freund um Entschuldigung. Ich meine freilich die Frage anfügen zu dürfen: Von wem anders als von dem durch seinen Geist weiterwirkenden erhöhten Herrn soll die Kirche bis zum Abschluß des Kanons Offenbarung empfangen haben?

[48] *H. Schürmann,* Auf der Suche (s. Anm. 40) 351 Anm. 45.

[49] Zum exegetischen Einspruch von E. Schweizer vgl. jetzt *R. Schnackenburg,* Charisma (s. Anm. 19), 363–365.

[50] Grundkonsens evangelischer und katholischer Exegeten?, in: G. Maron (Hrsg.), Evangelisch und Ökumenisch. Beiträge zum 100jährigen Bestehen des Evangelischen Bundes, Göttingen 1986, 594.

[51] *F. Hahn,* Berufung (s. Anm. 1),55

VI. Frauen und ekklesiale Funktionen

[1] QD 95, Freiburg i. Br. 1983. Sonderausgabe 1986.

[2] Ebd. 50

[3] Difficulties in Using the New Testament in American Catholic Discussions, in: Louvain Studies 6 (1976) 155.

[4] Ebd.

[5] Vgl. *J. Beutler,* Art. adelphos – Bruder, in: EWNT I, 67–72.

[6] Vgl. dazu besonders *G. Dautzenberg* in: Die Frau im Urchristentum, 209–214; zuletzt auch *M. Küchler,* Schweigen, Schmuck und Schleier, Freiburg/Schweiz – Göttingen 1986, 73–112.

[7] So *H.-J. Klauck,* 1. Korintherbrief (Die Neue Echterbibel), Würzburg [2]1987, 78.80.

[8] Ebd. 80.

[9] *U. Wilckens,* Der Brief an die Römer (EKK VI/3), Neukirchen 1982, 135 Anm. 647. Herrn Joachim Jaeger-Erlangen danke ich für seinen brieflichen Hinweis (v. 1. 12. 1987), daß nach der Feststellung von P. Lampe (ZNW 76, 1985, 132 Anm. 1) Minuskeln bereits vom 9. Jahrhundert an IOYNIAN als männlichen Namen lesen.

[10] So auch *R. Schnackenburg* mit weiteren Autoren: Vom Jüngerkreis zur Urkirche, in: Der Streit um das Amt in der Kirche. Ernstfall der Ökumene, Regensburg 1983, 19 mit Anm. 14.

[11] *D. Zeller,* Der Brief an die Römer (RNT), Regensburg 1985, 247.

[12] *F. Hahn,* Liturgische Elemente in den Rahmenstücken der Johannesof-

fenbarung, in: W.-D. Hauschild u. a., Kirchengemeinschaft. Anspruch und Wirklichkeit (FS G. Kretschmar), Stuttgart 1986, 56.

[13] *W. Beinert,* Die Frau in der Kirche, in: Zur Debatte, Januar-Februar 1986, 16.

[14] Vgl. die Literaturangaben in meinem Nachtrag: Kanonisierung und episkopales Lehramt, in: Offenbarungsgeschehen und Wirkungsgeschichte, Freiburg i. Br. 1985, 279 Anm. 43.

VII. Kirche und Welt in der apostolischen und nachapostolischen Zeit

[1] *W. Schrage,* Ethik des Neuen Testaments, Göttingen 1982, 192.

[2] Vgl. *P. Fiedler,* Art. Haustafeln, in: RAC XIII (1986) 1063–1073.

[3] *N. Brox,* Die Pastoralbriefe (RNT 7, 2), Regensburg 1969, 125.

[4] *T. Holtz,* Der erste Brief an die Thessalonicher (EKK 13), Neukirchen 1986, 103.

[5] Vgl. den Exkurs „Die Häresie in Kolossa", in *R. Hoppe,* Epheserbrief/Kolosserbrief, Stuttgart 1987, 126–130.

[6] *E. Lohse,* Grundriß der neutestamentlichen Theologie, Stuttgart 1974, 105.

[7] Ebd.

[8] *E. Lohse,* Umwelt des Neuen Testaments, Göttingen [6]1983, 191.

[9] Zur sachlichen Begründung der Präexistenz und Menschwerdungsaussage vgl. etwa meine Studie: Der verkündigende und verkündigte Jesus „Christus", in: J. Sauer (Hrsg.), Wer ist Jesus Christus?, Freiburg i. Br. [2]1978, 81–91.

[10] Vgl. die Zusammenstellung der diesbezüglich diskutierten Texte bei *W. Schmithals,* Art. Gnosis/Gnostizismus I, in: TRE XIII, 522– 525.

[11] *W. G. Kümmel,* Die Theologie des Neuen Testaments nach seinen Hauptzeugen Jesus – Paulus – Johannes, Göttingen [5]1987, 108.

[12] *J. Gnilka,* Der Philipperbrief (HThK X/3), Freiburg i. Br. [4]1987, 147.

[13] Vgl. dazu jetzt treffend *R. Schnackenburg,* Die sittliche Botschaft des Neuen Testaments I, Freiburg i. Br. 1986, 256–260.

[14] *W. Schrage,* Die Christen und der Staat nach dem Neuen Testament, Gütersloh 1971, 78.

[15] *H.-J. Klauck,* 1. Korintherbrief (s. Anm. VI, 4), 45.

[16] Zu diesen Gründen vgl. mein Bändchen: Was ist Frieden? Orientierungshilfen aus dem Neuen Testament, Freiburg i. Br. [3]1984, 37–50.

[17] Bekenntnis und Gewissen. Theologische Studien zur Ethik, Berlin 1983, 31.

Von Anton Vögtle im Verlag Herder erschienen:

Das Buch mit den sieben Siegeln

Die Offenbarung des Johannes in Auswahl gedeutet

Anton Vögtle erschließt hier breiteren Kreisen die so oft mißverstandene und mißbrauchte Apokalypse des Johannes. Gerade bei der Sinnerschließung dieses biblischen Buches erweist sich die Souveränität des Auslegers, seine Kunst zu fragen und zu antworten, seine ganze Meisterschaft, die zuletzt nichts anderes will, als dem Glauben der Mitmenschen dienen.

2. Auflage, 192 Seiten, kartoniert. ISBN 3-451-19426-0

Offenbarungsgeschehen und Wirkungsgeschichte

Neutestamentliche Beiträge

„Der international renommierte Exeget Anton Vögtle legt mit diesem Werk Aufsätze aus den letzten Jahren aus dem Bereich neutestamentlicher Forschungen gesammelt vor. Er zeigt anhand dieser Texte einmal mehr seine Fähigkeit, Texte urkirchlichen Glaubens und Lebens neu zu erschließen und zu einem vertieften Verständnis zu führen." (Die Furche)

328 Seiten, gebunden. ISBN 3-451-20393-6

Was ist Frieden?

Orientierungshilfen aus dem Neuen Testament

„Dieses Buch bringt Licht und Klarheit in die Auseinandersetzung um den Stellenwert des Neuen Testaments in Sachen Frieden und Friedenshandeln der Christen. Es entlarvt die Klischees jener, die aus dem Neuen Testament eine direkte Handlungsanleitung für politische und sogar militär-strategische Lösungen herauslesen. Sie widerspricht jedoch vor allem auch jenen, die in der Botschaft und Mahnung zu mehr Frieden nur eine Utopie sehen. ... ein wertvoller Beitrag zu einem sachlichen Gespräch der Christen über den Frieden."

Kath. Sonntagsblatt, Würzburg

3. Auflage, 168 Seiten, kartoniert. ISBN 3-451-19699-9

Was Ostern bedeutet

Meditationen zu Matthäus 28,16–20

„Hier hat ein Meister der kritischen Jesus- und Evangelienforschung sich die Aufgabe gestellt, das Kardinalthema der christlichen Verkündigung – auf einem hohen theologischen Niveau, zugleich aber in einer verständlichen und lebendigen Sprache und in klarer Übersichtlichkeit und Durchschaubarkeit meditativ zu erschließen." Publik-Forum

5. Auflage, 112 Seiten, kartoniert. ISBN 3-451-17539-8

Verlag Herder Freiburg – Basel – Wien